무기형 석기의 비교 고고학
-문화 수용 과정의 모방과 창조-

지은이

쇼다 신야(庄田愼矢)	일본 국립문화재기구 나라(奈良)문화재연구소 주임연구원
손준호(孫晙鎬)	한국 고려대학교 문화유산융합학부 교수
옥사나 얀시나(Оксана Вадимовна Яншина)	러시아 표트르(Пётр)대제 인류학민족학박물관 주임연구원
데라마에 나오토(寺前直人)	일본 고마자와(駒澤)대학 역사학과 교수
캐서린 프리먼(Catherine J. Frieman)	호주국립대학교 고고인류학과 교수
강인욱(姜仁旭)	한국 경희대학교 사학과 교수
마틴 베일(Martin T. Bale)	한국 영남대학교 문화인류학과 교수
쉬쟈오펑(徐昭峰)	중국 랴오닝(遼寧)사범대학 역사문화여유학원 교수
청징탕(成璟瑭)	중국 지린(吉林)대학 변강고고연구중심 교수
판성잉(樊圣英)	중국 랴오닝(遼寧)성 문물고고연구소 부연구원

한국고고환경연구소 학술총서 17

무기형 석기의 비교 고고학 : 문화 수용 과정의 모방과 참조

초판인쇄일	2018년 4월 27일
초판발행일	2018년 4월 30일
편 저 자	손준호 · 쇼다 신야
발 행 인	김선경
책 임 편 집	김소라
발 행 처	**서경문화사**
	주소 : 서울시 종로구 이화장길 70-14(동숭동) 105호
	전화 : 743-8203, 8205 / 팩스 : 743-8210
	메일 : sk8203@chol.com
등 록 번 호	제300-1994-41호
ISBN	978-89-6062-206-7 93910

© 한국고고환경연구소, 2018
※ 파본은 구입처에서 교환하여 드립니다.

정가 18,000원

무기형 석기의 비교 고고학

-문화 수용 과정의 모방과 창조-

손준호·쇼다 신야 편

서경문화사

2009년 이 책의 공동 편집자인 쇼다 신야 선생으로부터 러시아의 무기형 석기 자료 조사에 대한 참여를 제안 받았다. 당시 처음으로 러시아에 가볼 수 있다는 생각만으로 제안에 응하여 그해 8월 하바롭스크에서 데라마에 나오토 선생과 함께 석기의 실견과 실측 작업에 참여하게 되었다. 이미 쇼다 선생은 일본 학술진흥재단의 연구비 지원을 받아 옥사나 얀시나 선생과 2007년 10월 상트페테르부르크와 2008년 6월 블라디보스토크에서 자료 조사를 마친 상태였다. 해당 자료는 저서나 논문을 통해 일부 공개되기도 하였지만 대다수는 학계에 보고된 바 없었던 것들이다. 따라서 이들에 대한 정확한 실측 도면과 사진을 제시함으로써 연구에 활용할 수 있게 하는 것이 프로젝트의 첫 번째 목표가 되었다. 그 결과물은 2014년 『Weapon-Shaped Stone Tools from the Russian Far East: The Museum Collections』란 제목의 자료집으로 출간되었다.

이러한 자료 집성 작업과 함께 동시에 진행한 것이 동아시아 각 지역 무기형 석기의 세부 검토와 이들

제5회 동아시아 고고학 대회를 마치고 일본 요시노가리유적에서
(왼쪽 세 번째부터 손준호, 시치다 타다아키, 옥사나 얀시나, 쇼다 신야, 캐서린 프리먼)

의 상호 비교에 대한 연구 프로젝트였다. 연구의 결과는 2012년 6월 동아시아 고고학회 후쿠오카 대회에서 'Comparative Studies of Skeuomorphs and Prestige Items in Early Metal Using Societies of Northeast Asia'란 제목의 세션을 만들어 발표하였으며, 같은 해 일본의 학술지 『古代文化』에 '東北アジアの武器形石器' 특집으로 게재되기도 하였다. 이 과정에서 마틴 베일, 캐서린 프리먼 선생이 연구진에 추가로 합류하였다. 그리고 최종적으로 한국의 강인욱 선생과 중국의 쉬쟈오펑, 청징탕, 판성잉 선생의 글을 더하여 총 9편의 논문으로 구성된 책을 한국에서 출간하게 된 것이다.

본 책의 제목은 '무기형 석기의 비교 고고학'이다. 부제에 제시한 바와 같이 문화 수용 과정에서의 창조와 모방의 모습을 동아시아는 물론 스칸디나비아 반도까지 살펴보고 이를 서로 비교하는 것을 목적으로 하고 있다. 그러나 이러한 목표가 얼마나 달성되었는지에 대해서는 의문이 들기도 한다. 각각 자신이 담당한 지역의 자료를 중심으로 고찰이 진행되다 보니 상호 비교적 검토가 제대로 이루어지지 못한 측면이 있다. 또 동일한 자료를 대상으로 그 의미와 성격에 대해 서로 다른 견해가 제시되기도 하여 독자의 혼란을 불러일으키는 부분도 있다. 한 권의 책을 구성하면서 어느 정도 논조의 통일성은 필요하지만, 다양한 견해를 그대로 제시하여 그 판단을 독자의 몫으로 남겨두는 것도 '비교 고고학'의 취지에 부합하는 편집 방향이라 생각한다. 결코 각 필자들의 학문적 고집이나 편집자의 게으름 때문이 아니라는 점을 알아주기 바란다.

앞에서 언급한 바와 같이 이 책이 출간될 수 있었던 것은 최초 기획부터 최종 결과물의 수합까지 쇼다 신야 선생의 노력이 결정적이다. 그럼에도 불구하고 공동 편저자 중 필자의 이름이 먼저 나오게 된 것은 단지 본인이 나이가 많고 인성적으로 더 훌륭하기 때문만은 아니다. 최종적인 연구 결과물을 한국에서 출간하는 것으로 결정하면서 필자의 역할이 늘어나게 되었기 때문이다. 반드시 책을 출간해야 되는 강제성이 없는 상황에서 반복적으로 다른 일정에 작업의 순서가 밀리다 보니 이제야 마무리하게 되었다. 이는 모두 필자의 잘못이다. 계속되는 질문과 늘어나는 요구 사항들에 성실히 임해 주신 쇼다 신야 선생과 옥고를 제출해 주신 옥사나 얀시나, 데라마에 나오토, 캐서린 프리먼, 강인욱, 마틴 베일, 쉬쟈오펑, 청징탕, 판성잉 선생, 그리고 한국고고환경연구소의 학술총서 출간을 허락해 주신 고려대학교 이홍종 선생님께 진심으로 감사드린다. 마지막으로 책의 발행과 편집을 맡아 주신 서경문화사 김선경 사장님과 김소라 님께도 감사의 인사를 전하고 싶다.

2018년 4월 18일

편저자 대표 **손준호**

01
연해주 청동기 모방 석기의 새로운 해석

쇼다 신야(庄田愼矢)·옥사나 얀시나(Оксана Вадимовна Яншина)
·손준호(孫晙鎬)·데라마에 나오토(寺前直人)

I. 머리말

한국 고고학에서 선사시대의 문화적 영향을 이야기할 때 기존에는 중국 동북지역에 관심을 집중시켜 왔는데, 최근 러시아 연해주지역에 대해서도 주목하기 시작하였다. 이미 19세기에 연해주의 무기형 석기를 한국과 관련시켜 소개한 글이 발표되기도 하였지만(Macgowan 1892), 한국에서의 연구는 대부분 중국, 특히 遼寧, 吉林, 黑龍江省 등의 동북부 및 山東地域에 그 초점을 두어 왔다.

최근 청동기시대의 시작에 대한 새로운 가설(김재윤 2004)이나 중도식 토기 문화의 기원에 대한 다른 시각의 관점(수보티나 2008)이 제시되면서, 한반도 동북부 및 러시아 연해주지역으로부터의 문화적 영향이 강조되고 있다. 하지만 이러한 주장을 그대로 받아들이기에는 아직 충분히 검토되지 않은 몇 가지 문제가 남아있다. 이 글에서는 무기형 석기

연구를 둘러싼 문제를 바탕으로 이와 같은 논쟁에 대해 새로운 견해를 피력하고자 한다.

러시아 연해주에서 발견된 단검이나 석모 등의 무기형 석기에 대해서는 일찍이 1950년대부터 연구가 진행되어 왔다. 이러한 석기들은 청동기시대부터 초기철기시대, 기원전 2천년기부터 1천년기에 속한 유물로 인식되었으며, 러시아 고고학자들은 전통적으로 이들을 남부 시베리아의 세이마-투르비노, 카라숙, 타가르 문화의 청동기 모방품으로 생각하였다. 이와 같은 전제가 연해주 청동기 및 초기철기시대의 연대 규정에 큰 영향을 주기도 하였다.

그러나 축적된 자료를 참고로 하면, 이 석기들은 오히려 한반도, 중국 동북지역과 높은 관련성을 보인다. 따라서 이 글에서는 위에서 언급한 견해를 재검토하여 한반도와 중국의 자료를 살펴봄으로써 무기형 석기(소위 '모방품')에 대한 새로운 해석의 틀을 제시해 보고자 한다. 한반도와 중국 동북지역은 지리적으로 남부 시베리아보다 연해주에 가깝지만, 정보의 부족과 언어상의 장벽이 여러 국경을 넘은 세밀한 비교 고고학적 연구를 곤란하게 만들고 있었다.

이러한 배경을 감안하여 이 글에서는 먼저 러시아 및 한국과 일본에서 이루어진 무기형 석기에 대한 선행 연구를 정리하는 것으로부터 논의를 시작한다. 다음으로 한반도와 중국 동북지역의 청동기 및 석기의 형식학적 특징과 연대에 대해 검토하고, 마지막으로 이 자료들에 대한 비교 연구를 바탕으로 연해주지역 무기형 석기에 대한 새로운 견해와 앞으로의 연구 방향을 제시하고자 한다.

Ⅱ. 연해주의 석제 모방품에 대한 연구사

러시아 극동에서 초기 금속기시대에 석제 및 토제의 금속기 '모방품'이 넓게 분포한다는 사실은 잘 알려져 있다. 이러한 모방품은 일찍이 오클라드니코프(Окладников 1956: 78~81)에 의해 주목되었다. 그는 얀콥스키 문화의 유물을 분석하면서 몇몇 마제석기가 금속제 단검이나 동모와 형태적으로 유사한 점을 알게 되었다. 이들은 세 개의 그룹으로 나누어지는데, 첫째 그룹은 자루를 가지며 인부가 삼각형 혹은 나뭇잎 모양인 단

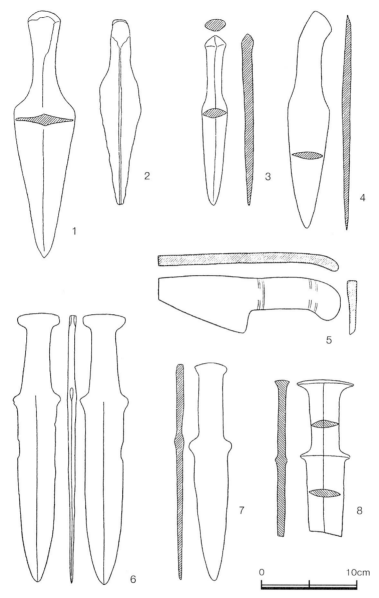

그림 1. 얀콥스키 문화의 모방품(Окладников 1956)
1·2. 등대가 있는 모방품, 3~5. 카라숙형 모방품, 6~8. 타가르형 모방품

검으로 대표된다(그림 1-1·2). 특히 해당 석기의 등대에서 금속기와의 유사성을 발견하였지만, 전체적인 형태의 간소함 때문에 직접적인 조형을 상정하지는 못하였다. 둘째 그룹은 카라숙 청동기(그림 2-8~10)와 유사한 석기로, 홈이 새겨진 자루와 삼각형의 인

부를 가진 나이프(그림 1-5), 휘어진 자루와 삼각형 인부를 가진 단검(그림 1-4), 그리고 단면 능형의 소형 단검(그림 1-3)이 이에 해당한다. 셋째 그룹은 타가르 문화의 철제 단검이나 장검과 유사한 형태로, T자형 자루와 단면 능형의 좁은 인부를 가진다(그림 1-6~8, 2-11).

오클라드니코프는 무기형 석기의 출현이 중국, 중앙아시아, 시베리아의 더 발달된 문화로부터 영향을 받아 변화하는 지역 사회의 모습을 보여준다고 생각하였다. 그는 한반도와 일본도 같은 영향 아래에 있다고 보았는데, 이 지역에서도 역시 유사한 석기가 확인되었기 때문이다(Окладников 1956: 93~94). 자신의 분류에 기초하여 연해주 모방품 제작의 연속적인 두 단계를 상정하였는데, 첫째 단계는 카라숙 문화의 청동 나이프나 등대를 가진 단검에 대응하며(기원전 2천년기 말) 둘째 단계는 타가르 청동 단검 및 장검에 대응한다.

위에서 언급한 오클라드니코프의 논문은 1956년에 출간되었는데, 이때는 러시아 극동 고고학 연구의 시작 단계였으며 발굴된 유적도 존재하지 않았다. 따라서 그의 연구에서는 우연한 발견물을 자료로 삼을 수밖에 없었다. 그런데 후속된 연구(Андреева и Студзицкая 1987, Дьяков 1989, Конькова 1989, Бродянский 1996)에서도 그의 개념은 큰 비판 없이 그대로 계승되었는데, ① 시베리아의 청동기를 조형으로 한 석제 모방품이라는 상호 관계, ② 모방품 제작에서 연속적인 두 단계, ③ 러시아, 한반도, 일본 무기형 석기의 관련성 등이 바로 그것이다.

안드레바 등(Андреева и др. 1986)은 타가르 문화 단검 모방품을 포함한 오클라드니코프의 셋째 그룹에 대해서 분석을 진전시켰다. 이 연구에서는 새로운 발굴 자료를 추가하여 얀콥스키 문화의 석검을 세 가지 타입으로 분류하였다. 첫째 단검 타입은 T자형 끝을 가진 자루와 날의 경계 부분이 뚜렷한 것(그림 2-1·2), 둘째는 날과 자루의 경계가 뚜렷하지 않은 것(그림 2-3), 그리고 셋째는 자루 끝이 T자형을 이루지 않고 날과의 경계도 뚜렷하지 않은 것이다(그림 2-4·5).

그녀는 얀콥스키 문화의 석검이 후기 카라숙 혹은 조기 타가르 문화의 동검(기원전 8~7세기)을 모방한 것으로 믿고 있었다. 따라서 둘째 및 셋째 타입의 특징들은 동검의 버섯 모양 자루 끝이나 약간 볼록한 심부와 대응하는 것으로 인식되었다. 그리고 첫째 그룹을 T자형 자루 끝의 타가르 청동기(기원전 7~6세기)와 관련시켰던 것이다. 결과적으

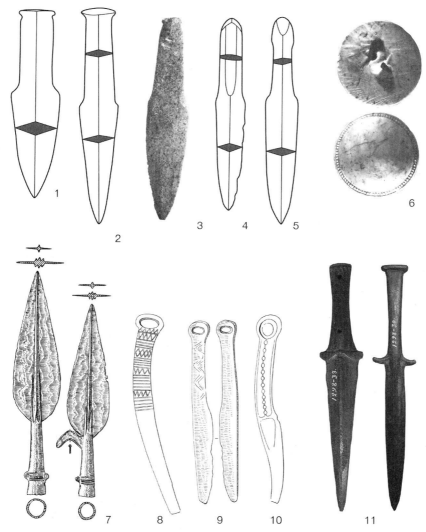

그림 2. 1~5. 얀콥스키 문화의 모방품(1~3. 카라숙형 모방품, 4·5. 타가르형 모방품),
6. 하린스카야 석제 단추, 7~10. 시베리아의 동모와 청동 나이프(7. 세이마–투르비
노 동모, 8~10. 남부 시베리아의 카라숙 나이프), 11. 타가르 동검

로 모든 얀콥스키 문화 단검은 기원전 8~5세기의 범위로 파악되었으며, 모방이라는 유
사한 과정이 한반도와 일본에서도 동시에 일어났을 것으로 짐작하였다.

　그 후 축적된 자료를 바탕으로 한 모방품 연구는 디야코프(Дьяков)와 컨코바(Конь
кова)에 의해 진전을 이루게 되었다. 수많은 새로운 발굴 자료를 통해 연해주에서 세 가

지 청동기시대 문화, 즉 마르가리토프카, 시니가이, 리도프카 문화가 각각 설정되었다. 이 문화들의 유물 조합은 하린 계곡에서 발견된 석제 브로치(Окладников и Дьяков 1979)나 리도프카-1유적에서 확인된 토제 거울(Дьяков 1989), 그리고 하린 계곡, 리도프카-1, 모나스트르카-2, 시니예 스칼르이에서 확인된 무기형 석기 등의 석제 및 토제 청동기 모방품을 포함한다. 무기형 석기는 인부가 넓고 등대를 가진다는 점에서 얀콥스키 문화의 모방품과 차이를 보인다.

청동기시대 모방품의 형식학적 연구는 디야코프(Дьяков 1989)에 의해 시작되었는데, '형식학'이라고 부르기에는 내용상 부족한 부분이 많았다. 그는 무기형 석기를 세 가지 '형식'으로 구분하였다. 첫 번째 형식은 세 가지의 상이한 패턴을 포함하는데, 등대를 가진다는 것이 유일한 공통점이다. 패턴 A는 화염 혹은 나뭇잎 모양에 등대를 가진 인부, 직선적이며 단면 타원형이나 말각방형의 자루를 가진다(그림 3-1~3). 그는 이들을 기원전 2천년기 시베리아에 분포한 세이마-투르비노 동모의 모방품으로 판단하였으며, 극동에서는 기원전 2천년기 말에 출현한 것으로 해석하였다. 패턴 B의 석모는 패턴 A와 유사하지만 보다 좁은 인부를 가지기 때문에(그림 3-4), 패턴 A보다 후에 출현한 것으로 분류되었다. 패턴 C는 돌기가 있는 자루를 가지며, 인부와의 경계가 뚜렷하지 않다(그림 3-5·6). 디야코프는 이들을 카라숙 동검의 모방품으로 인식하였다.

두 번째 형식은 '간소한 석모 내지 양측에 인부를 가진 나이프'라는 패턴으로 대표된다 (Дьяков 1989: 155). 이 형식에 속한 자료는 편평한 삼각형 인부에 직선적인 자루를 가지며, 인부와 자루가 동일한 단면 형태를 이룬다(그림 3-7·8). 디야코프는 석모와 나이프를 구별하는 것이 쉽지 않고 또한 이들의 금속기 조형을 찾기도 어렵다고 하였다. 다음 세 번째 형식은 사선을 이루는 편평한 인부와 직선적인 등 부분에 자루가 부착된 나이프이다. 이 형식은 다시 두 패턴으로 나누어지는데, ① 자루 끝이 약간 볼록한 나이프(그림 3-9)와 ② 직선적인 자루를 가진 나이프(그림 3-11~14)이다. 오클라드니코프의 견해에 따라 카라숙 나이프를 모방한 것으로 판단하면서 두 가지 조형을 상정하였다. 첫 번째는 기원전 13세기 安陽 殷墟 출토품과 대응하는 볼록한 등을 가진 나이프(그림 3-14), 두 번째는 기원전 13~12세기의 '꼬리가 붙은 나이프'와 대응하는 오목한 등을 가진 것 (그림 3-11·12)이다. 하지만 제시된 도면을 보면 이러한 견해를 그대로 수용하기는 어렵다.

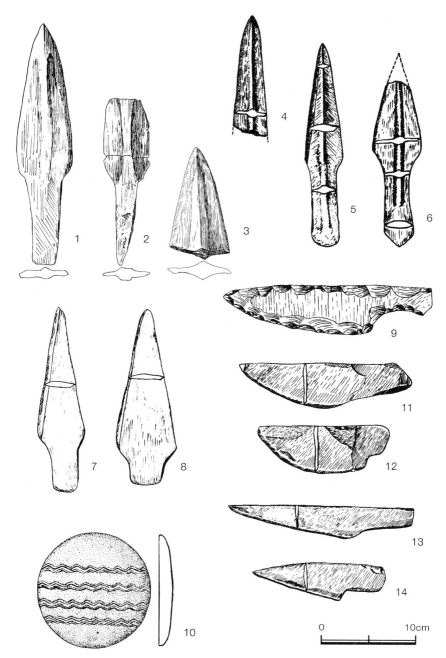

그림 3. 연해주 청동기시대의 모방품(Дьяков 1989)
1~3. 세이마-투르비노형 석모(A), 4. 후기 세이마형 석모(B), 5·6. 카라숙형 석검(C),
7·8. 삼각형 석모, 9·11~14. 자루 부착 나이프, 10. 토제 거울

한편, 컨코바(Конькова 1989, 1996)는 석제 모방품을 포괄적으로 연구하였다. 그녀는 장송 의례에 사용된 청동기를 대체하여 석제품이 제작되는 현상을 동해 연안에서 공통적인 것으로 인식하였다. 청동의 원재료 부족이나 청동 자체의 높은 가치 때문에 이러한 현상이 발생하였을 것으로 판단하였는데, 사실 이는 초기 금속기시대의 세계 여러 문화에서 관찰된다. 또한 그녀는 동해 연안에서 석제 모방품의 형태가 기원전 2천년기부터 1천년기에 걸쳐 변화하는데, 그 이유를 시베리아와 중앙아시아의 청동 무기(세이마-투르비노 동모, 카라숙 나이프와 단검, 타가르 단검)를 모방하였기 때문이라고 생각하였다.

디야코프와 마찬가지로 컨코바는 이 석기들이 단검의 등대나 청동모의 경부를 모방한 것으로 보았다. 등대가 있는 모든 자료는 나뭇잎 모양의 인부를 갖지만, 실제로 단검은 항상 피라미드형 돌기가 형성되어 있다. 그녀는 조형이 된 청동모가 기원전 2천년기에 유라시아 전체로 확산되었고, 단검은 기원전 2천년기에서 1천년기로 넘어가는 시기에 오르도스지역과 중국 북부로 확산된 점을 지적하면서 등대가 있는 모방품 분포의 중요성을 강조하였다. 얀콥스키 문화의 모방품과는 대조적으로, 이 자료들은 연해주 중앙부의 동해안에서만 확인된다. 컨코바는 러시아 극동에서 기원전 2천년기와 1천년기의 경계 무렵부터 모방품 제작이 시작되어 기원전 8~7세기까지 지속된 것으로 보았다. 또한 그녀는 하린 계곡에서 출토된 단추를 카라숙 청동 브로치의 모방품으로 상정하였다(Конькова 1989: 37~41).

오클라드니코프의 견해와 디야코프 및 컨코바의 주장을 비교하면 강조된 점에 차이가 있다. 오클라드니코프의 연구에서 등대는 첫째 그룹의 특징이지만, 금속기의 조형은 찾지 못하였다. 한편, 디야코프와 컨코바는 등대가 있는 석제 모방품의 조형을 세이마-투르비노(그림 2-7)나 카라숙 청동기로 보았다. 그들은 모든 자료를 석모와 단검으로 분류하였으며, 전자(그림 3-1·2)를 세이마-투르비노 청동기의 모방품, 후자(그림 3-5·6)를 카라숙 청동기의 모방품으로 인식하였다.

이러한 분류에 기초하여 러시아 극동의 모방품이 두 단계로 편년되는데, 이른 단계는 타가르 문화에 앞선 시기이며 모방품은 세이마-투르비노 혹은 카라숙 청동기를 그 조형으로 한다. 늦은 단계는 초기철기시대 타가르 문화에 해당하며, 모방품은 카라숙 내지 타가르 청동기를 조형으로 한다. 즉, 오클라드니코프는 카라숙계에서 타가르계로 모방품의 연속적인 단계를 상정하였지만, 나머지 연구자들은 보다 이른 세이마-투르비노 단계까지 포함시켰다. 최근에는 이러한 견해가 폭넓게 받아들여지고 있으며, 여러 논문과 단행본에서 강화되고 있는 실정이다.

Ⅲ. 러시아 선행 연구의 문제점

그런데 위에서 살펴본 선학들의 견해는 새롭게 출토된 자료와 모순되어 아직까지 논의를 계속해야 할 필요가 있다. 최근에 발간된 발굴 보고서에 의하면 아누치노-1, 아누치노-14, 수보로보-8유적에서 새로 9점의 무기형 석기 파편과 단추 1점을 포함한 10점의 자료가 수집되었다고 한다. 이 유적들은 모두 얀콥스키 문화의 영역을 벗어난 위치에 분포하고 있다. 아누치노-14와 수보로보-8은 ^{14}C연대상 기원전 9세기부터 4세기로 비정되었다. 확인된 자료는 모두 선단부 파편이기 때문에, 능형 단면이나 미세한 등대만으로 검인지 모인지를 구별하기는 어렵다. 물론 이들이 카라숙 모방 가설을 부정하는 자료는 아니지만, 적어도 그 연대 때문에 세이마-투르비노의 영향이 없다는 점은 확실하다(Яншина и Клюев 2005: 207~208). 즉, 석제 모방품을 두 단계로 나눌 수 있는지의 여부가 불확실해진 것이다(Яншина 2004, 2008).

이러한 모순이 발생한 이유가 무엇일까? 이는 러시아의 선행 연구가 지나치게 청동기 조형 찾기에 집착하여 분류, 형식학, 문화적 맥락, 유물의 기능 등 고고학의 기본적인 문제를 무시하고 있었기 때문이다. 형식학적 관점에서 조형을 찾기 위한 속성에만 주목해 왔으며, 오클라드니코프의 견해를 비판 없이 받아들이기만 하였다. 다른 해석이 가능함에도 불구하고(Яншина 2005) 시베리아 청동기 모방 이외의 가능성을 전혀 고려하지 않았던 것이다.

예들 들어 화염형 인부와 등대는 세이마-투르비노 동모의 특징으로 지적되어 왔다. 하지만 해당 특징은 세이마-투르비노 동모에서만 보이는 것이 아니다. 다른 지역의 청동기, 즉 중국 西周, 夏家店 상층, 十二臺營子, 西團山 문화에서도 흔히 볼 수 있다. 이러한 형태 인식상 정의의 문제는 카라숙 단검에서도 관찰된다. 등대와 넓은 인부는 카라숙 단검의 속성으로 인식되었지만, 이는 세이마-투르비노 동모의 특징이라고도 볼 수 있다. 자루의 피라미드형 돌기도 카라숙 청동기만의 특징이라 단정하기는 무리가 있다. 또, 석기 제작자들이 자루 끝 부분만 모방하고 카라숙 단검의 다른 특징을 전혀 받아들이지 않았다는 가정도 동의하기 어렵다. 즉, 시베리아 청동기 모방 이외의 해석도 가능한 것이다.

사피로프(Сапфиров 1992)는 처음으로 이 문제를 인식한 연구자였다. 그는 양자의 형태적 유사성이 충분하지 않고 모방품의 형태가 다양하다는 점을 근거로, 시베리아 청동기 모방 가설의 약점을 지적하였다. 다음 세 가지 점에 대한 가능성을 제시하면서 기존 연구를 비판하였는데, ① 청동기를 직접 본떠 만든 것이 아니라 모방품을 보고 제작하거나 혹은 말로만 듣고 제작하였을 가능성, ② 러시아 극동의 모방품 제작에 복수의 문화적 전통이 존재하였을 가능성, ③ 모방 과정에서 특징을 충분히 반영하지 못하는 제작 능력상의 문제 발생 가능성 등이다. 물론 시베리아 모방설을 대체하는 새로운 가설을 제시하지는 못하였지만, 위와 같은 문제를 제기하였다는 것만으로도 그 중요성은 충분하다.

Ⅳ. 러시아 이외 국가의 선행 연구와 관련된 문제점

러시아 이외에 일본과 한국에서도 무기형 석기에 대한 연구가 진행되어 왔다. 일찍이 平井尙志(1961)는 有光敎一(1959)의 연구를 바탕으로 연해주와 한반도의 마제석검을 비교한 바 있다. 그는 양자 사이의 유사성을 지적하면서, 러시아 출토 무기형 석기를 한반도 청동기와 서로 연결되는 역사적 맥락의 모방품으로 인식하였다. 甲元眞之(1973)도 이러한 견해에 따라 연구를 진행하였으며, 중국 동북지역 자료에 대한 중요성을 강조하였다. 역시 有光敎一의 연구에 기초하여 연해주 석제 모방품의 연대를 상정하였는데, 한반도에서 자루를 가진 마제석검의 출현을 기원전 6세기로, 연해주의 자료를 기원전 1천년기 중·후엽으로 보았다. 이는 앞서 언급한 러시아 연구자들의 연대관보다 늦은 것이다.

臼杵勳(1989)은 연해주의 석검에 중국 동북지역이나 한반도에서의 영향이 존재하였음을 상정한 바 있다. 甲元眞之와 마찬가지로 석검의 연대를 기원전 1천년기 중·후엽으로 보았으며, 연해주 청동기시대의 연대는 이보다 이른 기원전 1천년기 전·중엽으로 상정하였다. 臼杵勳 역시 러시아 연구자들보다 늦은 연대관을 가지고 있었는데, 이는 현재의 시점에서 타당하지 않은 것으로 판단된다. 그 이유에 대해서는 후술하겠다. 또 다른 관점에서 大貫靜夫(1998: 165~166)는 동북아시아 마제 무기형 석기의 분포에 대해 언급한 바 있다. 그는 석모가 동북아시아의 북동쪽에 성행하는 데 반하여 석검은 남서쪽, 특히 한반도에서 성행하는 점을 지적하였다. 대체적으로 일본 연구자들은 러시아 출토품에 대해 시베리아보다는 한국과 중국 자료와의 관계를 주목해 왔다.

한편, 한국에서는 위와 다른 견해가 제시되었다. 강인욱(2004)은 하바롭스크 주립박물관에 소장되어 있는 무기형 석기를 소개하면서, 이들을 카라숙과 스키토-시베리아 청동기의 모방품으로 보았다. 즉, 기존 러시아 학자들의 연구에 동조하는 입장이다. 그는 연해주 청동기 문화의 전반기에는 중국이나 한국보다 오히려 유라시아 초원지대와의 밀접한 관계가 존재하였음을 주장하였다. 또, 석제 모방품에 대한 다른 글을 통해 기원전 15~10세기라는 연대를 제시하기도 하였다(강인욱 2007: 111). 이는 디야코프의 편년을 계승한 것으로 볼 수 있다.

위에서 본 여러 견해 가운데 특히 지리적 상관관계에 대하여 보다 자세히 살펴보기 위해서는, 우선 논쟁의 중심에 자리한 한반도의 자료를 검토할 필요가 있다. 따라서 다음 장에서부터는 이 지역의 연구사 정리를 시작으로 하여 좀 더 구체적인 논의를 진행해 보고자 한다.

V. 한반도의 무기형 석기

한반도의 마제 무기형 석기, 특히 석검에 대한 연구는 일본 연구자인 有光敎一(1959)에 의해 본격적으로 시작되었다. 그는 석검의 혈구(그림 4)를 근거로 한반도 마제석검의 조형을 세형동검으로 상정하고 편년하였다. 이 연구는 형식학적인 타당성이 있는 것처럼 보였지만, 사실 조형 설정은 당시의 일반적인 견해를 따랐을 뿐이다. 연구 발표 10여 년 후에 파주 옥석리 지석묘가 발굴 조사되면서 세형동검의 출현 시기가 마제석검보다 늦다

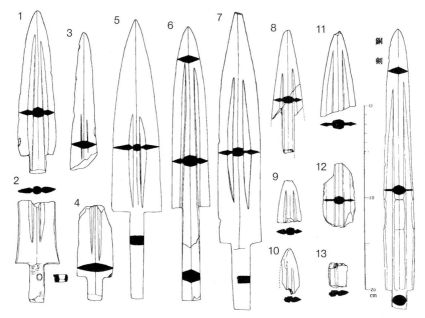

그림 4. 석검(1~13)과 세형동검(有光教一 1959)

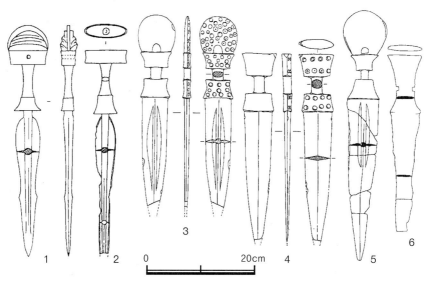

그림 5. 夏家店 상층 문화의 동검(1·2)과 한반도의 석검(3~6)(近藤喬一 2000: 747)

는 사실이 밝혀지게 된다.

이러한 사실은 층위와 ^{14}C연대에 근거한 것이었다(金載元·尹武炳 1967). 따라서 더 이상 세형동검은 마제석검의 조형이 될 수 없어졌다. 현재까지 한반도 마제석검의 조형이 무엇인지에 대해서는 정설이 없는 상태이지만, 많은 연구자들이 중국 동북지역에서의 영향을 상정하고 있다(孫晙鎬 2006). 아무튼 이러한 선후 관계를 고려할 때 有光敎一의 세형동검 모방설을 지지한 甲元眞之(1973)와 臼杵勳(1989)의 연대관은 현재로서 동의하기 어렵다. 즉, 실제 석검의 연대는 그들의 주장보다 상향 조정되어야 한다.

한편, 近藤喬一(2000)은 중국 동북지역 夏家店 상층 문화의 비파형동검과 한반도 남부 석검의 관련성을 상정하였다(그림 5). 이 견해는 양자 간의 상당한 지리적 거리에도 불구

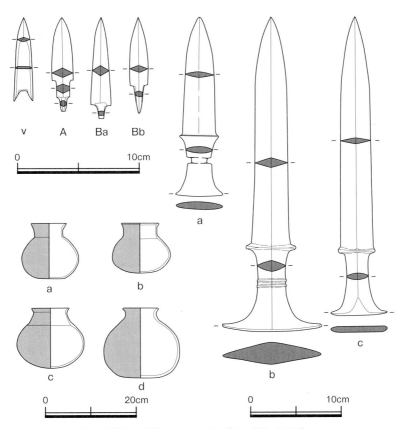

그림 6. 영남지역 서남부 무덤 출토 토기와 석기(庄田愼矢 2004)

하고 비교적 넓게 받아들여지고 있는데, 양자가 편년적으로 동일 시기에 속할 가능성이 크기 때문이다. 그의 견해를 따르면 한반도의 석검은 기원전 9세기 말에 출현한 것이 되지만, 최근 한국과 일본의 '단기 편년'에서 '장기 편년'으로의 이행(Shoda 2007)을 고려할 때 한반도 석검의 등장 시기는 기원전 2천년기 말까지 올라갈 수 있다.

庄田愼矢(2004)는 당시 청동기시대의 유물이 풍부하게 확보된 영남지역 남서부의 편년 연구를 진행한 바 있다. 이 연구에서는 무덤 출토 유물 가운데 네 가지 타입의 토기와 석촉, 세 가지 타입의 석검 조합이 정리되었다(그림 6). 분석 결과 다른 유물 사이에서 서로 모순이 없는 변화 과정이 복원되었다. 먼저 a식 토기는 v식, A식, Ba식 석촉, a식 석검과 공반된다. 또, b식 토기는 Ba식 석촉과 a·b식 석검, c식 토기는 Ba·Bb식 석촉과 b·c식 석검이 함께 부장된다. 마지막으로 d식 토기는 Bb식 석촉, c식 석검과 공반된다. 이와 같이 각 형식의 시기 차이와 연속성이 밝혀지게 되었다(표 1).

최근 손준호(2006)는 한반도의 석촉과 석검 등 무기형 석기를 종합적으로 검토한 바 있다. 이에 따르면 삼각만입촉과 이단경촉, 이단병검이 청동기시대 전기에 해당하며(그림 7의 위), 대부분의 일단경촉과 유절병검, 일단병검이 후기에 속한다(그림 7의 아래). 위에서 언급한 a식 석검이 손준호의 전기 단계, b식과 c식이 후기 단계에 속한 것이다. 석촉은 v식, A식, Ba식이 전기, Ba식과 Bb식이 후기로 상정된다. 결국 庄田愼矢의 편년 연구는 손준호의 분석 결과와 잘 부합하는 것으로 판단된다.

청동기시대 후기의 석검 중에는 연해주의 석검과 유사한 사례들이 다수 발견되었다. 이들은 타가르 모방품으로 언급되어 왔는데(그림 7-48~50과 1-6~8·2-2를 비교), 대략 기원전 8~5세기로 편년되어 동일 시기에 해당하는 것으로 보인다. 그러나 한반도에서는 이 '타가르 모방품'이 형식학적으로 바로 전단계인 청동기시대 전기의 석검을 계승한 것으로 확인되었다. 전기의 석검은 近藤喬一과 손준호가 지적한 것처럼 중국 동북지역에서 영향을 받았기 때문에, 다음 장에서는 이 지역의 청동기에 대해서 검토하고자 한다.

이 장에서 하나만 부언하면, 배진성(2007: 8)은 과거 디야코프가 기원전 2천년기 후반의 모방품으로 인식한 석제 나이프에 주목하여 吉林省에서 한반도 남부까지 분포한다는 점을 확인하였다. 이러한 석기는 여러 지역과 여러 시기에 관찰되는데, 그는 한국의 청동

표 1.　영남지역 서남부 무덤 출토 토기와 석기의 조합(庄田愼矢 2004)

유적명	유구명	토기				석촉				석검		
		a	b	c	d	v	A	Ba	Bb	a	b	c
신당리	석관묘	○				○						
저포리E	8호 지석묘	○				○				○		
옥방8	15호 석관묘	○				○	○					
옥방8	5호 석관묘	○				○	○	○				
옥방8	3호 석관묘	○				○		○		○		
상동	6호 석곽묘						○					
신촌리	II-5호 석관묘		○									
저포리E	5호 지석묘		○									
대봉동	1구2호 지석묘		○					○		○		
동천동	20호 수혈							○		○		
가인리	11호 석곽묘										○	
시지동	I-15호 석곽묘		○								○	
시지동	I-3호 지석묘			○				○			○	
시지동	II-2호 석곽묘			○				○				
신촌리	I-3호 석관묘								○		○	
대봉동	2구11호 지석묘							○				○
가인리	10호 석곽묘			○							○	○
매호동	III-5호 석관묘											○
무계리	무덤			○					○			○
도동	바호 지석묘			○					○			
외동리	지석묘			○					○			○
옥방2	10호 석곽묘				○							○
사월리	4호 대석묘				○				○			○
귀곡동	4호 석관묘								○			○
사월리	1호 대석묘								○			○
저포리E	7호 지석묘								○			
대평리	옥방 2호 지석묘								○			
산포	8호 지석묘								○			○
산포	9호 지석묘								○			○
대야	1호 지석묘								○			○
대야	2호 지석묘								○			○

단계	주요 유적 출토 무기형석기
전기	1. 안자동 2. 주교리 3·31~33. 백석동 4. 삼거리 5·30. 옥석리 6·15·16. 이금동 7. 초곡리 8·17·19·25~28. 흔암리 9·10. 미사리 11. 명암리 12. 구룡리 13. 용산동 14. 둔산 20. 황성동 21. 방내리 22. 능강리 23. 대평리 24. 용정동 29. 오석리 34. 관산리 35. 황석리
후기	36~39·72~74. 송국리 40. 석곡리 41·50·55. 마전리 42. 신풍리 43. 오복동 44. 역평 45·49. 가인리 46. 여의곡 47. 신촌리 48. 청학리 51. 월내동 52. 매호동 53·56·59. 교성리 54. 지리 57. 송림리 58. 조양동 60~62. 중도 63~66. 동천동 67·68. 복성리 69~71. 산포

그림 7. 한국 청동기시대 전기와 후기의 무기형 석기(孫晙鎬 2006)

기시대 전체, 즉 기원전 2천년기 말부터 기원전 1천년기 중엽에 해당하는 것으로 판단하였다. 이와 같이 인접 지역인 한반도, 중국 동북지역, 연해주의 자료를 비교하는 관점이 멀리 시베리아의 청동기와 비교한 견해보다 타당한 것으로 생각된다.

Ⅵ. 기원전 1천년기 중국 동북지역의 청동기 문화

夏家店 상층 문화는 중국 내몽고의 赤峰에 위치한 夏家店遺蹟의 상층에서 출토된 유물 조합에 의해 명명되었다. 이 문화와 여기에 속한 유구·유물을 연구한 朱永剛(1987)은 이를 세 개의 단계로 구분하였다. 시기적으로는 중원지역의 청동기와 비교하여 西周時代 초부터 春秋時代까지, 즉 기원전 2천년기의 늦은 시기부터 기원전 1천년기 중엽으로 비정된다. 夏家店 상층 문화의 전형적 유물 중 하나가 비파형동검이다(그림 5-1·2, 8-1·2). 사실 이 형식의 단검은 중국뿐만 아니라 한국과 일본까지 상당히 넓게 분포한다. 비파형동검의 특징은 비파형의 인부와 등대라고 할 수 있다. 같은 문화의 동모 역시 등대를 가진다(그림 8-3·4). 기타 전형적인 유물로 청동 나이프가 있다(그림 8-5·6).

청동 무기를 동반한 또 하나의 문화로 吉林省의 西團山 문화가 있는데, 董學增(1983)에 의해 西周에서 戰國時代까지의 연대가 비정되었다. 역시 등대를 가진 비파형동검과 청동 나이프를 포함하는데, 예를 들어 大海猛遺蹟에서 출토된 청동 나이프는 기원전 1천년기까지 내려 보고 있다. 결국 이는 카라숙 문화의 나이프보다 훨씬 늦은 시기가 된다. 얀콥스키 문화의 석모에 대해서는 북한에 바로 인접한 중국 延吉 新光遺蹟이나 金谷遺蹟에서 유사한 사례가 출토된 바 있다(그림 9). 이들은 柳庭洞 유형에 속하는데, 얀콥스키

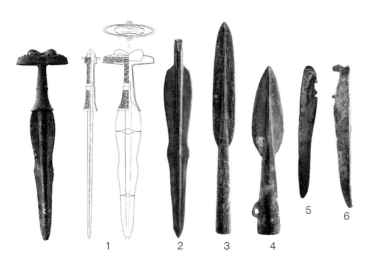

그림 8. 夏家店 상층 문화의 청동기(동북아역사재단 2007)

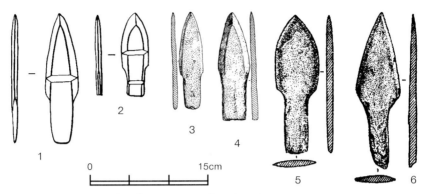

그림 9. 얀콥스키 문화(1·2)와 柳庭洞 유형(3~6)의 석모

문화와 상당한 유사성을 보인다.

　물론 연해주에서 카라숙 문화의 영향을 보여주는 유물이 존재하는 것도 분명한 사실이다. 리도프카-1유적에서 출토된 토제 거울(그림 3-10)과 하린 계곡에서 출토된 석제 단추(그림 2-6)는 시베리아의 청동 거울과 기원전 5세기 안도로노보(Андроново) 문화의 청동 단추를 모방한 것으로 생각되었다(Дьяков 1989: 207). 전자에 대해서는 형태가 너무 독특하여 상정에 어려움이 있지만, 후자의 경우는 카라숙 청동기의 영향을 어느 정도 인정할 수 있다. 아누치노-14유적에서 출토된 토제 단추 역시 카라숙 패턴의 장식을 가지고 있다(Яншина и Клюев 2005: 207~208). 유사한 유물이 시니가이(Яншина и Клюев 2005: 207~208)와 하린 계곡에서도 출토되었다(그림 2-6). 이러한 유물들은 북아시아에 넓게 분포한 카라숙 문화의 청동기와 러시아 극동 초기 금속기 문화의 상호 관계를 나타내기도 한다.

　하지만 카라숙 청동기의 영향을 인정한다 할지라도, 디야코프(Дьяков 1989)나 강인욱(2007)처럼 러시아 극동의 무기형 석기를 기원전 2천년기 중엽으로 보는 연대관은 지지하기 어렵다. 그 이유는 상기한 바와 같이 상당히 유사한 석기가 바로 인접 지역에서 기원전 1천년기에 확실히 존재하기 때문이다. 또한 시베리아 청동기의 영향이 기원전 1천년기에 관찰된다 하더라도, 그것은 무기형 석기가 아니라 거울과 같은 장식품에서만 보이는 것이다. 그리고 기원전 2천년기까지 올라가는 교류의 증거가 아직 확인되지 않는 것도 분명한 사실이다.

VII. 맺음말 : 결론과 향후 과제

연해주의 무기형 석기는 남부 시베리아의 청동기를 모방한 것으로 생각되었기 때문에, 해당 지역의 청동기시대와 초기철기시대의 연대 비정에 이용되어 왔다. 하지만 위에서 논의하였듯이 이제 이러한 견해는 완전히 재검토할 필요가 있다. 연해주의 소위 '타가르 모방품'은 한반도 청동기시대 후기의 석검과 상당한 유사성을 보인다. 그러나 한반도에서 석기 제작 전통의 연속성을 감안할 때, 타가르 문화 청동기로부터의 직접적인 영향을 상정한 주장(Конькова 1989)은 신뢰하기 어렵다. 그렇다고 단순히 일본적인 관점을 받아들이겠다는 것은 아니다. 甲元眞之(1973)의 편년이 시사하는 점은 많지만 현재로서 약점을 지적하지 않을 수 없다. 한반도 출토 자료에 의하면 그의 주장과 달리 얀콥스키 문화의 석검은 기원전 1천년기 전·중엽이 되어야 한다. 상기한 바와 같이 최근의 발굴 성과와 러시아에서의 연구가 이 연대관을 지지하고 있다.

또한 석모를 세이마-투르비노 청동기의 모방품으로 보는 것에도 문제가 많다. 모방되었다고 지적된 특징들은 세이마-투르비노 청동기에 한정되지 않고, 폭넓게 관찰되는 형식학적 특징이기 때문이다. 따라서 이 '석제 모방품'을 기원전 2천년기로 올려 보는 것은 무리가 있다. 단면 형태가 편평한 얀콥스키 문화의 석모와 유사한 사례가 吉林省에 존재하는데, 이들은 기원전 1천년기로 편년된다. 또, 석제 나이프를 카라숙 나이프의 모방품으로 상정하는 견해도 있었지만, 기원전 1천년기 후반의 한반도나 중국의 청동 나이프와 관련된 것일 가능성이 훨씬 높다.

결론적으로 무기형 석기의 출현을 청동 유입의 시작과 한정된 입수 가능성에 대한 반응으로 해석할 필요가 있다. 이러한 특징은 문명의 주변 지역에서 흔히 나타나는 현상이다. 이는 선학들이 이미 지적한 것이기도 하다(Окладников 1956, 有光敎一 1959, Конькова 1989). 북서 유럽에서도 기원전 3천년기에 유사한 문화적 현상이 연구된 바 있다(Stafford 1998). 따라서 앞으로의 연구는 이러한 과정을 상세하게 밝히는 것과 함께 다음과 같은 과제를 해결해야 할 것이다.

첫째, 자세한 형식 분류가 필요하다. 지금까지 한정된 일부 자료만 소개되었을 뿐 대부분은 아직 알려지지 않고 있다. 이러한 자료들은 러시아 각지의 박물관에 소장되어 있어 접근이 어렵다. 모방품으로 인식된 모든 유물을 정리하는 것으로부터 본격적인 분류와 형식학적 연구를 시작할 수 있다. 둘째, 우연한 발견품도 확실한 고고학적 맥락을 가지는 자료와 함께 이용되어야 한다. 이를 통해서만 '모방품'의 편년과 문화적 기원 및 분포에 대한 논의가 가능하다. 셋째, 상기한 두 가지 과정이 선행된 후 마지막으로 청동기의 조형을 찾을 수 있고, 주변 지역에서 모방품과의 관계도 인정할 수 있을 것이다.

나아가 사피로프(Сапфиров 1992)가 지적한 바와 같이 간접적인 영향에 의해 제작된 모방품의 존재도 추정 가능하다. 일본에서도 다양한 종류의 석제 모방품이 확인되었는데, 직접적인 모방과 간접적인 모방의 두 가지 경우가 상정되고 있다. 전자의 사례로 세형동검을 모방한 마제석검을 들 수 있으며, 일본 本州 중앙부에서 기원전 1천년기에 확인된다. 후자의 사례로는 규슈에 분포한 마제석검을 들 수 있는데, 한반도의 마제석검을 모방한 것으로 판단되기도 한다(寺前直人 2002). 결국 지리적으로 넓은 범위에 대한 비교 연구가 석제 모방품의 역사적 맥락에 대한 이해에 큰 도움이 될 것이라 생각한다.

참고문헌

姜仁旭, 2004, 「연해주 출토 청동기 자료의 소개」『博物館紀要』19, 檀國大學校石宙善紀念博物館.

강인욱, 2007, 「청동기시대 연해주 두만강유역과 한국의 문화교류」『환동해지역 선사시대 사회집단의 형성과 문화교류』제35회 한국상고사학회 학술발표회.

金載元·尹武炳, 1967, 『韓國 支石墓 研究』, 國立博物館.

김재윤, 2004, 「韓半島 刻目突帶文土器의 編年과 系譜」『韓國上古史學報』46.

동북아역사재단, 2007, 『하가점 상층문화의 청동기』.

裵眞晟, 2007, 「東北型石刀에 대한 小考」『嶺南考古學』40.

孫晙鎬, 2006, 『青銅器時代 磨製石器 研究』, 서경.

수보티나, A. L., 2008, 「한반도의 중도식 토기문화와 크로우노프카문화의 비교」『고고학으로 본 옥저문화』, 동북아역사재단.

甲元眞之, 1973, 「東北アジアの磨製石劍」『古代文化』25-4.

臼杵勳, 1989, 「沿海州青銅器時代遺蹟の再考」『筑波大學先史學·考古學研究』1.

近藤喬一, 2000, 「東アジアの銅劍文化と向津具の銅劍」『山口縣史資料編考古』1.

大貫靜夫, 1998, 『東北アジアの考古學』, 同成社.

董學增, 1983, 「試論吉林地區西團山文化」『考古學報』4.

寺前直人, 2002, 「武器」『考古資料大觀』9, 小學館.

有光敎一, 1959, 『朝鮮磨製石劍の研究』京都大學文學部考古學叢書 第2冊.

庄田愼矢, 2004, 「韓國嶺南地方南西部の無文土器時代編年」『古文化談叢』50-下.

朱永剛, 1987, 「夏家店上層文化的初步研究」『考古學文化論集』1.

平井尙志, 1961, 「沿海州出土の磨製石劍について」『朝鮮學報』18.

Андреева, Ж. В., Жущиховская, И. С., Кононенко, Н. А. 1986. *Янковская культура*, Москва: Наука.

Андреева, Ж. В., Студзицкая, С. В. 1987. Бронзовый век Дальнего Востока. *Эпоха бронзы лесной полосы СССР*, Москва: Наука. 351-363.

Бродянский, Д. Л. 1996. *Культурная многолинейность и хронологические параллели (по материалам археологии Приморья)*, Владивосток: Записки общества изучения Амурского края.

Дьяков, В. И. 1989. *Приморье в эпоху бронзы*, Владивосток: Изд-во Дальневост.

Конькова, Л. В. 1989. *Бронзолитейное производство на юге Дальнего Востока СССР. Рубеж II-I тыс. до н.э.-XIII в. н.э.*, Ленинград: Наука.

Конькова, Л. В. 1996. Первые бронзы на Дальнем Востоке. *Освоение Северной Пасифики*, Владивосток. 61-77.

Окладников, А. П. 1956. Приморье в I тысячелетии до н.э. (по материалам поселений с раковинными кучами). *Советская Археология*. Т.26: 54-96.

Окладников, А. П., Дьяков, В. И. 1979. Поселение эпохи бронзы в пади Харинской (в Приморье). *Новое в археологии Сибири и Дальнего Востока*, Новосибирск: Наука, Сиб. отд-ние. 85-117.

Сапфиров, Д. А. 1992. Реплики Дальнего Востока (проблемы интерпретации). *Арсеньевские чтения. Тез. докл. и сообщ. регион. научн. конф. по проблемам истории, археологии и краеведения*, Уссурийск. 203-206.

Яншина, О. В. 2004. *Проблема бронзового века в Приморье*, Санкт-Петербург: МАЭ РАН.

Яншина, О. В. 2005. Реплики в археологии юга Дальнего Востока России: проблемы и перспективы изучения. *Древние кочевники Центральной Азии (история, культура, наследие)*, Улан-Удэ. 30-32.

Яншина, О. В. 2008. Новое в изучении эпохи палеометалла на юге Дальнего Востока (по материалам Приморья). *Труды II (XVIII) Всероссийского археологического съезда*, Москва. 456-462.

Яншина, О. В., Клюев, Н. А. 2005. Поздний неолит и ранний палеометалл Приморья: критерии выделения и характеристика археологических комплексов. *Российский Дальний Восток: открытия, проблемы, гипотезы*, Владивосток: Дальнаука. 187-234.

Macgowan, D. J. 1892. Notes on Recent Russian Archaic Research Adjacent to Korea and Remarks on Korean Stone Implements. *The Korean Repository* 1: 25-30.

Shoda, S. 2007. A comment on the Yayoi Period dating controversy. *Bulletin of the society for East Asian archaeology* 1: 1-7.

Stafford, M. 1998. In Search of Hindsgavl: Experiments in the Production of the Neolithic Danish Flint Daggers. *Antiquity* 72: 338-349.

02
연해주의 등대가 있는 무기형 석기

옥사나 얀시나(Оксана Вадимовна Яншина)
번역 : 쇼다 신야(庄田愼矢)

Ⅰ. 머리말

러시아 극동에서 가장 흥미로운 고고학적 발견물의 하나로 날이 있는 청동기(창끝, 단검, 나이프)를 표현한 소위 석제 모방품을 들 수 있다. 이 유물들은 청동기시대부터 철기시대까지 중국, 한국, 일본 그리고 러시아 극동 남부를 포함한 고대 동북아시아에 광역으로 확산된 주목할 만한 현상을 반영한다. 해당 자료의 형식, 편년, 문화적·사회적 맥락, 조형이 된 청동기 등에 대한 다양한 연구가 이루어져 왔는데, 그 내용은 지역에 따라 차이가 뚜렷하다. 예를 들어 한국과 일본의 연구자들은 모방품의 형식학적 연구에 관심을 집중하였지만, 러시아에서는 전혀 다른 연구 전통을 따르고 있다.

소비에트 시대부터 러시아 고고학자들은 시대 구분에 대하여 특히 주목해 왔다. 그들에게 가장 중요한 과제는 극동 고대사에서 청동기시대의 설정이었다. 그 이유는 연구를 시작할 당시 이 지역에 청동기시대의 존재를 구체적으로 나타내는 자료가 전무하였기 때문이다. 즉, 고대사의 흐름이 신석기시대에서 초기철기시대로 직접 연결되었는데, 이는 마르크스주의를 기초로 한 러시아 고고학의 이론과 부합하지 않았던 것이다. 또한 이 가설은 해당 지역에 오랫동안 거주해 온 사람들의 존재를 감안할 때 설득력이 부족하였다.

이러한 배경에서 러시아 연구자들은 청동기시대의 존재를 증명하기 위해 석제 모방품을 이용하려 하였다. 그런데 이와 같은 목적을 달성하기 위해서는 해당 유물의 연대를 설정할 필요가 있었다. 이 때문에 조형이 된 청동기 찾기에 집착할 수밖에 없었으며, 당시 러시아 연구자들에게 잘 알려져 있었던 시베리아 여러 문화(세이마-투르비노, 카라숙, 타가르)의 청동기 중에서 이를 찾으려 하였던 것이다.

이상의 연구 경향은 컨코바(Конькова 1989)와 디야코프(Дьяков 1989)에 의해 정리되었다. 이 연구에서는 극동지역의 모든 석제 모방품이 두 개의 큰 그룹으로 나누어졌

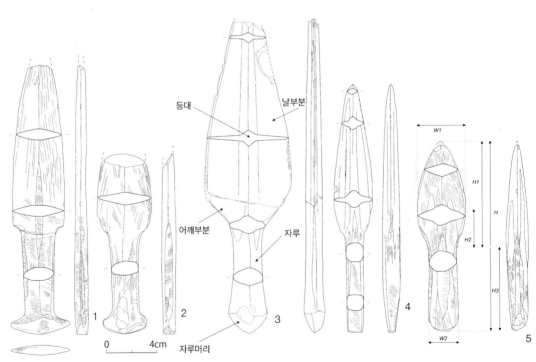

그림 1. 러시아 극동지역 무기형 석기와 세부 명칭
(1~3·5. 블라디보스토크 주립박물관, 4. 하바롭스크 주립박물관)

다. 하나는 연해주의 내륙 및 북동부 청동기시대의 리도프카(Лидовка) 문화나 시니가이(Синегай) 문화와 관련되며, 다른 하나는 연해주 남부 초기철기시대 얀콥스키 문화와의 관련성이 상정되었다. 이들에 대해 전자는 세이마–투르비노형 석모와 카라숙형 석검(그림 1-3~5)으로, 후자는 타가르형 석검(그림 1-1·2)으로 각각 설정되었다. 그리고 청동기 모방품의 변화에 있어서 전자에서 후자로의 연속적인 두 단계가 러시아 극동에 존재하였음이 주장되었다. 구체적인 연대에 대해서는 기원전 2천년기 말과 기원전 1천년기 중엽으로 각각 비정되었다.

이 두 그룹 가운데 특히 전자를 주목할 만하다. 이들은 등대를 가진 석기인데(이하 '有脊 모방품'이라 칭함), 카라숙 문화의 청동단검이나 세이마–투르비노 유형의 청동모를 모방한 것으로 상정되어 왔다(강인욱 2007, Конькова 1989). 그러나 이 가설에는 여러 가지 모순이 있다. 첫째, 러시아 극동에서 새로 발견된 사실들이 이 가설과 부합하지 않는다. ^{14}C연대와 각 유적에서의 층서는 양 형식 모방품이 기원전 1천년기라는 동일 시기에 공존하였으며, 이들을 두 단계로 나누는 것이 적당하지 않음을 보여주고 있다(Яншина 2004). 둘째, 유적 모방품의 형태를 볼 때 조형으로 상정된 카라숙이나 세이마–투르비노 청동기와의 정확한 대응 관계를 찾기 어렵고, 돌로 쉽게 표현되는 특징이 오히려 모방되지 않은 점도 확인된다.

양자 사이의 관계에 대해서는 유사성이 전혀 확인되지 않는 경우, 청동기의 특징적인 부분만을 반영한 경우, 형태가 극적으로 변화된 경우 등이 상정된다(Сапфиров 1992, Яншина 2005, Shoda et al. 2009). 그 밖에 예외적인 사례도 있지만 매우 드문 편이다. 이러한 상황이 왜 발생하였는지가 석제 모방품에 대한 필자의 주요 관심사이다. 물론 이와 같은 다양성이 존재하기 때문에, 해당 유물을 무조건 금속기 모방품으로 상정하여 편년 연구에 활용하는 것은 불가능하다.

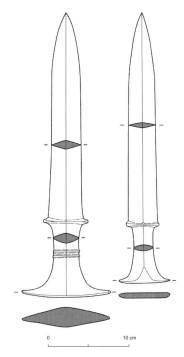

그림 2. 한국 서부 영남지역의 마제 석검

한편, 후자의 그룹은 좀 더 단순하여 이해하기 쉽다. 이 그룹은 T자형의 자루와 뾰족한 심부를 가진 단검으로 대표되는데, 카라숙 및 타가르 문화 동검의 모방품으로 인식되어 왔다(Андреева и др. 1986, Окладников 1956). 만약 이들의 형태를 조형으로 상정된 청동기와 단순 비교하면, 모방설에 동의할 수도 있다. 하지만 한반도 출토 석기의 존재를 감안하면, 그러한 견해를 수정할 수밖에 없을 것이다. 연해주에서 출토된 T자형 자루 석검은 한반도 청동기시대의 석검과 상당히 유사하기 때문이다(Shoda et al. 2009). 연해주와 한반도 사이에는 구석기시대부터 장기간 교류의 역사가 있다. 또한 한반도 석검 중 이러한 형식은 동시기에 일본열도를 포함한 넓은 지역에 분포한다. 그렇다면 얀콥스키 문화의 석검은 한반도 석검의 모방품이거나 혹은 해당 형식의 석검 분포 중 일부를 반영하는 것으로 해석(Shoda et al. 2009)할 수 있지 않을까?

많은 선행 연구에서 러시아 극동의 무기형 석기는 세이마-투르비노, 카라숙, 타가르라는 남부 시베리아 유목민의 청동기를 모방한 것으로 생각되어 왔다. 하지만 이는 올바른 해석인가? 왜 정확한 조형이 되는 청동기를 찾지 못하는 것인가? 다른 해석이 가능하다면 우리는 환동해지역 석제 무기 제작에 대해 무엇을 알고 있는가? 단순히 유목민의 생활양식을 반영하는 것인가 아니면 그 이상의 무엇이 존재하는 것인가? 환동해지역에서 석제 무기 제작이 지역마다 얼마나 독립되어 있었는가? 등의 문제에 답하기 위해서는 소위 모방품과 청동 무기의 형식학에 특화된 연구, 지역을 넘나드는 광범위한 연구가 필수적이다. 또한 여러 나라 연구자들이 동북아시아 고대인의 역사를 복원하기 위해 서로 협조할 필요가 있다.

Ⅱ. 유척 모방품의 분포와 형식학적 검토

이 글에서는 위에서 살펴본 유척 모방품의 형식, 편년, 분포 및 문화적 맥락에 대해서 검토하고자 한다. 유감스럽게도 지금까지 러시아에서는 이러한 연구가 시도된 바 없다. 선행 연구에서 모방품을 다룬 경우, 극히 시론적인 성격이거나(Окладников 1956) 부분적인 자료만을 대상으로 한 것뿐이다(Андреева и др. 1986).

우선 가장 큰 문제는 현재 유적 모방품이 몇 점 존재하는지조차 제대로 파악되지 않았다는 것이다. 여러 출판물을 통해 10~15점 정도의 석기가 도면이나 설명과 함께 소개되었는데, 본문 중 언급만 되고 도면이나 형태에 대한 설명이 이루어지지 않거나 때로는 기술에 모순이 보이는 경우도 있다. 이러한 자료는 검토 대상으로 삼기 어렵다. 이들 중에

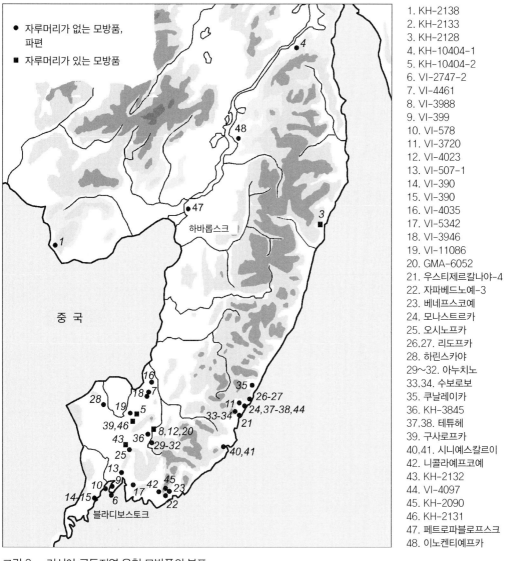

1. KH-2138
2. KH-2133
3. KH-2128
4. KH-10404-1
5. KH-10404-2
6. VI-2747-2
7. VI-4461
8. VI-3988
9. VI-399
10. VI-578
11. VI-3720
12. VI-4023
13. VI-507-1
14. VI-390
15. VI-390
16. VI-4035
17. VI-5342
18. VI-3946
19. VI-11086
20. GMA-6052
21. 우스티제르칼나야-4
22. 자파베드노예-3
23. 베네프스코예
24. 모나스트르카
25. 오시노프카
26,27. 리도프카
28. 하린스카야
29~32. 아누치노
33,34. 수보로보
35. 쿠날레이카
36. KH-3845
37,38. 테튜헤
39. 구사로프카
40,41. 시니예스칼르이
42. 니콜라예프코예
43. KH-2132
44. VI-4097
45. KH-2090
46. KH-2131
47. 페트로파블로프스크
48. 이노켄티예프카

그림 3. 러시아 극동지역 유적 모방품의 분포
(KH. 하바롭스크 주립박물관, VI. 블라디보스토크 주립박물관, GMA. 러시아 국립극지박물관)

는 유적에서 채집되거나 문화층에서 출토된 자료도 포함되어 있지만, 불행하게도 더 이상의 검토는 불가능하다.

예를 들어 리도프카 문화의 석모나 석검이 그 전형적인 사례이다. 라리채프(Ларичев 1985)에 의하면 테튜헤(Тетюхе) 만 주변 3개 유적에서 4점의 석기를 직접 채집하였다고 한다. 그러나 이 가운데 자루 1점에 대해서만 사진을 제시하였을 뿐이다. 2점이 등대를 가진다고 하는데, 도면도 없고 수장 장소도 밝혀지지 않았다. 디야코프(Дьяков 1989) 역시 몇 점의 등대를 가진 석기에 대해서 언급하였는데, 도면이 제시되지 않은 자료가 많고 비록 도면이 있다 하더라도 설명이 없는 상태이다. 결국 현재 우리는 리도프카 문화의 유척 모방품 가운데 단 4점만 알고 있는 셈이다[리도프카-1, 모나스트르카(Монастырка)-2, 우스티 제르칼나야(Усть-Зеркальная)-4].

이러한 문제 때문에 최초의 연구 과제는 모든 유척 모방품의 사례를 집성하는 것이었다. 현재 필자의 데이터베이스에는 파편을 포함한 총 55점의 유척 모방품이 기록되어 있다. 블라디보스토크와 하바롭스크 주립박물관의 소장품, 오클라드니코프(A.P.Okladnikov), 안드레프(G.I.Andrev), 안드레바(Zch.V.Andreeva), 가르코빅(A.V.Garkovik), 셰프코무드(I.Ya.Shevkomud)의 개인 자료 및 지금까지 발굴 보고서가 간행된 자료들을 모두 포함하였다. 현재까지 발견된 유척 모방품의 대부분을 망라한 것으로 생각되지만, 아직 실제 수량은 불분명하다.

유척 모방품의 분포를 보면 주요 확인 지역은 연해주 남부이며, 아무르 강 유역에서는 한정적으로만 존재한다(그림 3). 이 분포에서 지적할 수 있는 점은 다음의 두 가지이다. 첫째, 유척 모방품의 분포에는 연해주 남~동남해안, 동해안, 우수리 강 상류 내륙부라는 3개의 집중 지역이 있으며, 이들은 초기 금속기와 관련된 유적 밀집 지역과 대응한다. 이는 얀콥스키 문화 영역의 바깥쪽에 해당하는 연해주 동해안과 내륙부의 분포만을 지적한 선행 연구(Конькова 1989)와 차이를 보인다. 물론 동해안과 내륙부의 집중 현상은 확인되지만, 다수가 얀콥스키 문화 영역인 연해주 남해안에 분포한다는 점도 관찰된다. 그리고 이러한 분포는 러시아 극동지역에서 다양한 형식이 동시 존재한다는 가설에 잘 부합한다. 둘째, 연해주 동해안과 내륙부 사이에서 발견된 수량의 차이가 별로 없다. 따라서 초기 금속기시대 유척 모방품을 하나의 그룹으로 설정(Конькова 1989)한 근거가 거의 사라졌다고 볼 수 있다.

유척 모방품은 크기나 형태에 있어서도 상당히 다양하다. 길이는 9.2~31cm인데, 특히 16~21cm 정도가 많다. 13cm 이하인 것에 대해서는 화살촉으로 볼 수도 있다. 29점의 완형품 가운데 이와 같은 소형은 2점뿐이다. 너비는 2.5~8.3cm인데, 특히 3.5~5cm에 집중된다. 이러한 유척 모방품의 형태는 주로 날 부분의 폭(W1), 어깨 부분의 길이(H2), 자루 길이(H3)의 세 가지 지표를 기준으로 분류한다(그림 1-5). 단, 지표들 사이에 확실한 연관성은 확인되지 않기 때문에, 어느 하나의 지표를 기준으로 자료를 명확하게 분류하기는 어렵다. 따라서 여기서는 이 세 가지 지표를 같이 사용하여 형식을 나누어 보고자 한다.

표 1.　러시아 극동지역 유척 모방품의 형식학적 요소 조합

좁은 날(A)				넓은 날(B)			
나뭇잎형(A1)		삼각형(A2)		나뭇잎형(B1)		삼각형(B2)	
1　2　3		1　2　3		1　2　3		1　2　3	

유척 모방품은 날 부분의 장폭비(W1/H1)를 기준으로 좁은 날(A=W1/H1<0.32)과 넓은 날(B=W1/H1>0.31)의 두 그룹으로 나누어진다. 그 안에서 어깨 부분의 길이(H2)는 다양한 편인데, 여기서는 나뭇잎형(A1=H2/H1<0.22)과 삼각형(A2=H2/H1>0.21)으로 구분한다. 다음으로 자루 길이(H3/H)를 기준으로 짧은 자루(A11=H3/H<0.3), 중간 자루(A11=H3/H<0.38), 긴 자루(A11=H3/H>0.37)로 나눈다. 이렇게 하여 유척 모방품의 형식 분류가 이루어진 것처럼 보이는데(표 1), 여기서 강조하고 싶은 점은 각 분류군에 속한 개체 간에도 크기, 자루 폭, 전체적인 형태 등에서 큰 차이를 보이며 동일한 형태는 단 1점도 없다는 것이다(그림 4).

다음으로 모방품에서 중요한 구조상의 요소를 살펴보고자 한다. 첫째는 등대이다. 등대 자체의 형태도 역시 다양하다. 등대의 단면 형태는 능형이나 타원형인데, 동일 개체에서도 부위에 따라 차이를 보인다. 등대의 위치도 개체 간 차이가 뚜렷하다. 등대가 선단부에서만 확인되거나 중앙부까지 형성된 경우가 있는 반면, 대부분의 자료에서는 날과 동일한 길이를 가지거나 자루까지 이어진다. 제작자들에게 등대 길이를 맞추는 것은 별로 중요시되지 않았다고 생각한다. 유일한 공통점은 등대의 폭이다. 이 점이 매우 흥미로

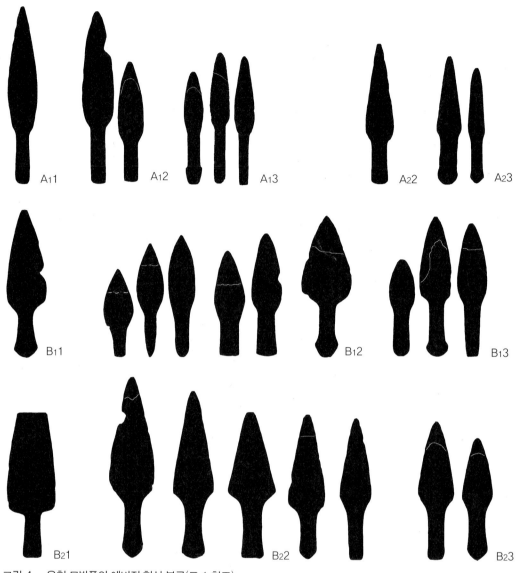

그림 4. 유척 모방품의 예비적 형식 분류(표 1 참조)

운 특징인데, 러시아 극동지역의 유척 모방품은 중국 북부나 남부 시베리아 카라숙 문화의 등대가 좁은 청동단검과는 차이가 크다.

　모방품에서 관찰되는 두 번째 특징적 요소는 등대 양쪽에 형성된 혈구이다(그림 1-4·5). 혈구는 날의 선단에는 형성되지 않기 때문에 이 부분의 단면은 능형을 이룬다.

이 점에 처음으로 주목한 것이 콘코바(Конькова 1989)의 연구였다. 이에 따르면 시니예 스칼르이(Синие Скалы) 출토 동모 용범이나 이즈웨스토프카 출토 청동단검에서 유사한 형태가 확인된다고 한다. 그리고 이러한 특징을 기원전 1천년기 후반 중국 북부나 한국 및 일본에서 발견된 청동 무기의 전형적인 요소로 상정하였다(Конькова 1989). 하지만 실제 상황은 그렇게 단순하지 않다(Shoda et al. 2009). 혈구를 가진 무기형 석기는 그 정도로 규칙적인 분포를 보이지 않기 때문이다.

자루 역시 유적 모방품에서 특징적인 부분이다. 그 형태는 불규칙한 편인데, 단면은 대다수가 약간 둥근 마름모꼴이며 가끔 타원형이나 말각방형도 관찰된다. 모방품의 자루는 대체로 폭이 넓고 비교적 짧다. 자루의 폭은 평균적으로 날 부분 폭의 절반 정도이며(W2/W1=0.4~0.6), 자루의 길이는 전체 길이의 1/3 정도이다(H3/H=0.3~0.4). 이렇게 폭이 넓은 날 부분과 짧은 자루라는 특징이야말로 지금까지 주장한 바와 같이 청동기와의 관련을 상정하기 어려운 유적 모방품의 고유한 점이다. 자루 자체도 청동기의 자루보다 크다는 점을 지적할 수 있다.

유적 모방품 중에는 자루 끝에 특수한 머리 형태를 가진 사례가 있다. 대부분의 자루 머리는 유사한 형태를 보이는데, 두꺼운 타원형 단면에 평면형은 사다리꼴을 이룬다. 선

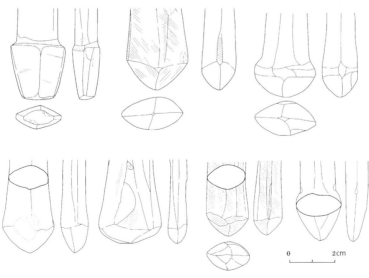

그림 5. 유적 모방품 자루 머리의 다양성

행 연구에서는 이를 카라숙형 단검의 특징인 환상 혹은 버섯 모양 자루 머리의 반영으로 인식하였다. 그런데 만일 그러하다면 당시 석기 제작자들은 모방 대상 청동기와의 유사성에 별로 관심을 두지 않았다고 볼 수밖에 없다.

한편, 자루 머리의 형태를 남근 모양으로 볼 수도 있다(그림 5). 이러한 관점에서 몇몇 자루 머리의 사례와 일본 조몬시대 후·만기에 확인되는 의례적 석봉 또는 석검(Habu 2004) 선단부의 유사성은 시사하는 바가 크다. 유사한 형태의 석봉이 콤소몰스크나아무레(Комсомо́льск-на-Аму́ре) 박물관에 1점 소장되어 있는데, 아무르 강 유역에서 발견되었다고 한다(Лапшина 2008). 물론 이와 같은 비교는 모방품 연구에서 새로운 관점이며, 대응 지역과의 거리는 시베리아보다 멀다. 여기서 강조하고 싶은 점은 자루 머리가 부정형이거나 자루와의 구분이 애매한 사례도 존재하지만, 기본적으로 그 형태는 매우 안정적이며 모방품의 다른 부분에 비해 형태상 인식하기 쉽다는 것이다.

현재까지의 연구에서는 청동단검 모방품만 자루 머리를 가지고 있으며, 자루 머리가 없는 것은 청동모의 모방품이라 인식되어 왔다(Дьяков и Конькова 1981). 하지만 이에 대해서는 의문을 가지지 않을 수 없다. 일반적으로 청동단검의 날 부분은 청동모보다 좁고 길지만, 유척 모방품에서는 자루 머리의 유무에 따라 날 폭이나 길이 등의 차이가 확인되지 않는다. 또한 그 밖의 특징에 있어서도 자루 머리를 가진 것과 그렇지 않은 것 사이에 차이는 없다(그림 4). 그렇다면 당시 제작자들이 청동단검과 청동모를 각각 모방하면서 자루 머리 이외에는 아무런 차이를 두지 않았거나 아예 양자의 차이를 처음부터 인식하지 못하였다고 보아야 하는데, 과연 이것이 가능한 일인가? 결국 일부 유척 모방품만 자루 머리를 갖는 이유는 정확히 알 수 없다. 자루 머리가 어떤 상징적 의미를 갖는다는 것이 답이 될 수 있을지도 모르겠다. 분포를 보면 거의 대부분이 우수리 강 상류 유역에서 발견되고 있다.

Ⅲ. 유척 모방품의 존속 시기와 용도

유척 모방품이 문화층에서 출토된 유적은 9개소이며(리도프카-1, 모나스트르카-2,

우스티 제르칼나야-4, 쿠날레이카(Куналейка), 수보로보(Суворово)-8, 자파베드노예(Заповедное)-3, 아누치노(Анучино)-14, 하린스카야(Харинская), 세클랴예보(Шекляево)-21), 몇몇 사례는 명확하게 토기와 함께 채집되었다(세클랴예보-21, 블라디보스토크 주립박물관-390). 해당 유물은 얀콥스키(블라디보스토크 주립박물관-390, 자파베드노예-3), 리도프카-얀콥스키(리도프카-1, 모나스트르카-2, 우스티 제르칼나야-4, 쿠날레이카), 서부 유사 얀콥스키(하린스카야, 세클랴예보-21), 수보로보(수보로보-8), 아누치노-시니가이(아누치노-14) 등, 초기 금속기시대 모든 그룹의 유적에서 확인되었다(그림 6~8, Васильевский и др. 2008).

표 2. 극동지역 14C연대(밑줄 연대치가 유적 모방품 관련)

유적명	14C연대(B.P.)	측정번호	문헌
아누치노-14	2640±55	СОАН-4491	Яншина и Клюев 2005
시니가이	2875±45	СОАН-1540	Бродянский 1996
	2820±55	СОАН-1541	
수보로보-6	2960±90	ГИН-7234	
	2935±50	СОАН-3023	
	2320±55	СОАН-3022	
	2345±50	АА-36625	
수보로보-8	2560±90	СОАН-4491	Кузьмин и др. 2003
	2465±60	СОАН-4309	
	2400±55	СОАН-4306	
	2350±35	СОАН-4310	
	2345±50	СОАН-4308	
리도프카-1(상층)	2610±45	СОАН-1390	Дьяков 1989
	2570±60	СОАН-1388	
	2530±40	СОАН-1434	
	2450±50	СОАН-1389	
쿠날레이카	2425±90	СОАН-4410	Сидоренко 2007
	2300±65	СОАН-4186	
	2150±95	СОАН-4187	
	1900±50	СОАН-4185	

유적명	14C연대(B.P.)	측정번호	문헌
고르바트카-3	2590±85		Кузнецов 1992
아누치노-1	2430±50	КИ-3166	Кузьмин 1989
노보고르데예프카	2480±85	ТИГ-243	
스라뱐카-1	2830±40	ЛЕ-2496	Кузьмин и др. 2003
올레니-G	2710±25	СОАН-1538	Орлова 1995
자이사노프카	2600±50	OS-2675	
	2480±50	BETA-124173	
올레니-A	2195±25	СОАН-1537	
	2155±25	СОАН-1535	
	2050±20	СОАН-1536	
	2050±280	ДВГУ-ТИГ-84	Кузьмин и др. 2003

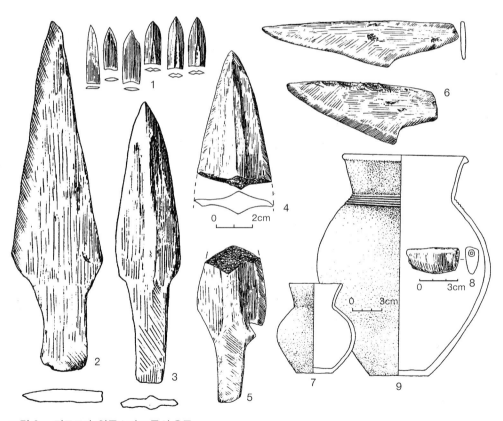

그림 6. 리도프카-얀콥스키 그룹의 유물

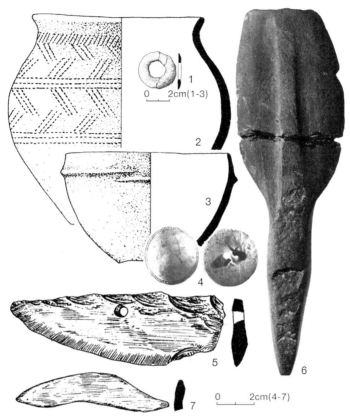

그림 7. 내륙부 유사 얀콥스키 그룹의 유물
(1~3. 토제, 4~7. 석제, 하린스카야 유적)

　모방품이 포함된 문화층 출토 목탄의 보정 연대에 따르면, 연해주 유적 모방품의 존속 시기는 B.C.924년~B.C.191년 정도이다. 즉, 기원전 1천년기의 거의 전 기간에 걸쳐 제작되었음이 짐작된다(표 2, 그림 9). 하지만 연해주 고고 유적의 종합적 편년을 감안하면 실제로는 좀 더 짧은 기간 지속된 것으로 생각되며, 기원전 1천년기 전반으로 보면 무난하다. 연해주에서 크로우노프카와 폴체 문화의 등장으로 모방품 전통을 가진 문화가 교체되는 시기는 기원전 1천년기 후반의 이른 단계로, 이때가 유적 모방품의 하한이라 할 수 있다. 단, 유적 모방품은 연해주의 북동해안으로 쫓겨난 제작 집단에 의해 약간 더 늦은 시기까지 존속한 것으로 추정된다. 모방품과 관련된 가장 늦은 [14]C연대는 이 지역에서만 확인된다.

유척 모방품의 용도에 대하여 밝혀진 점은 거의 없다고 해도 과언이 아니다. 이를 검토하기 위해서는 유물의 출토 상황을 살펴볼 필요가 있다. 모방품의 대부분은 일반인에 의해 경작지나 삼림에서 발견되었으며, 가끔 지표보다 약간 깊은 곳에서 출토되기도 한다 (썩은 나무 그루터기에서 발견된 사례가 1점 있음). 다른 유물과 공반되는 경우는 거의

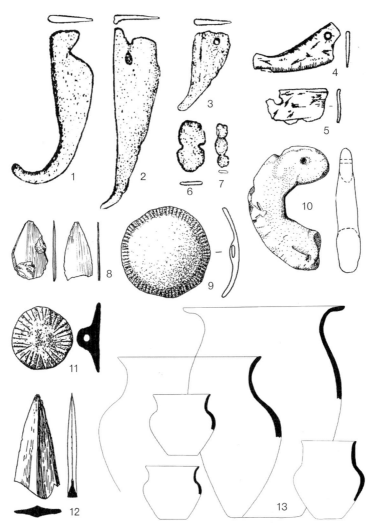

그림 8.   아누치노-시니가이 그룹의 유물
(1~7·9. 청동제, 8·12. 석제, 10·11·13. 토제 /
4·7. 글라조프카, 8·11~13. 아누치노-14, 9. 시니가이)

없고, 대다수가 우연히 지표에서 수습된 것이다.

예외적이고 흥미로운 사례로 모나스트르카-2 유적이 주목된다(Дьяков и Конько ва 1981). 면적 6㎡의 조사구역에서 방형의 화재 건물이 발굴되었는데, 노지는 5개소가 확인되었으며 호형토기와 마제석기를 포함한 완형의 유물이 다수 출토되었다(그림 6). 유적 모방품이 마제석도 5점, 마제석촉 19점과 함께 선단부를 남쪽으로 향하고 있었으며 (20㎠ 범위에서 집중 출토), 마제석부 2점, 마제석착 1점, 호형토기도 공반되었다. 보고 자는 유구 내·외부에서 생활 관련 유물이 확인되지 않는 점, 상기한 유물들을 의도적으 로 배치한 점, 호형토기만 출토되는 점 등을 근거로 의례적인 장소로 추측하였다. 또 다 른 사례로 연해주 초기 금속기시대 유적으로 유명한 하린스카야가 있다(Окладников и Дьяков 1979). 유적 모방품은 수혈 주거지 내에서 1개체로 복원된 토기편들과 함께 출토되었다(그림 7). 주거지는 평면 원형에 돌로 외곽을 돌린 특수 유구로, 내부 중앙에 위석식 노지가 자리한다.

이 두 가지 사례를 제외하면 문화층에서 출토된 유적 모방품은 모두 파편이다. 이들은 주로 반복된 사용에 의해 더 이상 쓰지 못하게 되었는데(리도프카-1의 사례 제외), 아마 도 이 점이 중요할 것이다(그림 6-4·5, 8-12). 그리고 대다수의 유적 모방품은 일상생 활의 맥락에서 확인되었다. 예외적으로 상기한 두 유적 이외에 세클랴예보-21(국립문화 재연구소·러시아과학원 극동지부 역사학고고학민속학연구소 2006)이 있다. 이 유적에 서 출토된 유물은 모두 지표에서 채집되었는데, 시기적으로 초기 금속기시대에 해당하는 자료들이다. 유적의 성격은 벽옥, 관옥, 곡옥 등 석제 장신구의 제작 공방으로 해석되었 다. 유적 모방품의 자루는 손실되었는데, 그 나머지 부분을 재이용하였다. 선단부를 재 가공하였으며, 반대쪽은 경부와 유사하게 변형하였다. 한편, 자루 머리가 있는 모방품의 대부분도 우연히 발견된 채집품이라는 점을 마지막으로 강조해 두고 싶다.

Ⅳ. 맺음말

결국 우리는 유적 모방품에 대하여 무엇을 이야기할 수 있을까? 이 유물은 러시아 극

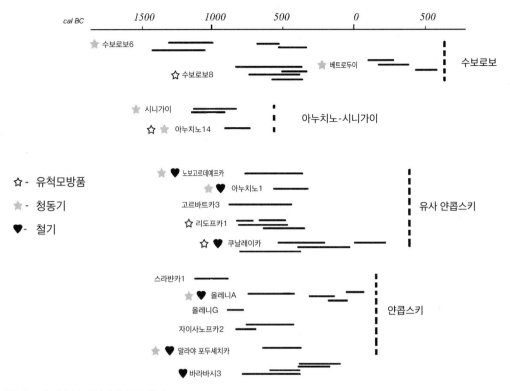

그림 9. 초기 금속기시대 유적의 연대

동에서 기원전 1천년기 시작 무렵에 출현하여 300~400년 정도에 소멸하였는데, 연해주 동해안에서는 좀 더 늦은 시기까지 잔존하였을 것이다(그림 9). 해당 시기 러시아 극동에서 토기 전통을 달리하는 모든 인간 집단은 유적 모방품을 제작하였거나 혹은 적어도 알고 있었지만, 그 분포의 중심은 동해안 중앙부였다. 이 집단들은 모두 금속을 사용하기 시작한 사람들이었다. 특히 얀콥스키 문화 사람들에게도 유적 모방품이 알려져 있었다는 점은 주목해야 한다. 이로 인해 얀콥스키 문화의 전형적 T자형 자루 모방품과 유적 모방품이 극동 역사에서 동시 존재한다는 사실이 확인되기 때문이다. 세이마-투르비노 청동모와 극동 유적 모방품의 대응 관계가 분명하지 않다는 위의 분석 결과도 이러한 시기 비정과 잘 부합한다.

유적 모방품에서 주목해야 할 특징은 형태의 불규칙성과 조형이 되는 청동기를 찾지 못한다는 것이다. 이에 대해서는 두 가지 설명이 가능하다. 첫째, 단순히 현재 알려져 있는 청동기의 수량이 많지 않을 가능성이다. 청동기의 형식학적 연구가 심화되면 모방품의 조형이 밝혀질 수도 있다. 청동 무기에 관한 깊은 지식이 모방 석기를 논하는 데 결정적인 역할을 한다는 점은 두말할 필요도 없다. 둘째, 유적 모방품의 형태가 일정하지 않은 특별한 이유가 존재할 가능성이다. 필자는 두 번째 가능성에 주목하고 싶다.

T자형 자루 모방품과 유적 모방품이 서로 다른 문화적 맥락에 속한 것은 분명하다. 수백 년간에 걸쳐 얀콥스키 문화 집단과 비 얀콥스키 문화 집단이 인근에 자리하면서, 각각 형태적 독자성(토기, 금속기, 석기 등)을 유지하고 있었다. 이는 마치 상호 대립적으로 보이기도 한다. 얀콥스키 문화는 상당히 균일하며, 뚜렷하게 한반도로부터의 영향을 받고 있다(T자형 자루 단검에서도 이 특징이 잘 나타나고 있음). 그 반면 비 얀콥스키 문화의 사람들은 다양한 형태의 물질문화를 보유하고 있었으며, 이것이 모방품에도 반영되었다. 이렇게 균일하지 못한 집단이었기 때문에 석제 무기의 조형 또한 하나의 대상으로 한정하지 못하는 것일지도 모른다. 그들은 청동 무기 그대로의 모방에는 가치를 부여하지 않고, 무언가 다른 목적을 가지고 이러한 유물들을 제작하지 않았을까?

그런데 유적 모방품의 기능이 분명하지 않기 때문에, 현재로서는 비실용적인 의미를 상정할 수밖에 없다. 이를 검토할 실마리가 되는 사실은 다음과 같다. 첫째, 대부분의 유적 모방품이 우연히 발견되었다. 둘째, 완형이면서 상징적 의미를 지닌 자루 머리 달린 모방품도 모두 우연히 발견되었다. 셋째, 주거지에서는 파편으로만 확인되었다. 그리고 넷째, 모나스트르카-2 유적에서는 의례적 성격이 관찰된다. 그러나 유감스럽게도 지금까지 확보된 자료만으로는 어떠한 의례가 유적 모방품과 결합되었는지 알 수 없다.

여기서 지적할 수 있는 점은 다음의 두 가지이다. 우선 러시아 극동의 모방품은 한반도 출토품과 달리 장송 의례와 결합되지 않는다. 그리고 그 출토 상황은 남부 시베리아의 타가르 청동단검과 유사하다. 즉, 대다수가 일반인에 의해 발견되었으며, 단검에 동물이나 새의 장식이 있는 점(Бобров 2008), 무덤에서 출토된 청동기와 크게 다른 형태를 보이는 점 등에서 유사성이 관찰된다. 흥미롭게도 비슷한 상황이 같은 시대의 남부 우랄에서도 확인된다(Банников 2008, Котов и Савельев 2008). 이러한 상호 관계는 러시아 극동의 유적 모방품이 타가르 청동단검과 동일한 의미로 제작 및 사용되었음을 보여주는 것일 수도 있다.

시베리아의 연구자들은 발견된 청동단검의 성격이 사실은 우연이 아니라 전쟁터 등 고고학적으로 파악하기 어려운 현상을 반영한 것으로 생각하고 있다. 하지만 이 가설로는 우연히 발견된 단검에서만 동물이나 새의 장식이 확인되는 특수성을 설명하지 못한다. 한편으로 발견된 곳이 의례적인 장소였다는 가설도 있다. 이 경우 해당 단검은 남부 우랄 출토품과 동일한 역할을 담당한 것으로 보고 있다(Котов и Савельев 2008). 이러한 방향으로의 이해는 시사하는 바가 크다. 또한 위에서 언급한 자루 머리를 남근 표현으로 보는 관점도 일본의 석봉이나 석검 사례를 참조한다면 해당 석기의 중요성을 밝히는 데에 도움이 될 수 있을 것이다.

아무튼 상기한 바와 같이 양자의 유사성을 감안하면, 결국 극동의 모방품과 시베리아의 청동기는 부분적이나마 상호 관련성이 있다. 그런데 그 형태에 있어서 엄밀하게 말하면 양자 사이의 대응 관계는 없다. 하지만 그 이유는 여전히 밝혀지지 않고 있다. 이를 해명하기 위해서는 러시아의 청동기 및 석제 무기와 중국, 한국, 일본 유물들의 형식학적 상호 관계를 집중적으로 연구할 필요가 있다.

참고문헌

강인욱, 2007, 「청동기시대 연해주 두만강유역과 한국의 문화교류」 『환동해지역 선사시대 사회집단의 형성과 문화교류』 제35회 한국상고사학회 학술발표회.

국립문화재연구소·러시아과학원 극동지부 역사학고고학민속학연구소, 2006, 『연해주의 문화유적』 I.

Андреева, Ж. В., Жущиховская, И. С., Кононенко, Н. А. 1986. *Янковская культура*, Москва: Наука.

Банников, А. Л. 2008. О факторе случайности в обнаружении и исследовании неко торых экземпляров клинкового оружия. *Случайные находки, хронология, атрибуция, историко-культурный контекст: Материалы тематической нау чной конференции*, Санкт-Петербург. 25-26.

Бобров, И. И. 2008. Размышления о контексте случайных археологических находо к. *Случайные находки, хронология, атрибуция, историко-культурный кон текст: Материалы тематической научной конференции*, Санкт-Петербург. 20-24.

Бродянский, Д. Л. 1996. *Культурная многолинейность и хронологические паралл ели (по материалам археологии Приморья)*, Владивосток: Записки обществ а изучения Амурского края.

Васильевский, Р. С., Крупянко, А. А., Табарев, А. В. 2008. *Генезис неолита на юг е Дальнего Востока России*, Владивосток: Изд-во ДВГУ.

Дьяков, В. И. 1989. *Приморье в эпоху бронзы*, Владивосток: Изд-во Дальневост.

Дьяков, В. И., Конькова, Л. В. 1981. Функциональное, хронологическое и культу рное значение каменных «кинжалов» с односторонней противолежащей заточкой клинка. *Материалы по археологии Дальнего Востока*, Владивост ок: Академия наук СССР, Дальневосточный науч. центр. 35-42.

Конькова, Л. В. 1989. *Бронзолитейное производство на юге Дальнего Востока СС СР. Рубеж II-I тыс. до н.э.-XIII в. н.э.*, Ленинград: Наука.

Котов, В. Г., Савельев, Н. С. 2008. Феномен случайных находок клинкового оруж ия эпохи раннего железного века на Южном Урале. *Случайные находки, хр онология, атрибуция, историко-культурный контекст: Материалы темати ческой научной конференции*, Санкт-Петербург. 96-100.

Кузнецов, А. М. 1992. *Поздний палеолит Приморья*, Владивосток: Дальневосточн ый государственный университет.

Кузьмин, Я. В. 1989. *Радиоуглеродные датировки археологических памятников П риморья (по результатам работ 1987 г.)*, Владивосток: ДВО АН СССР.

Кузьмин, Я. В., Коломиец, С. А., Орлова, Л. А., Сулержицкий, Л. Д., Болдин, В. И. 2003. Никитин Ю. Г. Хронология культур палеометалла и средневековь я Приморья (Дальний Восток Росии). *Археология и социокультурная антро пология Дальнего Востока и сопредельных территорий*, Благовещенск: Бл аговещенский государственный педагогический университет. 156-164.

Лапшина, З. В. 2008. Дальний Восток России-Япония: образы первобытного искус ства как отражение стадиальности в развитии архаического сознания. *Тра диционная культура Востока Азии*. 2008ю Вып. 5: 121-131.

Ларичев, В. Е. 1985. Стоянки культуры раковинных в районе бухты Тетюхе (в При морье). *Советская археология*. 1985-1: 141-146.

Окладников, А. П. 1956. Приморье в I тысячелетии до н.э. (по материалам поселе ний с раковинными кучами). *Советская Археология*. Т.26: 54-96.

Окладников, А. П., Дьяков, В. И. 1979. Поселение эпохи бронзы в пади Харинско й (в Приморье). *Новое в археологии Сибири и Дальнего Востока*, Новосиби рск: Наука, Сиб. отд-ние. 85-117.

Орлова, Л. А. 1995. Радиоуглеродное датирование археологических памятников Сибири и Дальнего Востока. *Методы естественных наук в археологически х реконструкциях* 2, Новосибирск: Институт археологии и этнографии Сиб ирского отделения Российской академии наук. 207-232.

Сапфиров, Д. А. 1992. Реплики Дальнего Востока (проблемы интерпретации). *Арс еньевские чтения. Тез. докл. и сообщ. регион. научн. конф. по проблемам истории, археологии и краеведения*, Уссурийск: Уссурийский гос. педагог. ин-т. 203-206.

Сидоренко, Е. В. 2007. *Северо-восточное Приморье в эпоху палеометаллаю*, Влад ивосток: Дальнаука.

Яншина, О. В. 2004. *Проблема бронзового века в Приморье*, Санкт-Петербург: МА Э РАН.

Яншина, О. В. 2005. Реплики в археологии юга Дальнего Востока России: проблем ы и перспективы изучения. *Древние кочевники Центральной Азии (истор ия, культура, наследие)*, Улан-Удэ. 30-32.

Яншина, О. В., Клюев, Н. А. 2005. Поздний неолит и ранний палеометалл Примор
ья: критерии выделения и характеристика археологических комплексов. *Р
оссийский Дальний Восток: открытия, проблемы, гипотезы*, Владивосток:
Дальнаука. 187–234.

Habu, J. 2004. *Ancient Jomon of Japan*, Cambridge: Cambridge University Press.

Shoda, S., Yanshina, O., Son, J. H. and Teramae, N. 2009. New Interpretation of the
Stone Replicas in the Maritime Province, Russia. *The Review of Korean Studies*
12(2): 187–210.

03

연해주 출토 석검의 형식과 편년

강인욱(姜仁旭)

Ⅰ. 머리말

기원전 1천년기 한반도를 포함한 동아시아 각 지역은 동검을 개인 무기로 하는 복합사회로 진입한다. 중원의 동주식 동검, 내몽고 오르도스지역의 합주식 비수검(오르도스식검), 遼寧~한반도의 비파형동검 등 각 지역에서 무덤은 대형화되고 복합사회로 빠르게 진행하면서 개인 무기인 단검의 부장 현상이 보편화된다. 그런데 유독 한반도의 비파형동검 문화와 연해주의 고금속시대(청동기시대와 철기시대를 포괄해서 사용하는 연해주만의 독특한 시대 구분)에는 청동기의 사용이 극히 제한적이며 대신 석검이 널리 분포한다.

한반도의 경우 송국리 문화 단계부터 이미 동검이 제작·사용되었음에도 불구하고, 전혀 우월한 지위를 갖지 못한 채 석검이 널리 사용되었다. 석검 자체는 신석기시대 이후 등장하는데, 전 세계 대부분의 지역에서 청동기시대 또는 복합사회 이전의 특징적 유물이다. 한반도의 경우 석검 사회 이후 곧바로 세형동검에 기반한 철기시대를 거쳐 기원 전후 시기에 국가 단계로 변천한다. 즉, 유라시아의 기타 지역에서 석검이나 골검은 신석기시대~초기 청동기시대에 나오는 데 반해, 한국에서는 복합사회로 진입한 이후 대형의 무덤(지석묘)과 공반된다는 점이 매우 특이하다.

그런데 연해주에서도 패총 문화인 얀콥스키 문화에서 많은 석검이 출토되었다. 이러한 사회 전반적인 변화에도 불구하고 동검보다 석검이 우위를 차지하는 현상, 즉 '복합사회에서 중요한 무기로서의 석검'이라는 특수한 상황은 동아시아, 나아가 유라시아의 전 지역을 통틀어서도 거의 찾아볼 수 없다. 따라서 석검이 보편화된 연해주와 한반도의 석검을 비교하는 연구는, 동아시아 복합사회의 진입이라는 보편성과 한반도의 석검 위주 사회라는 특수성을 살펴볼 수 있는 단초를 제공한다.

이와 같이 연해주의 석검은 한반도와 유사한 석검 중심의 사회라는 점과 함께, 최근에 제기되고 있는 환동해 문화권의 독특한 문화적 발전 과정을 추적할 수 있는 단초를 제공할 것이다. 이에 본고에서는 필자가 지난 몇 년간 취합한 연해주 각 지역의 박물관 및 발굴 자료 등을 정리하여 1차적으로 석검의 형식 분류를 시도하고, 각 석검의 기원 등을 밝혀보고자 한다. 이를 기반으로 연해주지역 석검의 기원과 전개 과정을 검토하고 한반도의 석검과 비교하여 동아시아 청동기시대의 전개 과정 속에서 한반도와 연해주 석검 문화의 공통점과 차이점을 살펴보고자 한다.

Ⅱ. 연해주 석검 연구의 현황

연해주의 석검 출토는 19세기 이 지역으로 러시아인들이 진출하고 고고학적 연구를 시작하면서 알려졌다. 1881년 시데미 패총에 대한 보고에서 석검 또는 석창으로 추정되는 도면이 제시되었는데(Margarieff 1892), 이것이 현재까지 알려진 석검에 대한 최초의 보고라고 할 수 있다. 또한 하바롭스크 박물관이나 블라디보스토크 주립박물관의 경우 러시아 시민혁명 전에 수집된 석검이 존재했으며, 블라디보스토크 도시가 개발되면서 주변의 얀콥스키 문화가 다수 조사된 점을 감안하면 석검의 존재 또한 널리 알려졌을 것으로 생각된다.

하지만 본격적으로 연해주 출토의 석검에 대한 연구는 1950년대 이후에 오클라드니코프와 그의 조사단이 연해주 일대를 조사하면서 이루어졌다. 오클라드니코프(Окладников 1959)는 1950년대 연해주지역에 대한 고고학적 연구의 종합판이라고 할 수 있는『연해주의 먼 과거』에서 연해주 석검의 존재를 언급하면서 그 손잡이 장식이 카라숙이나 타가르식 동검과 유사함을 지적하였다. 또한 석검의 형식적 특징을 곧바로 편년적인 증거로 활용하여 얀콥스키 문화를 비롯한 연해주의 금속기시대를 기원전 2천년기 말, 즉 대체로 기원전 13세기대로 소급하고자 했다. 아울러 바라바시 출토 유병식 석검을 들어 한반도 출토품과의 유사함도 지적한 바 있다.

오클라드니코프(Окладников 1963)는 후에 얀콥스키 문화의 대표적인 취락 유적인 페스차느이 패총에 대한 종합 보고서를 발간했는데, 모두 16기의 얀콥스키 문화 주거지가 체계적으로 보고되었다. 보고서에는 총 10여 점의 석검이 제시되었는데, 공반 관계를 확실히 알 수 있다는 점에서 얀콥스키 문화의 석검에 대한 실질적인 자료를 제공한다. 오클라드니코프(Окладников и Деревянко 1973)의 석검에 대한 인식은 이후 1970년대의 출판물에도 큰 변화 없이 반영되었다.

한편, 석검에 대한 본격적인 분석은 오클라드니코프의 뒤를 이은 후학들에 의해 1980년대부터 진행되었다. 디야코프(Дьяков 1989, Дьяков и Конькова 1981)는 1970년대에 리도프카 문화를 발굴하면서 석검들이 비대칭날이라는 점과 청동기를 모방한 흔적이 많이 보인다는 점을 밝혀낸 바 있으며, 안드레바(Андреева и др. 1986)를 필두로 하는 러시아과학원 극동분소의 연구원들은 얀콥스키 문화에 대한 개설서를 통하여 해당 문화의 석검에 대한 검토를 행하였다. 또한 석검의 기능적 분석에 대한 시도도 있었다 (Кононенко 1978). 하지만 극히 일부 석검의 분석인 탓에 전체 석검의 기능 및 편년에 대한 해석은 큰 차이 없이 대동소이하다.

러시아 학계에서의 연해주 석검에 대한 연구는 사실상 오클라드니코프(Окладников 1956)와 디야코프 이외에는 거의 전무하며, 지나친 시베리아 전파론에 의거한 동검 모방론이 주류를 이루었다. 1950년대 오클라드니코프가 활동하던 시기에 시베리아와 중앙아시아, 또는 만주의 夏家店 상층 문화 유물들과 비교했던 것은 전파론적인 입장을 증명하기 위함은 아니었다. 사회주의적 도그마에 대한 집착이 강했던 1950~60년대 소비에트 고고학에서 그러한 설명은 극동지역의 편년 체계를 세우기 위한 방편이었다. 오클라드니코프 이후 석검에 대한 연구는 거의 중단되었으며, 석검의 사회적 의미, 주변 지역과의 비교 등 실체적인 접근은 이루어지지 않은 채 개설서 등에서 기존의 학설을 반복적으로 되풀이하는 수준이었다.

연해주 석검에 대해서는 최근 환동해지역 간의 문화 교류에 대한 관심이 증대하면서 조금씩 자료가 소개되고 있다. 대표적으로 연해주 석검에 대하여 필자(姜仁旭 2004)가 소개한 바 있으며, 쇼다 등(Shoda et al. 2009)의 연구에서는 지나치게 남부 시베리아와의 관련성에 주목하였던 오클라드니코프와 디야코프의 견해를 비판하였다. 필자 역시 남부 시베리아 미누신스크 분지의 청동기가 직접적으로 연해주에 영향을 미쳤다고는 보지 않는다. 하지만 오클라드니코프가 지적한 카라숙계 청동기의 경우 비단 남부 시베리아뿐 아니라 黑龍江省, 아무르 강 중상류 등 광범위한 지역에 분포하며, 그 형식적 특징도 매우 특출하다(姜仁旭 2009). 후술하듯이 연해주 석검의 기원을 직접 남부 시베리아에서 찾는 것은 어렵지만, 극동지역으로 파급된 카라숙 청동기의 영향은 충분히 인정된다. 또한 편년적인 근거로도 사용될 수 있다고 생각한다.

이상 간략하게 살펴본 바와 같이 연해주의 석검은 1950년대의 기초적인 연구에서 크게 벗어나지 못했으며, 오히려 한국과 일본 등 주변 국가의 학자들에 의해 그 연구가 이어지고 있는 실정이다. 하지만 석검의 기원, 편년, 형식 등 기본적인 연구는 여전히 부재한 형편이다.

Ⅲ. 연해주 석검의 형식 분류

필자가 2008~2010년 사이에 연해주와 하바롭스크지역의 석검 자료를 모아본 결과, 도면 또는 사진으로 보고되어 자료적 가치를 띠는 것으로 약 200여 점을 확인하였다. 하지만 연해주의 석검은 재사용된 경우가 많고 주거지 내부에서 상당히 사용된 후 폐기된 것들이 다수이기 때문에 실제로 속성을 파악할 수 있는 것은 120여 점 정도였다.

연해주의 석검은 한반도 출토품과 달리 인부, 병부, 병단부의 구분이 명확하지 않으며, 인부의 경우 대부분 유엽형이다. 또한 형식적 변이(variation)가 뚜렷하지 않고 점진적이기 때문에 석모와 석검의 차이는 명확하지 않다. 본고에서는 '석검'의 범주에 석모라고 분류되는 유경식 刀器를 모두 포함시켰다. 물론 석검과 석모를 같은 범주에 놓을 수는 없지만, 연해주 출토품의 경우 그 구분이 애매하기 때문이다. 여기에 더하여 각 연구자들의 자의적인 분류 또한 문제로 지적될 수 있다. 명확한 기준을 제시하지 않은 채(명확한 기준이 나올 수 없는 사정이기도 하지만) '석모', '모방품', '석검' 등 자의적으로 분류하는 것은 전체 연해주 마제석검 계통의 유물 분석에 오히려 장애가 될 가능성이 높다.[1] 이에 여기서는 석모와 석검의 구분이 분명하지 않은 유사한 刀器들도 일단 석검의 범주에 포함하기로 한다.

석검 자체의 형식적 구분이 뚜렷하지 않은 점과 함께, 연해주 출토의 석검은 사용에 따른 재마연이 심하다는 특징이 있다. 물론 주거지 출토품의 경우 여러 번 마연한 것은 한반도 석검에서도 보이는 특징이지만, 한반도와 달리 연해주에서는 무덤 출토 사례가 거의 없어서 원형에 대한 정보가 그리 많지 않다. 게다가 대부분의 유물은 파편이고 공반 유물을 알 수 있는 것이 많지 않기 때문에 지나친 속성의 분류는 큰 의미가 없다고 생각한다. 이에 여기서는 주요한 형식 분류의 기본 속성으로 병부와 병단의 형태를 선택하였다. 그 이유는 인부의 경우 유엽형으로 모두 유사하여 속성의 주요한 특징으로 택하기 어려우며, 손잡이의 사용이 기능적인 속성을 반영하기 때문이다.

병부의 형태를 기준으로 할 때 한반도의 석검은 유경식과 유병식으로 나누는 것이 일반적이다. 연해주의 석검 역시 이러한 분류를 적용하여 형식을 분류해 보겠다. 연해주지역의 경우 유경식은 경부의 길이가 비교적 긴 편이며, 같은 유경식이라고 해도 경부의 단면이 매우 다양하다. 이에 필자는 연해주의 석검을 별도의 손잡이를 부착하는 형식(I식), 타원형 또는 원형의 병부가 형성되어 유경식과 유병식의 특징을 모두 지닌 형식(II식), 납작한 타원형의 병부를 가진 형식(III식)으로 구분하였다. I식과 II식은 각각 한반도 석검의

---

1   실제 유물들을 보면 처음에는 석검처럼 사용하다가 점차 날이 마연되면서 석모 등의 용도로 바뀐 듯한 경우도 있다. '석검형 석기'라는 용어를 쓸 것도 생각해 보았지만, 이 경우 대다수 석검의 용도에 혼동을 주는 것을 피할 수 없다.

형식 분류에서 적용되는 유경식과 유병식에 해당한다. 한편, II식의 경우 외관의 형태만 보았을 때에는 유병식과 유경식의 구분이 애매하다. 그러나 단면이 원형 또는 타원형으로 별도의 손잡이를 끼울 수 없다. II-2식의 경우 병단을 돌출되게 장식했는데, 이런 경우 유경식으로의 사용이 불가능하다. 실제로 손에 쥐어보면 크게 불편하지 않고 사용할 수 있을 정도이다. 아마도 II식은 끈으로 손잡이를 묶어서 사용의 효율성을 보완했을 가능성이 있다.

각각의 형식은 다시 2개의 아형식으로 세분했는데(그림 1), 형식별 특징은 다음과 같다. 먼저 I식은 별도의 손잡이에 경부를 끼워서 쓰는 것으로, 경부가 단면 육각형 또는 팔각형인 원경검(경부의 단면이 원형인 검)과 편경 계통으로 나뉜다. 등날은 도드라지게 남아있고 단면 육각형으로 양쪽에서 날카롭게 마연한 경우가 많다. 검날의 형태는 유엽형이며 인부의 끝을 서로 다른 방향에서 마연한 비대칭날이다. 경부는 삽입하기 좋도록 끝을 납작하게 재가공한 경우도 많다. 경부 삽입 방법에 따라 단면이 원형이나 다각형으로 삽입하기에 유리한 I-1식(그림 2)과 단면이 편평하여 양쪽에서 나무판을 대고 끈으로 묶은 I-2식(그림 3)으로 세분된다. 콕샤로프카 발해 성지에서 수습된 유물 가운데 납작한 경부에 천공된 것이 출토되었는데(그림 1의 I-2식 사진), 이는 양쪽에서 나무판을 대고 징 같은 것을 박은 흔적으로 생각된다.

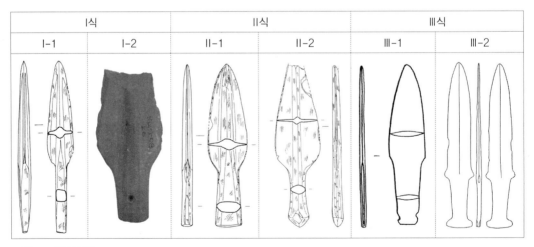

그림 1. 형식 분류

다음 II식은 병부의 단면이 타원형에 가까운 것으로 별도의 손잡이를 부착하기보다는 유병식으로 사용했을 가능성이 크다. 심부가 형성되어 있지 않아서 전반적인 형태는 석모를 연상시키지만, 손잡이가 두터운 편이기 때문에 석모로 보기는 어렵다고 생각된다. 병부에 별다른 장식이 없는 것을 II-1식(그림 4), 카라숙 동검의 영향을 받아 병단 장식이 형성된 것을 II-2식(그림 5)으로 세분할 수 있다.

마지막 III식은 편경식 검이다. III-1식(그림 6)은 경부가 납작하게 되어 있어 별도의 손잡이를 부착할 때 양쪽에서 나무판을 대고 다시 끈으로 감아서 사용했을 것으로 추정된다. 실제로 병단에 홈이 파인 것들은 별도의 손잡이 도구를 사용했던 흔적으로 생각된다. III-2식(그림 7)은 심부가 분명하게 형성되었으며 병단도 좌우로 돌출되어 유병식의 일종으로 볼 수 있다. 이 경우는 병부에 별도의 손잡이를 부착하는 것이 불가능하기 때문에 필요할 경우 끈을 감는 방식으로 손잡이 부분을 보강하게 된다.

Ⅳ. 고찰

1. 형식별 편년 및 기원

1) Ⅰ식

연해주의 고금속시대는 한반도와 달리 ^{14}C연대 측정치가 많지 않으며 기년명 자료도 전혀 없다. 게다가 석검의 경우 유적에서 출토 맥락이 분명한 상태로 확인된 예가 많지 않기 때문에 자세한 편년은 쉽지 않다. 따라서 각 문화별로 형식의 유무를 검토하고 비교적 공반 관계가 뚜렷한 몇 가지 유적을 통해서 그 연대를 추정할 수 있다.

먼저 Ⅰ식의 경우 정식 발굴된 유적에서 출토된 사례가 없기 때문에 정확한 연대를 추정하는 데에는 일정 정도 한계가 있다. 하지만 얀콥스키 문화에서 전혀 출토된 바 없으며, 비슷한 석모 형태의 석검이 大連地域의 초기 청동기시대를 비롯하여 遼東地方에서 발견되고 있다. 이로 볼 때 그 연대는 대체로 얀콥스키 문화 이전인 기원전 10세기 이전으로

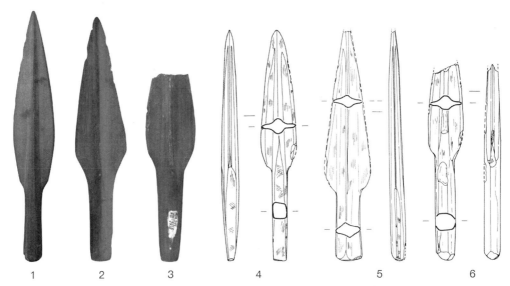

그림 2. I-1식 석검(1~3. 블라디보스토크 주립박물관, 4~6. 하바롭스크 박물관)

소급될 가능성이 크다.

  그 편년을 구체적으로 살펴보자. 형식적으로 I식은 신석기시대 중국 동북지방 일대(예컨대 雙砣子 문화)에서 널리 유행했던 석모형 석검과 유사하여 비교적 이른 시기의 것으로 추정할 수 있다. 하지만 직접적으로 연대를 편년할 수 있는 유물과 공반된 바 없기 때문에 연해주의 신석기~청동기시대 편년 체계와 관련해서 살펴보고자 한다. 현재 연해주에서 통용되는 일반적인 편년 체계인 마르가리토프카-시니가이·아누치노-얀콥스키의 3문화 체계를 연변지역 및 동북한과 비교하면 다음과 같다.

  먼저 청동기시대 전기에 해당하는 興城 문화에서는 석검이 출토되지 않는다. 석모형의 석검이 연변지역에서 본격적으로 등장하는 것은 청동기시대 중기(기원전 13~9세기) 석관묘가 유입되면서부터이다. 가장 이른 시기로 편년되는 소영자유적에서 출토된 마제석기는 석촉, 장방형석부, 방추차 등이 있다. 석창은 경부와 신부가 뚜렷하게 구분되지 않게 제작되었는데, 이와 비슷한 것들이 汪淸 金城, 延吉 新龍 등의 유적에서도 발견된 바 있다. 소영자 출토의 석검은 경부가 일부 결실되었으나 전체 길이 26.2cm로 비교적 큰 편이며, 석창은 23.3cm이다(강인욱 외 2009). 석재는 점판암 계열로 장방형의 석재를

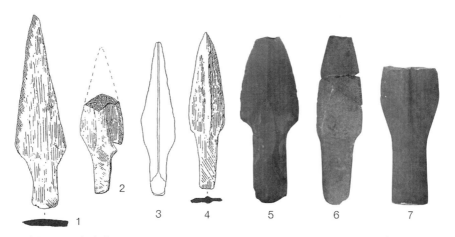

그림 3. I-2식 석검(1~4. Окладников 1959. 5~7. 블라디보스토크 주립박물관)

다듬어 측면에서 마연하였다. 이를 미완성의 석검으로 보기도 하나, 무덤에 부장되었으며 측면에 홈이 파인 점으로 볼 때 손잡이를 끼워서 사용했을 가능성이 크다. 측면을 다듬은 후에 선단부를 제작하고 날을 세웠다. 인부 마연의 흔적은 좌우, 사선, 상하 등 다양한 방향에서 이루어져 연해주 출토의 석검들과 흡사한 마연 방식을 보인다.

소영자유적의 이른 시기 양상은 석촉에서도 확인되는데, 장신의 세장방형 마제석촉과 흑요석 계열의 석기가 많은 반면 삼각만입식 석촉은 거의 발견되지 않는다. 장봉형 석촉은 延吉 金谷, 百草溝 新華閭, 新興洞 등 청동기시대 대부분의 석관묘에서 발견되었으나, 소영자유적처럼 수십 점씩 대량으로 확인되는 예는 없다. 또한 삼각만입식 석촉이 柳庭洞 유형 시기에 주로 보이는 특징이라는 점을 감안하면, 소영자유적의 유물상은 연변지역 석관묘 관련 유적 중에서 가장 이른 시기의 특징이라 할 수 있다(강인욱 외 2009).

결국 I식 석검의 가장 이른 것은 소영자 석검으로 볼 수 있으며, 연해주에서 석검류 석기의 시작도 소영자 축조 이후가 된다. 소영자의 절대연대는 두만강유역 청동기시대 중기의 가장 이른 단계이기 때문에 기원전 12~9세기 정도로 크게 잡을 수 있다. 여기에 다른 석관묘 유적의 절대연대를 보면, 琿春 迎花南山의 주거지가 2979±75B.P.이다. 단, 이 연대는 무덤이 아니라 주거지에서 측정되었다는 점에서 직접적인 대입은 곤란하다. 하지만 돌대문토기를 표지로 하는 和龍 興城遺蹟이 기원전 12세기 이전으로 편년되며(姜

仁旭 2007a), 드보랸카 석곽묘의 AMS 절대연대치가 2950±50B.P.(1160B.C.), 2730 ±50B.P.(900B.C.), 2710±50B.P.(890B.C.)로 산출되었다(국립문화재연구소·러시아 과학원 극동지부 역사학고고학민속학연구소 2007). 이상의 절대연대 측정치와 비교 편 년 자료를 종합해보면 소영자유적은 직립심발형 토기를 표지로 하는 柳庭洞 유형이 두만 강유역으로 유입되는 청동기시대 중기의 가장 이른 시기 즉, 기원전 12~11세기대로 추 정된다(강인욱 외 2009). 한편, 연변지역의 석관묘 유적이 연해주로 유입된 드보랸카 석 곽묘의 절대연대가 대체로 기원전 10세기대라는 점을 참고하면, 기원전 11~10세기경에 는 적어도 연해주에서 시니가이 문화가 시작되었고 이때에 I식 석검이 연해주에서 널리 도입되었을 것으로 판단된다.

2) Ⅱ식

Ⅱ식의 편년에는 Ⅱ-1식이 카라숙 동검을 모방한 것이 참고가 된다. 카라숙 청동기 관련 설에 대해서는 석검의 카라숙 기원설(오클라드니코프, 디야코프, 안드레바 등)과 남부 시베리아 무관설(Shoda et al. 2009) 등으로 양분된다. Ⅱ장에서 살펴본 바와 같이 시베 리아 기원설은 자료가 부족한 상태에서 극동고고학의 편년 체계를 수립하기 위하여 당시 상대적으로 편년이 잘된 남부 시베리아와의 비교 편년에 치우친 나머지 지나친 전파론적 입장이 나온 것이다. 1950~60년대 연해주를 연구하던 학자들이 극단적으로 전파론적 시각을 내놓은 것은 당시의 자료적 한계에 근거한다.

직접적인 남부 시베리아와의 관련성을 찾기는 어렵지만, 카라숙 청동기는 남부 시베리 아뿐 아니라 黑龍江省, 아무르 강 중류, 遼東地域 등 동북아시아 일대에 광범위하게 분포 했다(姜仁旭 2009). 카라숙 문화와 달리 '카라숙계 청동기'는 매우 넓은 지역으로 확산되 며, 주변 지역으로 퍼져나갈수록 그 기종은 동도나 단추 등으로 단순화된다. 실제로 연해 주 내에서도 카라숙 청동기와 관련된 동제 및 석제 鬪斧가 발견된 바 있으며, 시니예 스 칼르이 출토의 거푸집과 동모, 하바롭스크 박물관 소장의 동모, 이웃한 黑龍江 尙志, 아 무르 강 유역의 카라숙식 동검 등도 이러한 양상을 나타내는 자료들이다.

결론적으로 초원 계통의 주민이 대량으로 이주했다는 증거는 없지만, 극동지역으로 유 입된 카라숙 청동기의 영향을 볼 수 있다는 점에서 이러한 요소를 연해주 Ⅱ-2식 석검의 편년을 위한 주요한 근거로 사용할 수 있다. Ⅱ-2식 석검의 병부는 모두 직병이다. 곡병을 모방한 듯한 석검이 2점 있지만(그림 5-6·7), 병단 끝을 약간 경사지게 처리한 것으로 본격적인 곡병으로 보기는 어렵다. 카라숙 청동검의 경우 직병의 연대가 곡병보다 한 단계 늦어 대체로 기원전 11~9세기에 편년된다. 河北地方의 곡병식 카라숙 동검이 출토된 抄道溝遺蹟과 직병으로 대표되는 베이징 白浮遺蹟의 연대가 그 시기적 차이를 보여주는 좋은 예다. 한편, 연해주지역 Ⅱ-2식의 병단에 부착된 장식은 모두 버섯머리형에 가까운 것이다. 이는 카라숙 동검의 가장 마지막 단계에서 시작되어 타가르 문화의 초기까지도 일부 사용된다(강인욱 2008). 즉, 대체적인 연대는 기원전 10~8세기대가 된다.

여기에 얀콥스키 문화에서는 Ⅱ식 동검이 전혀 출토되지 않는다는 점을 감안하면, Ⅱ식의 하한 연대는 대체로 기원전 8세기대에 가까울 것이다. 한편, 상한 연대에 대해서는 정

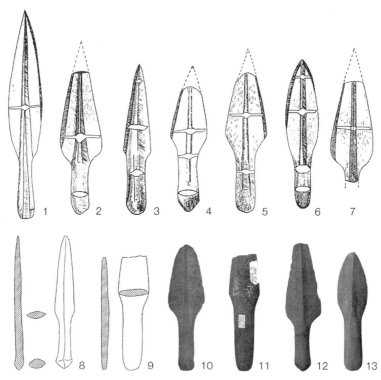

그림 4.   Ⅱ-1식 석검(1~7. Дьяков 1983, 8·9. Окладников 1963,
10~13. 블라디보스토크 주립박물관)

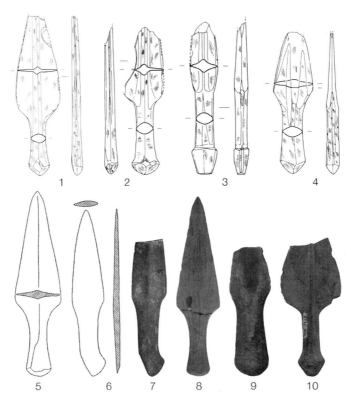

그림 5. Ⅱ-2식 석검(1~4. 하바롭스크 박물관, 5. Окладников 1963,
6. Окладников 1959, 7~10. 블라디보스토크 주립박물관)

확한 자료가 없지만, Ⅰ식과 마찬가지로 雙砣子 3기를 비롯하여 동북아시아 초기 청동기
시대에 이러한 석모형 석검이 유행한다는 점을 감안할 때 그 시작은 기원전 13세기대로
올라갈 가능성을 열어두고자 한다. 즉, Ⅱ-1식은 기원전 13세기대 정도부터 전 동아시아
적 석검 문화의 확산으로 사용되기 시작했고, 이후 기원전 10세기경에 Ⅱ-2식의 석검이
만들어져 기원전 8세기대까지 이어졌다고 생각된다.

3) Ⅲ식

이 석검들은 얀콥스키 문화에서 집중적으로 발견된다. 필자는 두만강 유역의 전반적인
편년 체계를 구축하는 과정에서 그 중심 연대는 기원전 8~5세기이며, 하한은 크로우노

프카 문화를 고려할 때 기원전 4~3세기대로 지목한 바 있다(姜仁旭 2007a).

한편, 얀콥스키 문화의 석검 중에서 비교적 연구가 잘 된 페스차느이유적 출토품을 중심으로 석검의 상대연대를 살펴보자. 페스차느이에서는 모두 19기의 주거지가 발굴되었다(Окладников 1963). 먼저 중복 관계를 보면 9호→8호→6호 순으로 중첩되었으며, 3호와 4호를 5호가 파괴하고 있다. 또한 주거지의 배치로 보면 7, 8, 11, 12호는 남북

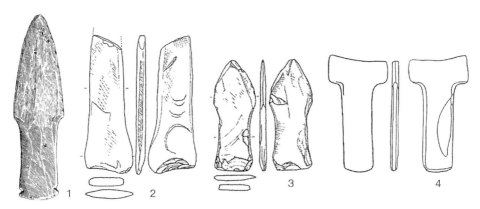

그림 6. Ⅲ-1식 석검(1. Окладников 1963. 2·3. Obata 2007. 4. Андреева и др. 1986)

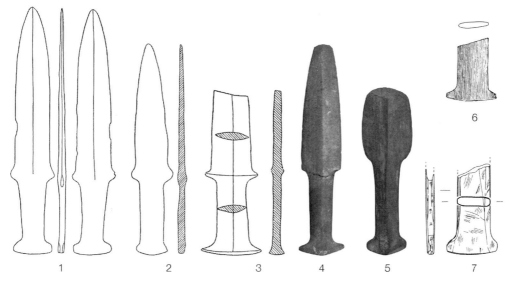

그림 7. Ⅲ-2식 석검(1~3. Окладников 1959. 4·5. 러시아과학원 극동분소 박물관. 6. Окладников 1963. 7. 말라야 포두셰치카)

방향으로 일렬 배치되어 있으며, 2, 3, 5, 6, 13호는 동서로 배치되어 서로 다른 정황을 보여준다. 그런데 남북 방향의 8호 주거지를 동서 방향의 6호 주거지가 파괴하였기 때문에, 결론적으로 남북 방향의 주거지 이후에 동서 방향의 주거지가 축조된 셈이 된다. 한편, 4호, 9호, 10호는 다소 양상이 달라서 평면 장방형에 장축 방향도 북서-남동이다. 9호의 경우 8호가 파괴한 상태이고, 4호를 파괴하고 5호가 축조되었다. 이로 볼 때 페스차느이 주거지의 서열은 다음과 같이 정리된다.

I단계 : 4, 9, 10호 주거지
II단계 : 7, 8, 11, 12호 주거지
III단계 : 1, 2, 3, 5, 6, 13호 주거지

각 단계별로 출토 유물과 석검을 정리하면(그림 8), I단계에는 별다른 석검이 출토되지 않았다. 이후 II단계가 되면 I-2식(그림 8-38)과 III-1식(그림 8-41)이 있다. 한편, III단계에 해당하는 5호 주거지에서 발견된 석검의 병단에는 사용으로 많이 마모되었지만 미세한 홈이 형성되어 있다(그림 8-58). 따라서 얀콥스키 문화 단계에는 I, II식의 석검 전통을 계승하다가 점차 개량화된 III-1식이 도입되고, 그 후에 좀 더 개량된 III-2식이 사용되기 시작한 것으로 생각된다. 혹시 III식이 사용되기 시작한 때에 한반도 또는 만주지역의 동검 문화가 영향을 주었을 가능성도 생각해볼 수 있다. 하지만 한반도 남부의 청동기 문화와 얀콥스키 문화는 각각 수전에 기반한 농경 문화와 패총 문화라는 점, 토기 및 주거지와 같은 유구·유물 조합상 유사성이 거의 없다는 점에서 직접적인 관련성을 추단하기 어렵다.

이제 III식 석검의 연대를 보다 구체적으로 살펴보자. 얀콥스키 문화의 전반적인 편년 체계는 기원전 8~3세기이며, 페스차느이유적의 I단계에 별다른 석검이 나오지 않는 것을 볼 때 III식 석검은 대체로 얀콥스키 문화의 아주 이른 시기에는 출토되지 않았음을 알 수 있다. 또한 얀콥스키 문화의 바라바시유적에서는 III-1식 석검과 함께 고배가 출토되었는데, 페스차느이 출토품(그림 8-51·52)보다 장대화된 것이다(강인욱 2007b). 이와 같은 고배는 페스차느이 III단계에 속하는 13호 주거지에서도 출토되었다. 따라서 페스차느이 III단계와 관련한 상대연대는 '페스차느이 5·6호→페스차느이 13호, 바라바시'로 추

단계	출토유물	석검

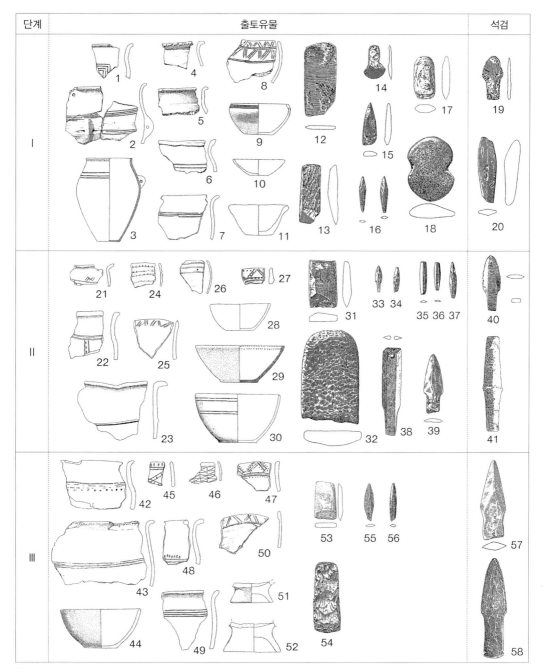

그림 8. 페스차느이 패총의 단계별 유물 변천(Окладников 1963 재편집)
　Ⅰ단계 : 4호 주거지(2, 5, 7, 12~16, 19), 9호 주거지(1, 3, 4, 6, 8~11, 17, 18, 20)
　Ⅱ단계 : 7호 주거지(21, 24~27, 31~34, 39), 8호 주거지(22), 11호 주거지(29, 30, 41),
　　　　　12호 주거지(23, 28, 35~38, 40)
　Ⅲ단계 : 5호 주거지(43~45, 50, 51, 54~56, 58), 6호 주거지(42, 46~48, 52, 53, 57)

정되며, 바라바시의 연대를 참고할 때 페스차느이 5·6호의 연대는 기원전 6~5세기대, 이에 연동하여 II단계는 기원전 7~6세기대로 보고자 한다.

다음으로 오클라드니코프(Окладников 1959)가 제기한 유병식 석검의 타가르 검 기원설에 대해서 살펴보자. 결론부터 말하면 미누신스크 분지의 타가르 문화와 연해주의 직접적인 전파 루트를 상정할 수 있는 자료는 없다. 사실 1950년대 오클라드니코프가 석검에 대하여 연구했을 때 남부 시베리아와 연해주 사이의 공백을 메워줄 자료가 거의 없었기 때문에, 이러한 장거리의 전파 루트를 상정하는 것은 시대적인 한계로도 볼 수 있다. 하지만 석검의 타가르 문화 기원설은 비단 연해주뿐 아니라 한국의 석검에 대한 연구에도 중대한 영향을 미쳤다.

쇼다 등(Shoda et al. 2009)은 남부 시베리아와 연해주의 거리가 지나치게 멀기 때문에 타가르 문화의 전파를 상정하기 어렵다고 보았다. 결론적으로 타가르 검과의 관련성을 부정하는 점은 수긍이 가지만, 타가르 검과 타가르 문화의 차이를 간과한 것으로 보인다. 타가르 검은 합주식으로 만든 초원의 동검 중에서도 특히 남부 시베리아 일대에 분포하는 검을 통칭한다. 즉, 타가르 문화의 범위는 미누신스크 분지로 극히 한정되지만 타가르 검의 경우 몽골 공화국, 아무르 강 상류, 투바 등지에서 폭넓게 발견된다. 1950년대의 연구 수준에서는 문화와 표지유물을 혼동해서 서술하였기 때문에 이러한 인식의 차이를 불러일으킨 듯하다.

실제로 타가르 동검에서는 '一'자형의 심부와 병단 장식이 가장 대다수를 차지하는데(강인욱 2008), 연해주 출토 III식 석검의 심부 및 병단 장식의 형태와 일치한다. 이는 중국 북방지역 오르도스식 동검의 경우 '一'자형 심부와 병단 장식이 극히 소수라는 점(姜仁旭 2004)과 대조를 이룬다. 그럼에도 불구하고 타가르식 동검이 연해주 유병식 석검에 영향을 주었을 가능성은 실제로 그리 높지 않다고 생각한다. 타가르 동검이 주변 지역과 교류하는 시기는 타가르 문화의 사라가센 기와 테신 기에 해당하는 기원전 6~3세기이다. 타가르 문화의 사라가센 기가 되면 외부의 영향으로 동검의 병단에 쌍원형 또는 새 모양 동물 장식 등이 부착되며, 사르마트 검과 같은 비교적 원거리에서 보이는 검이 등장하는 시기는 기원전 4세기대 이후이다(강인욱 2008). 연해주나 한반도의 유병식 석검이 본격적으로 등장하는 기원전 8~6세기에 타가르 문화에서는 어떠한 원거리 교류의 흔적도 보이지 않는다. 또, 연해주와 남부 시베리아 사이에는 동검의 심부와 병단의 형태 이외에 문화적 교류를 증명할 어떠한 유물도 출토되지 않았다.

타가르 동검과 연해주 석검의 공통점인 '一'자형 심부와 병단 장식은 동검을 사용하는 데에 가장 기본적이며 실용적인 기능을 가진다. 즉, 칼로 찌를 때 손잡이에서 손이 빠져 나가지 않게 하는 데에 필요한 실용적이면서 보편적인 속성이다. 정도의 차이는 있지만, 합주식 동검이 대체로 이러한 '一'자형 심부를 가진다는 점에서 이 속성의 유사성만으로 두 지역의 관계를 추정하기는 어렵다. 또한 연해주 Ⅲ-1식 석검의 경우 심부를 따로 돌출 되게 형성한 것이 아니라 마연하면서 자연스럽게 돌기형으로 만든 것이라 생각한다.

2. 동북아시아 석검 문화 속의 연해주

위에서는 연해주의 석검을 3형식으로 나누고 각각의 편년을 검토해 보았다. 그 결과 대체로 Ⅰ, Ⅱ식은 얀콥스키 문화 이전, 그리고 Ⅲ식은 얀콥스키 문화 단계에 주로 발견된 다는 것을 확인하였다. 또한 Ⅰ식이 먼저 사용되다가 후에 카라숙 청동기의 영향으로 병단 장식이 형성된 Ⅱ식이 등장하는 것으로 보았다. Ⅲ-1식과 Ⅲ-2식의 편년안을 근거로 전반 적인 동아시아적 틀 속에서 연해주 석검의 변천을 살펴보면 다음과 같은 6기로 정리할 수 있다.

제1기는 청동기시대 이전의 신석기시대 중·후기에 동아시아 일대에서 석검이나 골검, 석인검 등이 사용되는 시기이다. 이때에는 주로 자바이칼, 몽골 등지에서 세석인을 삽입 한 골검이 발견된다. 그 연대는 기원전 4~3천년대에 해당한다. 이 시기에 연해주는 자 이사노프카와 마르가리토프카 문화가 존속했는데, 실제로 별다른 석검의 사용은 보이지 않는다.

제2기는 중국 동북지방의 초기 청동기시대에 석모와 유사한 석검들이 널리 유행하는 시기이다. 大連地域의 雙砣子 2~3기 문화, 遼北地域의 高臺山 문화 등은 물론 商代 중 원지역에서도 연해주 출토의 Ⅰ식과 유사한 석검들이 발견되었다. 하지만 이 시기에 해당 하는 마르가리토프카 문화에서 석검의 확인 사례가 없어, 아직 유입되지 않았던 것으로 생각된다. 그 연대는 信陽 출토품이 商代인 점과 雙砣子 및 高臺山 문화의 편년으로 볼 때 대체로 기원전 15세기경으로 소급된다.

제3기는 기원전 12~10세기로 석곽묘의 전통이 연변, 연해주지역으로 전파되면서 석모형 석검의 전통도 같이 유입되는 시기이다. 주요 유적으로는 소영자, 드보랸카 등이 있으며, 연해주에서 I식 동검이 널리 사용되기 시작한다. 다음 제4기는 기원전 10~8세기 카라숙계 청동기의 영향으로 II-2식 석검이 등장하는 시기이다. II식은 I식과 비교해서 병부가 발달하여 별도의 손잡이에 끼우지 않고도 사용할 수 있다는 점에서, 기본적으로 I식이 개량화되어 완전한 석검화가 이루어진 것으로 생각된다.

제5기는 기원전 8~3세기 얀콥스키 문화의 등장과 함께 유병식 석검인 III-1식, III-2식 석검이 등장하는 시기이다. III-1식은 I, II식의 석검이 개량화되어 사용할 수 있게 되었으며, III-1식에서 더욱더 발달한 것이 III-2식인 것으로 생각된다. 두 형식 간의 연대 차이는 분명하지 않다.

제6기는 연해주지역에서 석검이 소멸되는 시기로 크로우노프카 문화의 발흥과 궤를 같이 한다. 얀콥스키 문화에서도 철기가 사용되었지만 그 용례는 비교적 제한적이었다. 반면에 크로우노프카 문화 시기가 되면서 무덤에 묻히는 검은 세형동검이 주류를 이루고 (姜仁旭·千羨幸 2003), 주거지에서도 석검이 발견된 바 없다. 따라서 대체로 연해주 석검의 종말 연대는 기원전 4세기대 전후가 될 것으로 생각된다.

3. 한반도 석검과의 비교

위에서 살펴본 바와 같이 연해주에서는 한반도와 함께 석검이 주로 출토된다는 점에서 두 지역의 공통점이 확인된다. 하지만 석검의 자세한 속성과 공반 유물, 유적의 입지 등에서는 많은 차이가 관찰된다.

첫 번째, 한반도는 주거지 및 무덤의 출토가 공히 발견되지만, 연해주에서는 거의 대부분 주거지 또는 문화층에서만 출토된다. 먼저 연해주에서 무덤 출토가 거의 없다는 점은 연해주의 청동기~초기철기시대에 조사된 무덤이 거의 없다는 점과도 연관되어 있다. 무덤 자료로는 포시에트 만의 셀레하유적(Obata 2007), 차파예보와 말라야 포두셰치카 (Андреева и др. 1986) 등이 있다. 또한 유독 발굴보다는 지표 수습이 많은데, 이는 연해주에서 발굴 조사가 극히 제한적으로 이루어졌다는 점과도 관련된다.

두 번째, 연해주의 석검에서 의기화의 흔적은 전혀 보이지 않으며, 지속적인 사용에 따른 마연의 흔적이 매우 뚜렷하다. 무덤 출토품인 셀레하의 석검 역시 의기화된 흔적이 없는 것을 볼 때, 이는 연해주 석검의 일반적인 현상이라고 생각된다. 이 점은 연해주에서 지석묘와 같은 대형묘가 존재하지 않는다는 사실과도 관련된다. 대체로 함경도를 경계로 그 이북지역에서는 대형묘가 발견되지 않는데, 소수나마 확인된 무덤에서도 봉토 또는 의례화된 매장 풍습 등이 관찰되지 않는다. 연해주에서 유일한 대형 석곽묘가 발견된 드보랸카유적의 경우 한카 호 이남 중국과의 국경지역에 위치하며, 그 이외에 석관묘 관련 유적은 이동지역에서 확인된 바 없다. 아마 대형 석곽묘를 만드는 풍습은 연해주에서 널리 확산되지 않았던 것 같다. 결론적으로 연해주에서 대형 무덤의 부재와 함께 석검이 의기화될 정도로 사회가 복합화되지 않았음을 의미하는 것으로 생각된다.

　세 번째, 연해주 석검의 재질은 모두 마연이 잘되는 점판암 계통이며 마연의 방식이 한반도 것과 많이 다르다. 연해주 석검의 날 가는 방식이라든가 형태는 세부적으로 볼 때 한반도의 석검과 차이가 많다. 점판암 위주로 석재를 선택하며, 봉부를 위로 향했을 때 각각 11시와 2시 방향으로 전체 날의 형태를 마연한 후 인부는 다양한 각도에서 재마연한다. 연해주 석검의 경우 거의 예외 없이 지속적인 재가공을 한 것이 특징이다. 또한 '비대칭날'이라고 해서 양쪽의 날을 각각 반대 방향으로 간 형태도 중요한 특징 중 하나인데, 한반도에서는 비대칭날을 거의 확인할 수 없다.

　네 번째, 남한과 달리 기원전 2천년기 후반부터 연해주에서는 석검이 널리 쓰였는데, 이는 석모 형태로 초기 청동기시대 중국 동북지방에 널리 분포했던 초기 석검의 전통과도 일맥상통한다. 연해주의 석검은 초기 청동기시대 이래의 전통이 얀콥스키 문화 시기에도 잘 남아있는데, 이는 한반도와 달리 비파형동검 문화와 직접적인 접촉이 없었기 때문으로 추정된다. 즉, 연해주의 경우 초기 청동기시대의 석모형 석검 전통이 그대로 계승되어 유병식 석검인 Ⅲ식으로 이어진 반면, 한반도의 경우 비파형동검의 등장이 개인용 무기 또는 의기로 석검을 사용하게 된 계기가 되었다고 생각한다.

　다섯 번째, 기원전 1천년기에 한반도의 경우 청동기를 인지하고 있었음에도 불구하고 석검의 사용이 주류를 이루었다. 이러한 현상은 석검 사용의 전통이 강했기 때문에 청동기의 보급이 그리 원활하지 않았던 탓이었다(강인욱 2010). 하지만 연해주의 경우 얀콥스키 문화 단계에 동검의 사용이 거의 없어, 동검이 석검의 속성에 영향을 미치지 않았다. 실제로 연해주에서 청동기의 사용은 극히 한정적이어서 얀콥스키 문화의 경우 굴지구는 철기가 도입되었으며, 시니가이 문화와 아누치노 문화와 같은 청동기시대에서는 소형의 장신구만이 발견될 뿐이다. 물론 초원계 투부도 발견된 바 있지만, 이는 연해주 자체의 제작이 아니라 유입된 것으로 보인다. 이러한 연해주 청동기의 부재는 가용할 수 있는 청동 광산 및 주석 교역 루트의 부재 및 사회 복합도가 상대적으로 떨어지는 것이 주요 원인으로 생각된다.

이상과 같이 한반도와 연해주의 석검은 어느 한 지역에서 다른 지역에 영향을 준 것이 아니라, 초기 청동기시대에 시작되었던 석검 사용의 전통이 각각 다른 식으로 발전된 것이다. 연해주의 경우 패총 문화를 영위하면서 실용적인 도구로서의 사용이 주를 이룬 반면, 한반도는 거석묘의 등장과 비파형동검, 석관묘 등 만주지역으로부터 지속적인 선진적 청동기 문화가 유입됨에 따라 석검은 개인 무기와 의기로서 청동검의 기능을 대신하는 방향으로 발전하였다. 이와 같은 다른 문화 형성의 판도는 석검 사용 이후에도 이어진다. 상대적으로 고립되어 환동해지역에서 독자적인 발전을 한 연해주의 석검 문화는 이후에도 크로우노프카 문화로 이어져 사회의 복합화가 크게 진행되지 않은 반면, 한반도는 동경과 세형동검으로 대표되는 초기철기시대 문화, 그리고 이후의 국가 단계로 발전하게 되었다.

Ⅴ. 맺음말

본고에서는 연해주 석검의 형식, 기원 그리고 편년적 위치에 대해 집중적으로 조망하였다. 현 시점에서 분명한 점은 연해주의 석검이 기원전 1천년기 동북아시아에 확산된 단검의 일환으로 청동검 대신 주류를 이룬다는 것이다. 또한 한반도와 달리 카라숙 청동기의 영향을 받았으며 패총 문화(얀콥스키 문화)가 번성할 때 그 전성기를 이룬다는 점을 알 수 있었다. 이에 필자는 기존에 발표된 자료와 박물관 소장 자료 등을 분석하여 연해주 출토 석검을 크게 3형식으로 나누고, 각 석검의 특징을 살펴보았다.

그 결과는 다음과 같이 정리된다. 3가지 석검은 각각 비파형동검 이전 단계, 비파형동검 동시기로 시기를 달리하며 존속했다. 즉, I식과 II식은 동아시아에 비파형동검의 형성 이전 존재했던 초기 청동기시대의 석검 제작 전통의 일환이며, 여기에 일부 카라숙계 동검의 영향이 미쳤다. 또한 한반도의 송국리 문화와 거의 동시기인 얀콥스키 문화에서 발견되는 III식 석검은 그 중심 연대가 기원전 8~4세기로, 러시아 학계에서 기존에 주장했던 타가르 동검 기원설은 설득력이 없으며 오히려 한반도와 가장 유사한 형태를 보여준다.

하지만 I식과 III식이 공반하고 형식적으로도 점진적인 변화를 보이며, 한반도의 일단병식 석검이 이 지역에 영향을 주었다는 증거도 없다. 또한 두 지역 간의 제작 방법 및 형식적 특성을 감안할 때에 한반도와 직접적인 교류의 증거를 찾기는 현재로서 어렵다. 왜냐하면 한반도 출토품과 같이 다양한 형태에서 유독 가장 단순한 형식인 일단병식만 보이고 있으며, 얀콥스키 문화와 같은 시기인 송국리 문화 단계에 한반도와의 직접적인 문화 교류를 보여주는 증거가 매우 소략하기 때문이다. 게다가 출토 맥락 등 여러 문화 요소에서도 차이가 보인다.

그러나 이러한 차이는 두 지역의 비교를 무의미하게 하는 것은 결코 아니다. 오히려 서로 다른 맥락에서 기원전 1천년기에 석검 문화를 발전시켰다는 점에서 동아시아 청동기 문화의 형성 과정에 대한 새로운 시사를 준다고 생각한다. 즉, 이러한 문화의 상사성은 기원전 1천년기에 들어서 만주의 전 지역으로 파급되는 청동기 문화의 2차적인 파급지로서 비슷한 양상이라는 공통점과 각각 패총 및 잡곡 농경에 기반한 정착 사회(얀콥스키 문화), 집약적 수전 중심의 마을 사회(송국리 문화)라는 차이점을 나타낸다. 두 지역의 문화 발전에서 토기의 공통점은 그리 보이지 않는 반면, 석기에서는 매부리형석기, 동북형석도, 반월형석도, 성형석부 등 유사한 것들이 다수 확인된다.

한반도와 연해주의 지역적인 차이는 있지만, 비슷한 시기에 청동기시대(또는 금속기시대)가 형성되면서 석검을 위주로 하는 고고학적 문화가 이루어졌다는 점은 충분히 비교 검토할 가치가 있다고 생각된다. 단순한 한반도와의 관련성을 찾는 데에서 탈피하여 동아시아 청동기 문화의 형성 과정에서 전파가 아닌 비슷한 시기의 유사한 문화 발전이라는 데에 더 큰 의의를 둘 수 있다. 나아가서 이러한 비교 연구는 기원전 1천년기의 복합사회 형성에서 동아시아만이 가지고 있는 특성을 좀 더 자세하게 규명하는 계기가 될 것으로 기대한다.

姜仁旭, 2004, 「연해주 출토 청동기 자료의 소개」『博物館紀要』17, 檀國大學校石宙善記念博物館.

姜仁旭, 2007a, 「두만강 유역 청동기시대 문화의 변천 과정에 대하여」『한국고고학보』62.

강인욱, 2007b, 「한·러 국경지역 얀콥스키문화의 철기가공유적」『2007 한국고고학저널』.

강인욱, 2008, 「러시아 남부 시베리아 타가르문화 동검의 연구」『樣式의 考古學』제32회 한국고고학전국
　　　대회.

姜仁旭, 2009, 「기원전 13~9세기 카라숙 청동기의 東進과 요동·한반도의 초기 청동기문화」『湖西考古
　　　學』21.

강인욱, 2010, 「비파형동검의 한반도 유입과정에 대하여」『요령지역 청동기문화의 전개와 한반도』한국
　　　청동기학회4th학술대회.

강인욱·이준정·양시은·조가영·김재윤·김은영·이정은, 2009, 『박물관 소장 두만강 유역 선사시대 유
　　　물 연구』, 서울대학교박물관.

姜仁旭·千羨幸, 2003, 「러시아 沿海州 세형동검 관계유적의 고찰」『韓國上古史學報』42.

국립문화재연구소·러시아과학원 극동지부 역사학고고학민속학연구소, 2007, 『연해주의 문화유적』Ⅱ.

Андреева, Ж. В., Жущиховская, И. С., Кононенко, Н. А. 1986. *Янковская культура*,
　　　Москва: Наука.

Дьяков, В. И. 1983. Лидовская культура. *Древние культуры тихоокеанского побе
　　　режья СССР*, Владивосток.

Дьяков, В. И. 1989. *Приморье в эпоху бронзы*, Владивосток: Изд-во Дальневост.

Дьяков, В. И., Конькова, Л. В. 1981. Функциональное, хронологическое и культу
　　　рное значение каменных ≪кинжалов≫ с односторонней противолежащей
　　　заточкой клинка. *Материалы по археологии Дальнего Востока*, Владивост
　　　ок: Академия наук СССР, Дальневосточный науч. центр. 35-42.

Кононенко, Н. А. 1978. К вопросу о функциональном назначении каменных шлифо
　　　ванных ножей поселения Малая Подушечка в Приморье. *Археологические м
　　　атериалы по древней истории Дальнего Востока СССР*. Владивосток: Даль
　　　невосточный научный центр АН СССР.

Окладников, А. П. 1956. Приморье в I тысячелетии до н.э. (по материалам поселе
　　　ний с раковинными кучами). *Советская Археология*. Т.26: 54-96.

Окладников, А. П. 1959. *Далекое прошлое Приморья*, Владивосток.

Окладников, А. П. 1963. *Древнее поселение на полуострове Песчаном у Владивос
　　　тока*, Материалы и исследования по археологии СССР: 112.

Окладников, А. П., Деревянко, А. П. 1973. *Далекое прошлое Приморья и Приамурья*, Владивосток: Изд-во Дальневост.

Margarieff, M. 1892. Discoveries in kitchen mounds near Korea. *Korean Repository* 1: 251-261.

Obata, H.(edit.) 2007. *Archaeological Collections in the Posie't Bay*, Kumamoto: Kumamoto Univ.

Shoda, S., Yanshina, O., Son, J. H. and Teramae, N. 2009. New Interpretation of the Stone Replicas in the Maritime Province, Russia. *The Review of Korean Studies* 12(2): 187-210.

04

요동반도의 무기형 석기

쉬쟈오펑(徐昭峰)·청징탕(成璟瑭)·판성잉(樊聖英)

Ⅰ. 머리말

청동기시대에는 야금술의 성행으로 청동기 사용의 범위와 비율이 점차 확대되었지만, 석재 역시 이 시대의 생산과 생활의 원료로 많이 사용되었다. 그 중에서 무기형 석기는 생산과 사용을 활발하게 하는 중요한 역할로 존재하였다. 그렇기 때문에 무기형 석기는 당시 사회를 이해하기 위한 중요한 연구 자료로 활용되어 왔으며, 이 유물의 발전과 쇠퇴 과정을 분석한다면 그 사회의 생산 수준과 지역 간의 문화 교류 등에 대하여 비교적 쉽게 파악할 수 있다.

공간적으로 요동반도는 중국 동북지역의 남쪽에 위치하고 있으며, 한반도·산동반도 등과 인접하여 중국 동북 문화구의 일부로 동북아시아 고대 문화 교류의 중요한 지역에 해당한다. 일반적으로 요동지역은 요동산지와 요동반도로 구성되는데, 이 중 요동반도를 다시 반도 북부와 남단으로 세분할 수 있다. 요동반도 남단은 千山 산맥의 남쪽과 碧流河, 復州河 유역이 해당되며, 현재의 遼寧省 大連市와 그 주변 일대를 지칭한다(華玉冰 2010). 이 지역이 본고에서의 공간적인 주요 연구 대상이다.

시간적으로는 최근 중국 학계의 일반적인 견해에 따라, 요동반도 남단의 청동기시대를 4단계로 나눌 수 있다(趙賓福 2009). 雙砣子 1기 문화 단계(夏代 초기), 雙砣子 2기 문화 단계(夏代 조기부터 商代 조기까지), 雙砣子 3기 문화 단계(商代 만기), 雙房 문화 단계(兩周 시기)가 이에 해당한다.

Ⅱ. 요동반도 무기형 석기의 출토 상황

1. 雙砣子 1기 문화 단계

무기형 석기가 출토된 유적은 雙砣子遺蹟 1기, 老鐵山 적석총, 大嘴子遺蹟 1기, 旅順 于家村 하층, 大王山遺蹟 1기 등이 있다(그림 1).

1) 雙砣子遺蹟 1기(中國社會科學院考古研究所 1996): 大連市 甘井子區 後牧城驛村의 북쪽에 위치한다. 출토된 석기는 석부, 石鏟, 석착, 石鏈, 석도, 석모, 환상석기, 지석, 방추차 등이다. 이 가운데 무기형 석기는 석모 2점이 있으며, 1점은 약간 파손되었다.

2) 老鐵山 적석총(旅大市文物管理組 1978, 中國社會科學院考古研究所 1996): 大連市 旅順口區에 있는 老鐵山, 將軍山, 刁家村 북쪽 산의 정상부에 위치한다. 老鐵山 적석총에서 출토된 석기는 석분, 석모, 석착, 어망추, 방추차 등이며, 이 가운데 무기형 석기는 석모 2점이 있다. 將軍山 적석총에서도 석모 1점이 출토되었다.

3) 大嘴子遺蹟 1기(大連市文物考古研究所 2000): 大連市 甘井子區 大連灣鎭政府에서 동남쪽으로 약 2km 떨어진 황해 북안의 돌출 지형에 위치한다. 총 31점의 석기가 출토되었는데, 석부, 석도, 석과, 석촉, 연마기, 갈돌, 石環 등이 있다. 대부분이 마제석기이

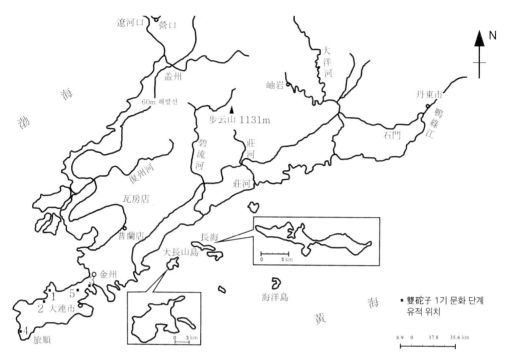

그림 1.　요동반도 雙砣子 1기 문화 단계 무기형 석기 출토 유적 분포
　　　　(1. 雙砣子 1기, 2. 老鐵山 적석총, 3. 大嘴子 1기, 4. 于家村 하층, 5. 大王山 1기)

며, 석재는 휘록암, 점판암, 사암 등이다. 이 가운데 무기형 석기는 석과와 석촉이 각 1
점씩 출토되었다.

4) 旅順 于家村 하층(旅順博物館·遼寧省博物館 1981): 大連市 旅順口區의 于家村에
위치한다. 출토된 석기는 석부, 석분, 석산, 석모, 석도, 석착, 환상석기, 어망추, 석
촉, 방추차, 석환, 갈돌 등이 있다. 일부 어망추는 타제로 만든 것이며, 그 밖의 대부분
은 마제석기이다. 석재는 휘록암, 휘장암, 휘석, 각섬석, 이회암, 사암 등이다. 유공석
기의 구멍 뚫는 방법에는 양면 천공과 管錐에 의한 단면 천공이 있다. 무기형 석기는 석
모 3점, 석촉 10점 등이 출토되었다.

5) 大王山遺蹟 1기(遼寧省文物考古研究所·大連市文物考古研究所 2014): 大連市 甘
井子區 大連灣 일대 拉樹房 마을 뒤쪽의 大王山 남쪽 산기슭에 위치한다. 출토된 석기의
대다수는 마제로 제작되며, 타제는 일부에 불과하다. 석기의 종류는 석부, 석분, 석도,

石鉞, 석착, 석검, 環刀器, 端刀器, 유공석기, 방추차, 石錘, 지석, 갈돌 등이 있다. 이 가운데 석월 1점과 석검 6점이 무기형 석기이다.

2. 雙砣子 2기 문화 단계

무기형 석기가 출토된 유적은 小黑石砣子遺蹟, 雙砣子遺蹟 2기, 大砣子遺蹟 1기, 大嘴子遺蹟 2기, 貔子窩, 望海堝 등이 있다(그림 2).

1) 小黑石砣子遺蹟(劉俊勇·王璇 1994): 大連市 旅順口區 小黑石村 서북쪽의 발해만과 인접한 낮은 구릉에 위치한다. 출토된 석기는 석부, 석분, 석착, 석도, 석월, 석모, 석촉, 棒頭器, 어망추, 방추차 등이다. 석재는 휘장암이 대부분이며, 그 밖에 사문암, 점판암, 녹니편암, 변성사암 등도 있다. 이 가운데 무기형 석기는 석월 1점, 석모 1점, 석

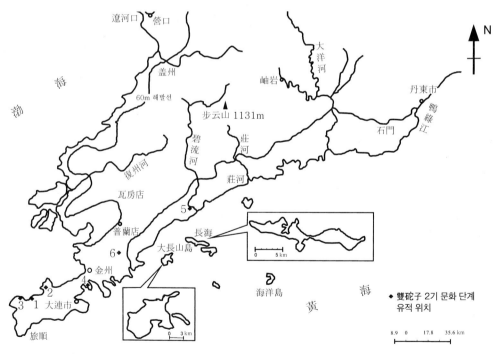

그림 2.　요동반도 雙砣子 2기 문화 단계 무기형 석기 출토 유적 분포
(1. 小黑石砣子, 2. 雙砣子 2기, 3. 大砣子 1기, 4. 大嘴子 2기, 5. 貔子窩, 6. 望海堝)

촉 1점과 봉두기 등이 출토되었다.

2) 雙砣子遺蹟 2기(中國社會科學院考古硏究所 1996): 大連市 甘井子區 後牧城驛村 북쪽에 위치한다. 석기는 총 92점이 출토되었는데, 제작 방법은 모두 마제이다. 석제 유물은 석부, 석분, 석산, 석도, 석모, 석촉, 봉두기, 지석, 석환, 환상석기, 방추차, 어망추 등이 있다. 이 가운데 무기형 석기는 석모 4점(모두 파손), 봉두기 1점, 석촉 2점이 출토되었다.

3) 大嘴子遺蹟 2기(大連市文物考古硏究所 2000): 大連市 甘井子區 大連灣鎭政府에서 동남쪽으로 약 2km 떨어진 황해 북안의 돌출 지형에 위치한다. 총 21점의 석기가 출토되었는데, 대부분이 마제석기이다. 석제 유물은 석부, 석분, 석도, 석촉, 방추차, 石餠, 갈돌 등이 있다. 사용된 석재는 휘록암, 점판암, 사문암 등이다. 이 중 석촉 3점만 무기형 석기에 해당한다.

4) 貔子窩遺蹟(濱田耕作 1929, 單砣子遺蹟과 高麗寨遺蹟 포함): 大連市 普蘭店 城子坦鎭의 碧流河 하구에 위치한다. 單砣子遺蹟에서 출토된 석기는 석부, 석분, 석도, 방추차, 石杵, 어망추, 窩石, 석월, 석과, 석검, 석모, 석촉 등이 있는데, 보고 자료는 일부에 불과하다. 형태를 확인할 수 있는 무기형 석기는 석월 2점, 석검 1점, 석모 1점뿐이다. 高麗寨遺蹟에서 출토된 석기는 석도, 석부, 석분, 석착, 환상석기, 방추차, 석모, 석촉, 尖狀器, 어망추, 석저 등이 있다. 이 중 형태 확인이 가능한 무기형 석기는 석모 3점 이상, 석촉 7점 이상이다.

5) 望海堝遺蹟(金關丈夫 外 1942): 大連市 保稅區 亮甲店 金頂村 趙王 마을에 위치한다. 유적에서 출토된 석기는 석과, 석모, 석월, 석부, 석분, 석도, 어망추, 방추차, 환상석기, 석착, 석촉 등이다. 이 가운데 석과 3점, 석모 1점, 석촉 10점이 무기형 석기에 해당한다.

3. 雙砣子 3기 문화 단계

이 단계에 무기형 석기가 출토된 유적은 金州 廟山, 金州 大溝頭, 雙砣子遺蹟 3기, 崗

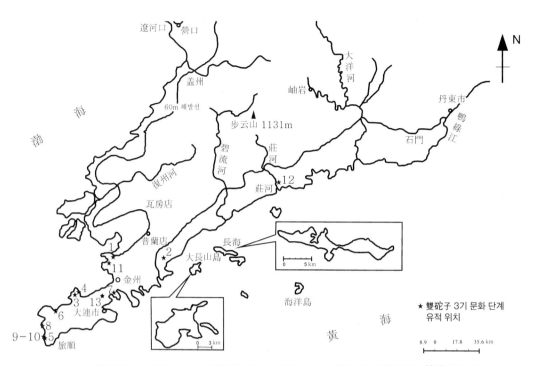

그림 3.　요동반도 雙砣子 3기 문화 단계 무기형 석기 출토 유적 분포(1. 廟山, 2. 大溝頭, 3. 雙砣子 3기,
4. 崗上 무덤 하층, 5. 尹家村 1기, 6. 大砣子 2기, 7. 大嘴子 3기, 8. 羊頭窪, 9. 于家村 상층,
10. 于家村 砣頭 적석총, 11. 王寶山 적석총, 12. 平頂山, 13. 大王山 2기)

上 무덤 하층, 尹家村遺蹟 1기, 大砣子遺蹟 2기, 大嘴子遺蹟 3기, 旅順 羊頭窪, 于家村
상층, 于家村 砣頭 적석총, 王寶山 적석총, 大王山遺蹟 2기 등이 있다(그림 3).

　1) 金州 廟山(吉林大學考古學系 1992a): 大連市 金州區 七頂山鄕 老虎村에 위치한다.
출토된 석기는 석부, 석도, 석분, 석착, 석모, 봉두기, 환인기, 어망추 등이다. 이 가운
데 무기형 석기는 석모 6점, 봉두기 2점이 출토되었다.

　2) 大溝頭(吉林大學考古學系 1992b): 大連市 金州區 杏樹屯鎭 杏林村 서북쪽에 위치
한다. 출토된 석기는 마제가 대부분이며, 고타기법과 인부만 마연하는 제작 방법도 확인
된다. 석제 유물은 석부, 석분, 석도, 석촉, 석착, 석병, 석저, 지석, 갈돌, 봉두기 등이
있다. 석재는 휘장암, 석영암, 사암, 점판암, 혈암 등이다. 이 중 석촉 4점과 봉두기가

무기형 석기에 해당한다.

3) 雙砣子遺蹟 3기(中國社會科學院考古硏究所 1996): 大連市 甘井子區 後牧城驛村 북쪽에 위치한다. 총 218점의 석기가 출토되었으며, 모두 마제석기이다. 출토 유물 중 석도와 석부의 수량이 가장 많고, 그 외에 석분, 석착, 석모, 석촉, 와석, 어망추, 방추차 등도 있다. 석재는 대부분 雙砣子 2기와 유사한 편이다. 무기형 석기는 석모 4점과 석촉 13점이 출토되었다.

4) 崗上 무덤 하층(中國社會科學院考古硏究所 1996): 大連市 甘井子區 後牧城驛村 북쪽의 가장 가까운 구릉에 위치한다. 석기는 총 22점이 출토되었는데, 석도, 석부, 석분과 방추차가 다수를 차지한다. 이 밖에 석촉, 환상석기, 석추 등도 있다. 이 가운데 무기형 석기는 석촉 1점뿐이다.

5) 尹家村遺蹟 1기(中國社會科學院考古硏究所 1996): 大連市 甘井子區 後牧城驛村 북쪽에 위치한다. 석기는 총 6점이 출토되었으며, 석촉, 석도, 석겸, 석추, 방추차 등이 있다. 이 가운데 무기형 석기는 석촉 1점뿐이다.

6) 大砣子遺蹟 2기(大連市文物考古硏究所·遼寧師範大學歷史文化旅遊學院 2006): 大連市 旅順口區 北海村 동남쪽 바다와 인접한 낮은 구릉에 위치한다. 석부, 석분, 석월, 석산, 석겸, 석촉, 봉두기, 어망추, 방추차, 갈돌과 석병 등 총 147점의 석기가 출토되었다. 석재는 휘록암, 사문암, 점판암, 석영암, 사암 등이다. 이 가운데 석겸 10점, 석촉 3점, 석월 4점, 봉두기 1점이 무기형 석기에 해당한다.

7) 大嘴子遺蹟 3기(大連市文物考古硏究所 2000, 遼寧省文物考古硏究所 外 1996): 大連市 甘井子區 大連灣鎭政府에서 동남쪽으로 약 2km 떨어진 황해 북안의 돌출 지형에 위치한다. 1987년 조사 결과 석기는 총 840점이 출토되었는데, 제작 방법은 대부분이 마제이며 일부 타제와 고타기법도 관찰된다. 유물은 석부, 석분, 석도, 석월, 石戚, 석과, 석촉, 석겸, 석모, 갈돌, 석저, 방추차, 석병, 와석, 봉두기, 천공구 등이 있다. 석재는 휘록암, 점판암, 사암, 사문암, 녹니암, 회암, 섬장암 등이다. 이 단계의 大嘴子遺蹟에서는 매우 발달된 형태의 석기를 확인할 수 있으며, 수량 및 형태도 다양하다. 무기형 석기는 석월 18점, 석과 7점, 석척 2점, 석겸 31점, 석모 2점, 석촉 23점, 봉두기 등

이다. 1992년 조사에서는 석부, 석분, 석도, 갈돌, 석월, 석과, 석모, 환인기, 지석, 석촉 등의 석기가 출토되었다. 이 가운데 석월 1점, 석과 3점, 석모 1점, 석촉 2점 등이 무기형 석기에 해당한다.

8) 羊頭窪遺蹟(金關丈夫 外 1942): 大連市 旅順口區 羊頭窪 마을에 위치하는데, 이 지역은 발해만으로 돌출된 지형의 낮은 구릉에 해당한다. 출토된 석기는 석과, 석월, 석척, 석부, 석분, 환상석기, 석착, 석도, 어망추, 석촉 등이다. 이 가운데 무기형 석기는 석과 7점 이상, 석월 2점 이상, 석촉 12점 이상이다. 이 밖에 경부만 남아 있는 석촉도 2점 출토되었다.

9) 于家村 상층(旅順博物館·遼寧省博物館 1981): 大連市 旅順口區 于家村에 위치한다. 출토된 석기는 석부, 석분, 석도, 석모, 봉두기, 석촉, 어망추, 방추차, 유공석기, 갈돌 등이다. 석재는 휘록암, 휘장암, 이회암 등을 사용하였다. 구멍 뚫는 방법은 양면 천공과 단면 천공이 모두 확인된다. 무기형 석기는 석모 1점, 봉두기 2점, 석촉 1점이 있다.

10) 于家村 砣頭 적석총(旅順博物館·遼寧省博物館 1983): 大連市 旅順口區 于家村에서 서남쪽으로 500m 떨어진 섬에 위치한다. 출토된 석기는 석부, 석분, 환상석기, 석도, 석모, 방추차 등이 있다. 이 가운데 무기형 석기는 석모 1점뿐이다.

11) 王寶山 적석총(王冰·萬慶 1996): 大連市 金州區 大魏家鎭 後石灰窯村의 王寶山 기슭에 위치한다. 무덤에서 출토된 석기는 석환, 석분, 석촉 등이 있는데, 이 중 무기형 석기는 석촉 2점뿐이다. 2013년에 遼寧省文物考古研究所와 大連市文物考古研究所가 연합하여 해당 유적에 대한 2차 발굴 조사를 실시하였는데, 다수의 무기형 석기를 포함한 유물들이 출토되었다. 현재 보고서 작성 중이다.[1]

12) 莊河 平頂山: 大連市 莊河 大房身村 서쪽의 산 남쪽 기슭에 위치한다. 출토된 석기는 마제석기 위주이며, 석도, 석겸, 석부, 석착, 석촉, 석모, 갈돌 등이 있다. 이 가운데 무기형 석기는 석촉 2점과 석모 1점이 출토되었다.

13) 大王山遺蹟 2기(遼寧省文物考古研究所·大連市文物考古研究所 2014): 大連市 甘

---

1   大連市文物考古研究所 王智遠 소장의 호의로 유물을 직접 관찰할 수 있었다.

井子區 大連灣 일대 拉樹房 마을 뒤쪽의 大王山 남쪽 기슭에 위치한다. 다량의 석기가 출토되었으며, 형태 또한 다양하다. 마제가 가장 많고 타제는 일부만 확인된다. 석기는 석부, 석분, 석도, 석착, 석월, 석검, 석촉, 석과, 봉두기, 환인기, 단인기, 방추차, 어망추, 유공석기, 석추, 석저, 갈돌 등이 있다. 석재는 휘록암, 섬장암, 점판암, 사암, 석영암 등을 이용하였다. 무기형 석기는 석월 23점, 석검 32점, 석촉 13점, 석과 4점, 봉두기 6점 등이다.

4. 雙房 문화 단계

이 단계에 무기형 석기가 출토된 유적은 瓦房店 藥王廟, 長海 上馬石 상층, 崗上 무덤, 樓上 무덤, 尹家村遺蹟 2기, 薛家村 청동기시대 매납유구, 普蘭店 王屯 석관묘, 濱町 패총 등이 있다(그림 4).

1) 藥王廟遺蹟(劉俊勇 1997): 瓦房店市 長興島 大古山의 서쪽 산 아래에 위치한다. 석기는 총 10점이 출토되었는데, 석부, 석분, 석월 등이다. 이 가운데 석월 2점이 무기형 석기에 해당한다.

2) 上馬石遺蹟 상층(遼寧省博物館 1981): 長海縣 大長山島 동쪽의 바다와 인접한 곳에 위치한다. 출토된 석기의 제작 방식은 마제로 만든 것이 대부분이다. 석부, 석분, 석겸, 석촉, 어망추, 환상석기, 석모, 방추차, 석환, 석추 등이 있다. 이 가운데 무기형 석기는 석촉 30점과 석모 1점 등이다.

3) 崗上 무덤(中國社會科學院考古研究所 1996): 大連市 甘井子區 後牧城驛村 북단의 낮은 구릉에 위치한다. 무덤 내부에서 총 49점의 석기가 출토되었다. 석기 유물 가운데 석촉이 가장 다수를 차지하고, 그 다음으로 방추차가 많다. 그 밖에 검파두식, 봉두기, 거푸집, 갈돌, 석제 구슬, 석제 장식품 등이 있다. 무기형 석기는 석촉 30점, 봉두기 3점 이외에, 무기 관련 유물로 검파두식이 2점 확인된다. 무덤 봉토와 충전토에서도 총 24점의 석기가 출토되었다. 유물의 종류는 석촉, 석도, 석부, 갈돌, 방추차 등이다. 이 가운데 무기형 석기는 석촉 2점뿐이며, 형태상 무덤 내부 출토품과 유사하다.

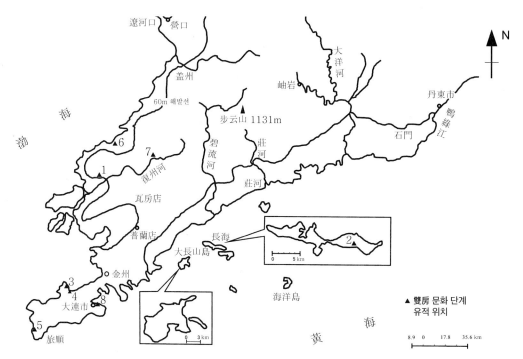

그림 4.   요동반도 雙房 문화 단계 무기형 석기 출토 유적 분포(1. 藥王廟, 2. 上馬石 상층, 3. 崗上 무덤,
4. 樓上 무덤, 5. 尹家村 2기, 6. 薛家村 매납유구, 7. 王屯 석관묘, 8. 濱町 패총)

　4) 樓上 무덤(中國社會科學院考古研究所 1996): 大連市 甘井子區 後牧城驛村 동쪽의
마을과 인접한 낮은 구릉에 위치한다. 석기는 석촉, 마석, 방추차, 석제 구슬, 어망추 등
이 출토되었다. 이 가운데 석촉 8점이 무기형 석기에 해당한다.

　5) 尹家村遺蹟 2기(中國社會科學院考古研究所 1996): 大連市 甘井子區 後牧城驛村 북
쪽에 위치한다. 석기는 총 5점이 출토되었는데, 석도, 봉두기, 거푸집 등이다. 이 가운
데 무기형 석기는 봉두기 2점이 있다.

　6) 薛家村 청동기시대 매납유구(趙雲積·燕戈 1994): 大連市 瓦房店 薛家村에서 동남
쪽으로 약 100m 떨어진 완만한 경사면에 위치한다. 10점의 석기가 출토되었는데, 모두
정밀하게 가공된 마제석기이다. 유물은 석부, 석검, 석모, 봉두기, 환인석기 등이다. 이
가운데 무기형 석기는 석검 4점, 석모 1점, 봉두기 1점이 있다.

　7) 王屯 석관묘(劉俊勇·戴廷德 1988): 大連市 普蘭店에서 북쪽으로 약 100km 떨어

진 계곡에 위치한다. 석관묘에서 수집된 석기는 석월, 석부 등이다. 이 가운데 석월 1점이 무기형 석기에 해당한다.

8) 濱町 패총(金關丈夫 外 1942): 大連市 中山區 黑嘴子 적석총 유적 내에 위치한다. 출토된 석기는 석척, 석월, 봉두기, 환상석기, 방추차, 석분, 석부, 석착, 石匕, 석환, 석과, 석도 등 다양하다. 이 중 무기형 석기는 석척 7점, 석과 2점과 봉두기가 있다.

이 밖에 莊河 大荒地, 普蘭店 石棚溝 劉屯, 三臺子, 金州 小關屯, 瓦房店 楡樹房 등 지석묘가 있는 유적은 대부분 雙房 문화에 속하는데, 석촉, 석모, 봉두기 등의 무기형 석기가 간혹 출토되기도 한다(許玉林 1985).

Ⅲ. 요동반도 남단 무기형 석기의 성격과 특징

1. 논쟁이 있는 유적에 대한 연대 확인

본고에서 인용한 일부 유적의 연대나 성격에 대하여 중국 학계에서 논쟁이 있기 때문에 이에 대한 보충 설명이 필요하다. 먼저 老鐵山 적석총 유적은 老鐵山과 將軍山 두 곳의 적석총을 포함한다. 이 적석총들의 연대에 대해서는 중국 학계에서 다양한 견해가 제시되고 있다. 최근의 연구 성과로 趙賓福(2009)의 견해를 참고할 수 있는데, 그는 토기 분석을 통하여 두 적석총을 같은 유적으로 판단하고 小珠山 제5기 문화(小珠山 상층 문화)에서 보이는 토기와 차이가 있다고 주장하였다. 그가 제시한 토기 조합이나 세부 특징을 살펴보면, 雙砣子 1기 문화와 더 유사한 것을 알 수 있다. 이에 따라 趙賓福은 老鐵山 적석총의 연대를 雙砣子 1기 문화로 판단하였으며, 필자 또한 이에 동의하는 바이다.

본고의 貔子窩遺蹟은 單砣子와 高麗寨를 포함하였다. 간행된 單砣子遺蹟의 보고서를 보면, 雙砣子 2기 문화, 雙砣子 3기 문화, 雙房 문화 등의 특징을 모두 확인할 수 있을 정도로 다양한 문화 요소가 있다. 高麗寨遺蹟에 대해서도 蔡鳳書(1992)가 지적한 것처럼 복잡한 문화 계통을 나타내며, 雙砣子 1기 문화, 雙砣子 2기 문화, 雙房 문화의 특징이 모두 확인된다. 본고에서는 토기의 시기 구분을 바탕으로 유적의 단계를 무기형 석기가 다수 출토된 雙砣子 2기 문화로 설정하였다.

望海堝遺蹟에서 출토된 토기를 보면, 전형적인 것은 雙砣子 2기 문화에 속하지만 上馬石 무덤 단계의 유물도 확인된다. 上馬石 무덤의 연대에 대한 논쟁은 있지만 雙砣子 2기 문화에 해당한다는 견해가 중국 학계에서는 일반적이다. 본고에서는 이 유적의 성격에 대하여 깊게 분석하지 않았지만, 일반적인 견해에 따라 중심 연대를 雙砣子 2기 문화로 판단하였다.

金州 廟山遺蹟의 조기 단계에는 무기형 석기가 출토되지 않지만, 만기 단계는 雙砣子 2기 문화와 雙砣子 3기 문화로 세분할 수 있다. 이 가운데 雙砣子 3기 문화가 유적의 중심 연대이다(吉林大學考古學系 1992a). 본고에서는 연구의 편의를 위하여 유적의 중심 연대에 따라 雙砣子 3기 문화로 설정하였다.

羊頭窪遺蹟, 崗上 무덤 하층, 尹家村遺蹟 1기, 于家村 砣頭 적석총, 王寶山 적석총 등에 대해서는 중국 학계에서 이루어진 다수의 연구 결과가 있는데, 일반적으로 모두 雙砣子 3기 문화에 속한 것으로 본다(華玉冰 2010). 본고에서도 이러한 견해에 동의하여 雙砣子 3기 문화로 보았다.

薛家村 매장유구는 보고문에서 확인되는 바와 같이 출토된 석기의 크기가 크고 형태도 다양하다. 이 석기들은 주변의 다른 청동기시대 유적에서 출토된 것과 비슷하며, 특히 碧流河 일대의 대석개묘 출토품과 매우 유사하다(趙雲積·燕戈 1994). 이에 따라 본고에서는 이 유적의 하한 연대를 春秋時代에 속하는 것으로 보았으며, 세부적으로는 雙房 문화에 포함되는 것으로 판단하였다.

濱町 패총에서 출토된 토기를 보면, 전형적인 雙砣子 3기 문화에 속한 것과 역시 전형적인 雙房 문화에 해당하는 것이 모두 확인된다. 따라서 본고에서는 유적의 하한 연대를 기준으로 雙房 문화에 포함시켰다.

2. 무기형 석기의 성격

앞서 설명한 석기의 전체 출토 상황을 간단히 정리하면, 청동기시대 요동반도 남단에서 출토된 석기는 석부, 석분, 석도, 석착, 석과, 석모, 석검, 석월, 석척, 석촉, 봉두기, 갈돌, 석저, 방추차, 와석, 환상석기, 석병, 어망추, 석비, 석겸, 장신구, 지석, 거푸집 등이 있다. 석재는 휘장암, 휘록암, 사문암, 석영암, 점판암, 사암, 혈암, 섬장암 등으로 다양하다. 유공석기의 구멍 뚫는 방법은 양면 천공과 管錐에 의한 단면 천공으로 나누어진다.

지금까지 살펴본 석기 가운데 무기형에 속하는 것만으로 제한하여 해당 석기의 성격을 분석해 보고자 한다. 우선, 석부, 석월, 석척은 모두 중국 고대 문헌에서 기록이 확인된다. 『說文解字』에는 '鉞, 大斧也'라는 기록이 있으며, 『漢書』 顔師古의 주에는 '鉞, 戚皆斧屬'이라는 기록도 있다. 이를 통하여 석부, 석월, 석척은 모두 같은 종류로 볼 수 있는데, 세부적으로 형태나 크기, 용도 등의 차이가 존재하는 것으로 이해할 수 있다. 덧붙여 중국 학계에서는 석월과 석척을 석부에서 변화·발전한 것으로 판단하는 견해가 보편적이다. 석부는 신석기시대에 벌채 도구로 이용되었지만, 전쟁이나 무력 충돌 중에는 무기로 사용되었다는 점도 용도의 다양성을 보여주는 근거가 된다.

신석기시대 만기부터 석부의 형태는 방형으로 변화하면서, 크게 두 종류로 나누어지게 된다(錢耀鵬 2009). 하나는 무게가 비교적 무겁고 두꺼우며 단면 타원형을 이룬다. 이러한 형식은 마연이 정밀하지 않고 천공된 경우가 거의 없는데, 용도는 벌채 도구였을 가능성이 높다. 다른 하나는 무게가 상대적으로 가볍고 얇은 편이며 단면은 장방형에 가깝다. 이러한 형식의 석부는 비교적 정밀하게 마연되며, 대부분 결박과 관련된 천공이 이루어진다. 용도는 무기에 해당하는 것으로 판단된다.

청동기시대가 되면 석부 종류의 분화가 더욱 뚜렷해진다. 벌채용 도구인 석부와 무기로 사용하던 석월, 석척이 이전 시대부터 지속적으로 이용되었으며, 청동제와 옥제 斧, 鉞, 戚도 발견된다. 청동이나 옥으로 만든 월과 척은 용도에 있어서 무기보다 위신재로 사용하였을 가능성이 있지만, 석월과 석척은 계속해서 무기로 이용되었다고 생각한다. 즉, 요동반도 남단에서 발견되는 석부는 도구로 사용하였는데, 석월과 석척은 무기, 사용 흔적이 거의 없는 청동이나 옥제 월·척은 예기로 판단된다.

봉두기 역시 청동기시대 요동반도 남단에서 다수 발견되는 석기인데, 유물의 성격에 대해서는 아직 논쟁 중이다. 이 가운데에는 방추차로 보는 주장도 있지만(張紹維 1984), 무기로 추정한 견해가 더욱 설득력을 가지며 중국 학계에서 일반적으로 받아들여지고 있

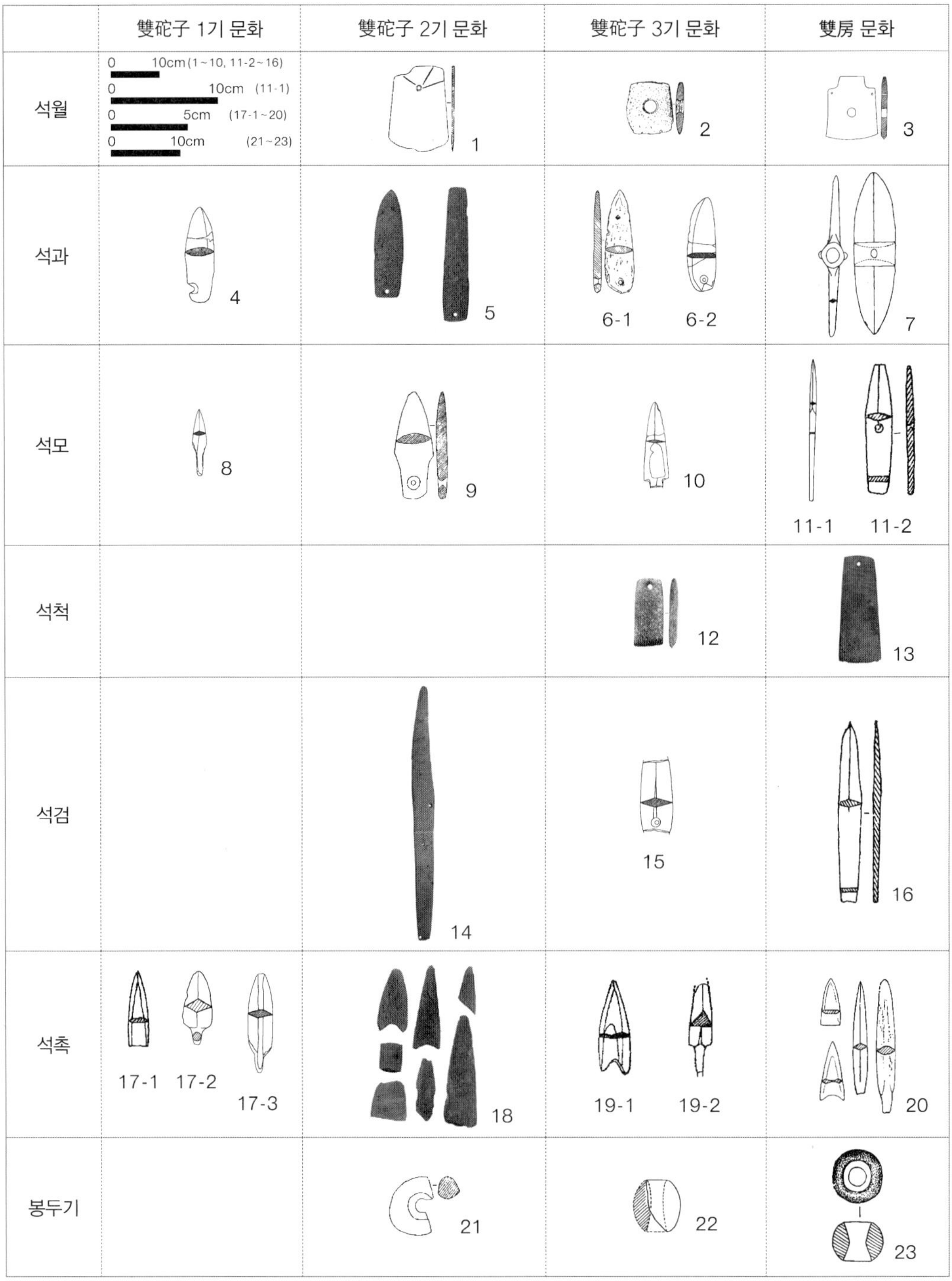

	雙砣子 1기 문화	雙砣子 2기 문화	雙砣子 3기 문화	雙房 문화
석월	0　　　10cm (1~10, 11-2~16) 0　　　10cm (11-1) 0　　5cm (17-1~20) 0　　　10cm (21~23)	1	2	3
석과	4	5	6-1　6-2	7
석모	8	9	10	11-1　11-2
석척			12	13
석검		14	15	16
석촉	17-1　17-2　17-3	18	19-1　19-2	20
봉두기		21	22	23

그림 5.　요동반도 청동기시대 무기형 석기의 전개
(1·9. 小黑石砣子 채집, 2. 大嘴子 92T4②, 3. 普蘭店 同益鄉, 4. 大嘴子 87T106④, 5. 望海堝, 6-1. 大嘴子 92F4上, 6-2. 大嘴子 87T16②, 7. 瓦房店 東港鎭, 8. 雙砣子 F14, 10. 大嘴子 87T93②, 11-1. 普蘭店 瓦窯鎭, 11-2·16·23. 薛家村 매납유구, 12. 羊頭窪, 13. 濱町 패총, 14·18. 單砣子, 15. 大嘴子 87T102②, 17-1. 大嘴子 87T94④, 17-2·3. 于家村 하층T2④, 19-1. 大嘴子 87T91②, 19-2. 大嘴子 87T70, 20. 上馬石 상층, 21. 小黑石砣子 H6, 22. 大嘴子 87T86)

다. 문헌을 보면 殳라는 무기가 등장하는데, 이는 宋元時期에 나타나는 '骨朶'라는 무기의 조형이 된다(許玉林 1983). 봉두기를 가장 이른 시기의 골타로 보는 견해도 존재하기 때문에(陸思賢 1982), 본고에서는 이에 따라 봉두기를 무기로 보고자 한다.

석검과 석모는 무기로 보는 것이 일반적인 견해이지만, 예기로 사용하는 경우도 확인된다. 본고에서는 분명히 무기로 판단되는 형태만을 석검과 석모로 분류하였다. 석촉은 신석기시대부터 수렵 도구로 이용하였지만, 무력 충돌과 전쟁 과정에서 무기로 사용되기도 한다. 또한 비교적 소모량이 많은 발사용 무기이기 때문에, 수량이 쉽게 줄어들고 재사용 횟수도 많지 않은 편이다(楊泓 2007). 따라서 석촉은 다량으로 제작되고 형식도 다양하지만, 유물의 성격은 역시 무기형 석기로 구분할 수 있다.

지금까지 검토한 내용을 요약하면, 요동반도 남단의 무기형 석기는 석월, 석척, 석과, 석모, 석검, 봉두기, 석촉 등이 해당된다. 이들은 발사용 장거리 무기와 근접 무기로 구분할 수 있다(그림 5).

3. 요동반도 무기형 석기의 특징

요동반도에서 발견되는 무기형 석기의 특징을 단계별로 살펴보면 다음과 같다. 먼저 雙砣子 1기 문화 단계에는 5개 유적에서 석모, 석과, 석촉, 석월, 석검 등이 총 27점 출토되었으며, 그중 석촉과 석모의 수량이 가장 많다. 다음 雙砣子 2기 문화 단계에는 5개 유적에서 석월, 석모, 석과, 석촉, 석검, 봉두기 등이 총 42점 이상 출토되었으며, 이전 단계와 마찬가지로 석촉과 석모의 수량이 가장 많다. 雙砣子 3기 문화 단계에는 13개 유적에서 석월, 석모, 석과, 석척, 석검, 석촉, 봉두기 등이 총 252점 이상 출토되었으며, 이전 단계와 달리 석촉과 석검의 수량이 가장 많고 석모는 상대적으로 소수에 불과하다. 마지막 雙房 문화 단계에는 8개 유적에서 석월, 석모, 석과, 석척, 석검, 석촉, 봉두기 등이 총 95점 출토되었으며, 그 종류는 雙砣子 3기 문화 단계와 동일하다. 이 단계에는 석촉의 수량이 월등히 많고, 다른 석기들은 거의 유사한 수량을 보인다.

이상의 내용을 바탕으로 雙砣子 1기 문화 단계부터 雙房 문화 단계로 이어지는 청동기시대 요동반도 남단의 무기형 석기에 대한 발전 과정을 아래와 같이 정리할 수 있다.

① 유적의 수량이 증가하고 분포 범위도 갈수록 확장된다.
② 무기형 석기의 종류와 수량이 갈수록 급증하였지만, 늦은 단계인 雙房 문화 단계가 되면 다시 감소한다.
③ 석촉은 재사용 횟수가 많지 않고 제작의 난이도 또한 낮기 때문에, 청동기시대의 4단계 모두에 걸쳐 가장 많은 수량을 차지한다.
④ 雙砣子 3기 문화 단계가 되면 석검의 수량이 급증하는데, 그 배경은 석기 사용량이 많은 토착 세력의 발전과 관련이 있는 것으로 생각된다.

주지하는 바와 같이 요동반도 남단의 고대 문화는 산동반도와 밀접한 관계가 있다. 양 지역의 교류는 신석기시대부터 이어졌으며, 雙砣子 1기 문화 단계를 거쳐 雙砣子 2기 문화 단계가 되면 교류가 극대화되었다. 雙砣子 3기 문화 단계부터 雙房 문화 단계까지는 산동반도 등 해로를 이용한 교류의 영향이 점차 감소하지만, 청동기 등을 볼 때 주변 지역과의 육로 교류는 더욱 활발해졌다. 특히 雙房 문화 단계에는 청동기가 성행하였기 때문에 석기 문화는 점차 쇠퇴하였다.

Ⅳ. 주변 지역과의 비교 분석

요동반도 남단의 무기형 석기와 요서지역의 자료를 비교하면, 후자는 석기가 상대적으로 발달하지 않았다. 그 이유는 요서지역에서 나타나는 발달된 청동 주조업과 관련이 있다고 생각한다. 청동기시대 요서지역에서는 석제 거푸집이 발견된 사례가 있지만, 무기형 석기는 거의 발견되지 않는다. 청동기시대 요동산지 지역에서 발견된 무덤의 부장품은 대부분 토기와 청동기이다. 석기가 부장된 사례는 극소수에 불과하며, 그 중 무기형 석기의 비율은 더욱 적다. 本溪나 撫順 일대에서 마제석촉만 발견되었을 뿐이다.[2] 앞서 검토한 지역 이외에 무기형 석기가 비교적 발달한 곳은 두만강·압록강 유역과 그 이남의 한반도이다.

---

2   박물관 전시 유물을 참조하였다.

두만강 유역에 속하는 吉林 和龍 興城遺蹟은 북한과 러시아에 인접하며, 청동기시대 유구에서 총 521점의 석기가 출토되었다(吉林省文物考古研究所 2001). 유물은 마제석기인 석산, 석부, 석분, 석도, 석착, 갈돌, 갈판, 방추차, 석모, 석촉, 어망추와 타제석기, 고타석기 등이 있다. 고타석기를 포함한 타제석기와 마제석기의 수량은 비슷한 편이다. 이 가운데 무기형 석기인 석촉의 수량이 가장 많은데, 흑요석으로 만든 것이 대다수를 차지한다. 이 밖에 혈암제 마제석촉과 석모도 출토되었다.

두만강 유역의 金谷(延邊朝鮮族自治州博物館 1985), 迎花南山(吉林省圖琿鐵路考古發掘隊 1993), 南團山(李雲鐸 1973, 宋玉彬 2002), 水北(吉林省文物考古研究所·汪清縣文物管理所 2005), 安田(王亞洲 1961, 侯莉閩 1984), 西崴子(朴龍淵 1993), 新光(吉林汪延公路考古隊 1992), 柳庭洞(延邊博物館 1983), 潼關洞(三上次男 1961), 河西北山(吉林省圖琿鐵路考古隊 1994), 郎家店(溫海濱 1986, 李正鳳 1988), 新興洞(吉林省文物考古研究所 外 1992), 石峴(侯莉閩·朴潤武 1995), 新華(侯莉閩 1984), 金城(吉林省文物考古研究所 1986), 天橋嶺(李蓮 1956), 新龍(侯莉閩 1994), 小營子(강인욱 외 2009, 藤田亮策 1941) 등의 유적에서 모두 무기형 석기가 출토되었다. 무기형 석기 가운데 석촉과 석모의 수량이 상대적으로 많으며, 석검도 적지 않은 수를 차지한다. 제작 방법상으로는 마제석기의 수량이 가장 많고, 타제석기와 고타석기도 일부 발견된다. 이 유적들의 연대를 보면 청동기시대 전체에 무기형 석기가 존재하였던 것으로 판단된다.

청동기시대 한반도에서는 무기형 석기가 더욱 발달한다(孫晙鎬 2006). 대표적인 사례로 마제석검과 마제석촉의 수량만 보아도 각각 427점과 1,545점에 달한다. 한반도에서 출토된 여러 형식의 석검 중에서 일단병식의 수량이 가장 많고, 단경식도 적지 않은 편이다. 석촉 중에서는 일단능형촉이 다수를 차지하며, 이는 전체 석촉 수량의 약 70% 정도에 해당한다. 이 밖에 주목할 석기로 이형 석기가 있는데, 그 중 다두석기가 宋元時期의 골타라는 무기와 외형적으로 유사하기 때문에 이러한 형식의 석기 역시 무기와 관련된다.

지금까지 검토한 자료를 통하여 한반도와 요동반도 남단을 살펴보면, 양 지역의 출토 상황에서 상사점과 상이점을 확인할 수 있다. 첫째, 석촉은 양 지역 모두에서 출토량이 가장 많은 유물이다. 둘째, 요동반도 남단에서는 석모의 출토 사례가 다수를 차지하지만, 한반도에서는 석검의 수량이 상대적으로 많다. 요동반도 남단에서 석검의 수량이 적은 것은 상대적으로 청동단검이 다수 발견되기 때문이다. 後牧城驛村 일대에서만 총 20

자루의 청동단검이 출토되는데(成璟瑭 2016), 석검의 수량이 부족하더라도 청동단검이 그 역할을 충분히 담당하였을 것이다. 이와 달리 한반도에서는 다수의 마제석검이 무덤에서 출토된다. 석검의 크기와 형태를 보면 실용성이 떨어진 위신재로 사용하였을 가능성이 높으며, 이는 당시 사회의 매장 풍습과 관련된 것이라 생각한다(成璟瑭 2005).

V. 맺음말

본고에서는 요동반도 남단에서 출토된 무기형 석기를 정리 및 분석하고, 주변 지역과의 비교를 실시하였다. 그 결과 석모와 석촉을 비롯한 무기형 석기는 청동기시대에도 일정한 비율을 유지한 것으로 확인되었다. 무기형 석기는 요동반도 남단의 청동기시대 전체에 존재하였는데, 요서지역 및 요동 북부지역과는 차이점이 관찰된다. 이 차이는 중국 동북지역 내에 여러 문화 계통이 존재하였으며, 이러한 문화 계통에는 각각의 특색이 있었음을 확인시켜준다.

유물 조합 양상 및 유물 수량의 변화 등을 분석하면 당시 사회의 생산 수준과 사회 형태 등을 추정할 수 있을 것이라 생각한다. 앞으로 압록강·두만강 유역뿐만 아니라 한반도 및 일본열도 등 주변 지역과의 비교를 통해 심도 있는 연구가 이루어지기를 기대한다. 필자 또한 동북아시아 청동기시대의 활발한 문화 교류를 재현하는 것이 목표이다.

강인욱·이준정·양시은·조가영·김재윤·김은영·이정은, 2009, 『박물관 소장 두만강 유역 선사시대 유물 연구』, 서울대학교박물관.

孫晙鎬, 2006, 『韓半島 靑銅器時代 磨製石器 硏究』, 高麗大學校大學院 博士學位論文.

金關丈夫·三宅宗悅·水野淸一, 1942, 『羊頭窪』, 東亞考古學會.

吉林大學考古學系, 1992a, 「金州廟山靑銅時代遺址」 『遼海文物學刊』1.

吉林大學考古學系, 1992b, 「金州大溝頭靑銅時代遺址試掘簡報」 『遼海文物學刊』1.

吉林省圖琿鐵路考古隊, 1994, 「吉林琿春市河西北山墓地發掘」 『考古』5.

吉林省圖琿鐵路考古發掘隊, 1993, 「吉林琿春市迎花南山遺址墓葬發掘」 『考古』8.

吉林省文物考古硏究所, 1986, 「吉林汪淸金城古墓葬發掘簡報」 『考古』2.

吉林省文物考古硏究所, 2001, 『和龍興城』, 文物出版社.

吉林省文物考古硏究所·延邊朝鮮族自治州文物管理委員會·延邊朝鮮族自治州博物館, 1992, 「吉林琿春新興洞墓地發掘報告」 『北方文物』1.

吉林省文物考古硏究所·汪淸縣文物管理所, 2005, 「吉林汪淸縣水北靑銅時代遺址的發掘」 『考古』1.

吉林汪延公路考古隊, 1992, 「吉林省延吉市新光遺址發掘簡報」 『考古』7.

大連市文物考古硏究所, 2000, 『大嘴子-靑銅時代遺址1987年發掘報告』, 大連出版社.

大連市文物考古硏究所·遼寧師範大學歷史文化旅遊學院, 2006, 「遼寧大連大砣子靑銅時代遺址發掘報告」 『考古學報』2.

藤田亮策, 1941, 『延吉小營子遺址調査報告(上·下)』, 滿洲國文敎部.

朴龍淵, 1993, 「汪淸西崴子遺址調査」 『博物館硏究』3.

濱田耕作, 1929, 『貔子窩』, 東亞考古學會.

三上次男, 1961, 「豆滿江流域地方における箱形石棺墓」 『滿鮮原始墳墓の硏究』, 吉川弘文館.

成璟瑭, 2005, 『韓國 南西部地域 支石墓 出土 石劍 小考』, 全南大學校大學院 碩士學位論文.

成璟瑭, 2016, 「吉林大學考古與藝術博物館收藏短莖式銅劍再考」 『邊疆考古硏究』16.

宋玉彬, 2002, 「圖們江流域靑銅時代的幾個問題」 『北方文物』4.

楊泓, 2007, 『中國古兵器論叢(贈呈本)』, 中國社會科學出版社.

旅大市文物管理組, 1978, 「旅順老鐵山積石墓」 『考古』8.

旅順博物館·遼寧省博物館, 1981, 「旅順于家村遺址發掘簡報」 『考古學集刊』1.

旅順博物館·遼寧省博物館, 1983, 「大連于家村砣頭積石墓地」 『文物』9.

延邊博物館, 1983, 「吉林延吉柳庭洞發現的原始文化遺存」 『考古』10.

延邊朝鮮族自治州博物館, 1985, 「金谷水庫南山遺址試掘報告」 『博物館硏究』3.

溫海濱, 1986, 「琿春郞家店墓地調査」 『博物館硏究』3.

王冰·萬慶, 1996,「遼寧大連市王寶山積石墓試掘報告」『考古』3.

王亞洲, 1961,「吉林汪淸縣百草溝遺址發掘簡報」『考古』8.

遼寧省文物考古硏究所·吉林大學考古學系·大連市文物管理委員會, 1996,「遼寧大連市大嘴子靑銅時代遺址的發掘」『考古』2.

遼寧省文物考古硏究所·大連市文物考古硏究所, 2014,「遼寧大連市大王山靑銅時代遺址發掘簡報」『東北史志』2.

遼寧省博物館, 1981,「長海縣廣鹿島大長山島貝坵遺址」『考古學報』1.

劉俊勇, 1997,「遼寧瓦房店市長興島靑銅文化遺址調査」『考古』12.

劉俊勇·戴廷德, 1988,「遼寧新金縣王屯石棺墓」『北方文物』3.

劉俊勇·王璁, 1994,「遼寧大連市郊區考古調査簡報」『考古』4.

陸思賢, 1982,「釋'骨朶'」『考古與文物』5.

李蓮, 1956,「吉林延邊朝鮮族自治州汪淸縣附近發現石壙墓」『考古通信』6.

李雲鐸, 1973,「吉林琿春南團山·一松亭遺址調査」『文物』8.

李正鳳, 1988,「琿春郞家店墓地再次調査」『博物館硏究』3.

張紹維, 1984,「我國東北地區的環狀石器」『黑龍江文物叢刊』1.

錢耀鵬, 2009,「中國古代斧鉞制度的初步硏究」『考古學報』1.

趙賓福, 2009,『中國東北地區夏至戰國時期的考古學文化硏究』, 科學出版社.

趙雲積·燕戈, 1994,「遼寧瓦房店市薛家村靑銅時代石器窖藏」『北方文物』3.

中國社會科學院考古硏究所, 1996,『雙砣子與崗上』, 科學出版社.

蔡鳳書, 1992,「關于貔子窩陶器」『遼海文物學刊』2.

許玉林, 1983,「試談遼寧出土的環狀石器與石棍棒頭」『考古與文物』2.

許玉林, 1985,「遼東半島石棚之硏究」『北方文物』3.

華玉冰, 2010,「遼東地域 靑銅器時代 考古學文化 系統의 硏究」『考古學探究』7.

侯莉閩, 1984,「汪淸百草溝新出土的文物」『博物館硏究』1.

侯莉閩, 1994,「吉林延邊新龍靑銅墓葬及對該遺存的認識」『北方文物』3.

侯莉閩·朴潤武, 1995,「吉林省圖們石峴原始社會墓地的調査與淸理」『博物館硏究』5.

05
한반도의 동검 모방 석검

손준호(孫晙鎬)

I. 머리말

석검은 청동기시대 석기 가운데 가장 활발한 논의가 전개된 대상이며, 최근까지도 상대적으로 다수의 연구 성과가 발표되고 있다. 이는 상징적인 성격을 반영하는 석검의 독특한 형태와 함께 한반도를 중심으로 분포한다는 특징적인 지역성 때문이라 하겠다. 주로 그 기원 문제에 관련하여 많은 논의가 진행되고 있는데, 필자도 이에 대한 논고를 발표하여 유병식 석검의 비파형동검 조형설 지지 입장을 피력한 바 있다(孫晙鎬 2008).

최근 이에 대한 반대 의견으로 골각기에 석인을 끼운 직인식 단검 조형설(春成秀爾 2006: 80)과 한반도 내 독자 발생설(강인욱 2010: 95) 등이 제기되기도 하였다. 그러나 여전히 동검을 그 조형으로 보는 견해가 우세한 편이다. 세형동검을 기원으로 파악한 有光敎一(1959: 33)의 주장은 이후의 발굴 및 연구 성과 등에 의하여 부정되었지만,

동검 모방설 자체에는 대체로 이견이 없다. 단, 그 모방 대상이 오르도스식 동검(金元龍 1971: 21~22), 비파형동검(金邱軍 1996: 58~61), 비파형동검과 동주식 동검(田村晃 一 1988: 12) 등으로 다양할 뿐이다.

이와 같이 다양한 조형이 상정되는 이유는 모방 대상 청동검과 석검 사이의 형태적 유사성이 상대적으로 낮기 때문이다. 이는 한반도 출토 동검 모방품의 특징이라 할 수 있는데, 인접한 연해주지역의 청동기 모방 석검(강인욱 2011: 58)이나 일본열도의 석과(下條信行 1976, 1982) 등이 모방 대상 형식의 주요 속성을 거의 그대로 반영하고 있는 것과 대조적이다. 따라서 단순한 형태 비교만으로 기원을 상정하기에는 무리가 있으며, 한반도 석검의 전반적인 흐름 속에서 청동기의 영향을 살펴보는 시점이 요구된다. 이러한 측면을 감안하여 다음 장에서는 한반도의 마제석검을 형식 분류하고 구분된 각 형식의 변화 과정에서 직·간접적으로 영향을 끼친 동검 형식에 대하여 언급하고자 한다.

II. 석검의 형식 분류

석검은 병부의 유무를 일차 기준으로 유병식과 유경식으로 대별되며, 유병식은 다시 병부의 형태에 따라 이단병식과 일단병식으로 세분된다. 한편, 유병식의 형식명 가운데 병부에 장식이 없는 경우를 일단병식이라 칭하는 것은 문제가 있다고 하여 무단병식으로 부르자는 주장이 제기된 바 있다(全榮來 1982: 4). 필자도 이러한 견해에 전적으로 공감하지만 용어에 문제가 있다고 하여 그때마다 수정하는 것은 오히려 혼란을 가중시킬 수 있기 때문에, 여기서는 현재 가장 많이 이용되고 있는 이단병식과 일단병식이라는 명칭을 그대로 사용하고자 한다.

1. 유병식 석검

이단병식은 병부의 형태에 따라 유단병식, 유절병식, 유구병식으로 세분된다. 먼저 유단병식은 단연결부의 폭이 넓은 것(그림 1-3~6)과 좁은 것(1·2)으로 구분할 수 있다.

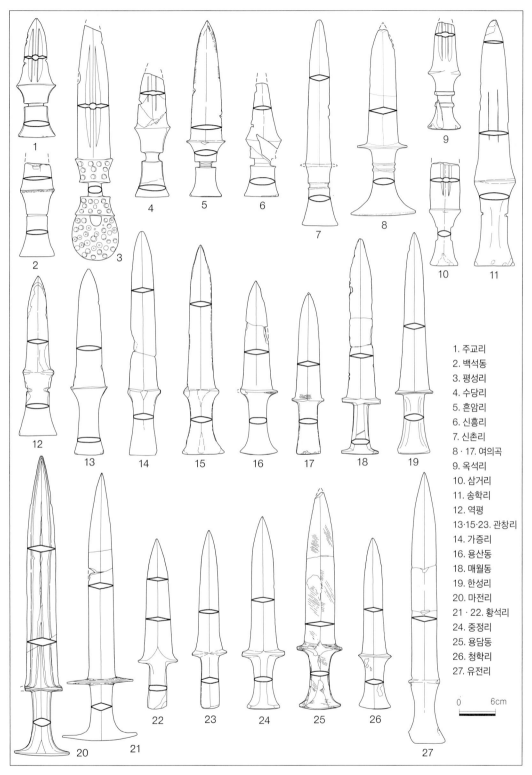

0   6cm

그림 1. 유병식 석검

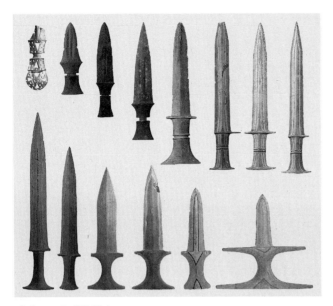

사진 1. 유병식 석검

폭이 넓은 단연결부의 단면 형태는 장방형(4~6) 또는 타원형(3)을 이루며, 폭이 좁은 것은 병부의 형태와 유사하게 렌즈형이나 타원형을 이루지만(2) 장방형인 경우도 소수 존재한다(1). 단연결부에 2줄의 절대가 관찰되는 사례도 있는데(5), 유절병식과의 관련성을 짐작게 하는 자료로서 주목된다. 혈구는 단연결부의 폭이 넓은 것과 좁은 것 모두에서 관찰되며 (1·3), 혈구의 흔적만 남긴 것(2·4) 또한 그러하다. 신부의 평면형은 대부분 완만한 곡선으로 이루어지며, 신부와 병부의 단면 형태는 렌즈형이 많고 능이 있어도 희미한 경우가 대부분이다. 신부와 병부의 연결 부분인 심부는 모두 단을 이루는 형태이다. 한편, 병상부의 아래쪽, 병하부의 위쪽이 약간 과장되면서 절대와 비슷한 형태를 띠는 것도 관찰되는데(6), 뚜렷한 절대가 형성된 것이 아니기 때문에 유절병식과는 차이가 있다.

유절병식은 병부에 단과 절이 동시에 존재하는 유단유절병식(7)과 2줄의 돌대만 형성되어 있는 단순 유절병식(8·9)으로 구분된다. 신부의 평면형은 수직으로 올라가다가 어느 정도 각을 이루면서 봉부를 형성하는 경우가 대부분이다(7·8). 신부의 단면 형태는 유단병식과 비교할 때 상대적으로 뚜렷한 능을 이룬 경우가 많고(7·8), 병부 단면은 대부분 렌즈형이다. 심부는 모두 돌출된 절의 형태로, 단을 이루고 있는 유단병식과 대조를 보인다. 병하단부의 확장 또한 유단병식과의 차이를 보이는 요소이다(8). 이밖에 혈구가 존재하지 않는 점도 유단병식과 구분되는 특징인데, 예외적으로 파주 옥석리유적 출토품 단 1점에서만 혈구가 관찰된다(9).

유구병식은 이단병식 석검 가운데 가장 소수의 출토량을 보인다. 병부에 장식된 구의 폭이 넓은 것(10)과 상대적으로 좁은 것(11·12)으로 양분된다. 전자의 석검에서는 주로 뚜렷한 혈구가 관찰되는 데 반해(10), 후자의 사례에서는 매우 간략하게 표현되어 있거나(11) 아니면 아예 확인되지 않는 경우가 많다(12). 신부와 병부의 단면 형태는 렌즈형이면서 신부의 평면형은 완만한 곡선, 심부는 단을 이루고 있는 것이 대부분이다(10·11). 예외적으로 합천 역평유적 출토품은 신부에 희미한 능이 형성되어 있으며, 심부는 절의 형태를 띠고 있다(12). 신부의 평면 형태도 다른 유구병식에 비해서는 미약하나마 어느 정도 각을 이루고 있는 편이다.

필자는 남한지역 마제석검 전체를 대상으로 출토 유구의 시기와 공반 관계를 통하여 유단병식은 청동기시대 전기, 유절병식은 후기, 그리고 유구병식은 양 시기에 모두 사용된 것임을 밝힌 바 있다(孫晙鎬 2008: 714~715). 이를 상기한 각 형식별 세부 속성과 결부시켜 생각하면, 유단병식에서만 보이는 요소를 이른 시기로, 유절병식에서만 관찰되는 것을 늦은 시기의 속성으로 상정할 수 있다. 전자에 해당하는 것이 혈구의 존재와 단을 이루는 심부 형태이며, 후자는 심부가 절을 이루는 것이라 하겠다. 이밖에 신부의 평면형이 완만한 곡선에서 약간의 각을 이루게 되는 것이나 신부와 병부의 단면 형태가 렌즈형에서 능형으로 변화하는 것, 또 병하단부가 확장되는 양상 등을 어느 정도 시간적인 흐름을 나타내는 요소라 할 수 있다. 한편, 유단병식에서 단연결부의 폭이나 그 단면 형태는, 뚜렷한 시간성을 보여주는 혈구와의 상관성이 확인되지 않고 있어 형식 설정의 기준으로 삼지 않는 편이 좋을 것 같다.

다음으로 언급할 일단병식은 앞에서 살펴본 이단병식에 비하여 상대적으로 형태 차이가 크지 않기 때문에 분류에 어려움이 있다. 그런데 일단병식이 이단병식으로부터 형식 변화를 거쳐 완성되었다는 점을 생각하면, 이단병식에서 시간적인 의미를 나타내는 속성이 일단병식에서도 중요한 요소로 작용할 가능성이 높다. 이단병식의 주요 속성은 상기한 바와 같이 병부와 심부의 형태, 혈구의 유무 등이지만, 이 중 일단병식에 적용할 수 있는 것은 심부의 형태뿐이다. 이에 따라 크게 심부유단식과 심부유절식으로 양분하는 것이 가능하다.

심부유단식은 신부와 병부 단면이 모두 렌즈형인 것(13)과 신부 또는 병부 단면이 능형인 것(14~17)으로 세분되며, 후자 중에는 신부만 능형인 경우가 많다(16·17). 신부의 평면 형태는 앞서 언급한 이단병식에 비하면 대부분 어느 정도 각을 이루는 편이다. 심부를 마연하여 편평하게 처리한 것도 관찰되는데(14), 이에 대해 처음부터 심부의 평탄화를 의도하여 제작함으로써 작업 과정을 단순화시켰다는 견해가 제시된 바 있다(朴美賢 2008: 17). 심부가 단의 형태를 이루고는 있지만 희미하거나(15·17) 신부 쪽으로 뚜렷한 단을 형성하지만 병부 쪽으로 약하게 돌출된 형태(16) 등은, 모두 심부유단식으로 분류하였지만 심부유절식과의 구분이 애매한 것이라 하겠다. 병부의 형태는 대부분 유사한데, 아래쪽이 거의 확장되지 않은 것도 확인된다(17).

일단병식에서 가장 많은 출토량을 보이는 것이 심부유절식이다. 평면 형태에 따라 심부와 병부의 연결이 거의 직각에 가까운 것(18~21), 병부 아래쪽이 확장되지 않은 것(22·23), 병부 상단과 하단이 대칭을 이루는 것(24~27) 등으로 세분된다. 이밖에 심부를 평탄하게 마연한 것(22·25)과 심부와 병부의 평탄면이 병부 아래쪽까지 확대된 형태(18·24)가 각각 다른 형식에서 관찰되고 있다. 따라서 이를 별도의 속성으로 구분하기보다는 상기한 바와 같이 제작의 편의를 위한 고안으로 보는 편이 좋을 것 같다.

한편, 신부와 병부의 단면 형태는 거의 대부분이 능형이지만, 심부와 병부가 직각으로 연결된 석검 중에서 병부만 단면 렌즈형을 이루는 사례가 많은 편이다(19·20). 병부 상하단이 대칭을 이루는 석검들의 단면 형태는 대다수가 능형을 이루고 있으며, 신부나 병부의 단면이 렌즈형인 것은 소수에 불과하다(27). 신부의 평면형은 재가공된 사례를 제외하면 대부분 수직으로 올라가다가 각을 이루며 봉부를 형성하고 있다. 병부 아래쪽의 형태는 대체로 심부와 대응하여, 심부의 좌우 돌출도가 큰 석검이 병부 아랫부분도 더 크게 확장되는 경향이 관찰된다(21). 대체적으로 볼 때 병부 아래쪽이 벌어지지 않는 형식을 제외하면 심부유단식에 비하여 확장도가 큰 편이다.

2. 유경식 석검

유경식은 병부 대신 자루 장착을 위한 경부가 존재하는 형식을 일컫는다. 분류는 일단 기존에 '송국리형 석검'(趙現鐘 1989: 50~52)으로 명명된 경부하단돌출식과 목병이 부착된 상태로 출토(그림 2-13)되어 확실히 석검이라 할 수 있는 경부양측결입식을 유경식 석검으로 상정하고, 그 밖의 형태를 모두 석창으로 분류하였다. 즉, 전형적인 형태의 유경식 석검을 제외한 나머지를 석창으로 분류한 셈이지만, 이러한 구분이 각각 석검과 석창의 기능 차이를 직접적으로 반영하는 것은 아님을 밝혀둔다.

먼저 석창은 대체로 경부가 길고 폭이 넓은 것이 특징이다. 신부에 혈구가 있는 것(1·2), 경부에 구멍이 뚫려있는 것(2), 석촉과 유사한 형태로 경부가 있는 것(3)과 없는 것(4), 경부의 아래쪽 끝이 살짝 좌우로 돌출된 것(5), 逆刺式 미늘을 갖춘 소위 '쌍미늘 석창'(李宗哲

사진 2. 유경식 석검과 석창

2006: 32)(6) 등 다양한 형태가 존재하는 편이다. 이밖에 대동강유역에서 확인되는 경부의 폭이 넓은 형식을 靑銅戈와 유사한 형태로 파악하여(석광준·김송현 2002: 148) 석과로 분류하기도 한다(서국태·지화산 2002: 105·147)(7). 석창의 신부 단면 형태는 능형, 경부 단면 형태는 장방형이 대부분이다.

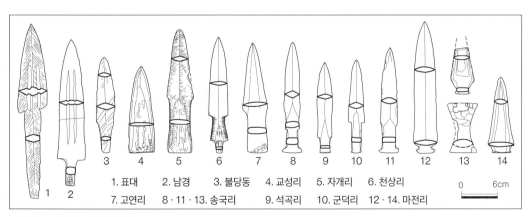

1. 표대　2. 남경　3. 불당동　4. 교성리　5. 자개리　6. 천상리
7. 고연리　8·11·13. 송국리　9. 석곡리　10. 군덕리　12·14. 마전리

0　　6cm

그림 2. 유경식 석검과 석창

다음으로 유경식 석검 가운데 경부하단돌출식은 허리 부분이 잘록한 것(8·9)과 그렇지 않은 것(10·11)으로 구분되는데, 전자에 대하여 비파형동검을 모방한 석검으로 보는 견해도 있다(리기련 1980: 97). 신부의 단면 형태는 능형이 다수를 차지하며, 경부는 납작한 장방형 내지 타원형을 이룬다. 이와 달리 경부양측결입식은 규모가 큰 것(12)과 작은 것(13·14)으로 세분된다. 신부의 단면은 다른 유경식에 비하여 렌즈형이 차지하는 비율이 높은 편이며, 경부는 단면 장방형 또는 타원형이 대부분이다.

Ⅲ. 동검 모방 석검

1. 비파형동검 모방 형식

유병식 석검이 비파형동검을 그 조형으로 하고 있음은 모두에서 밝힌 바와 같다. 이는 단순한 형태적 유사성뿐만 아니라 양자의 한반도 출현 시기가 미송리형 토기 단계로 공통된다는 점, 동일한 시기에 이단경식 청동촉의 영향으로 이단경촉이 제작되는 점 등을 근거로 청동검과 석검 사이의 직접적인 관계를 상정한 것이다(孫晙鎬 2006: 113~114). 이밖에 발생기의 형태가 가장 복잡하다가 점차 단순해지는 석검 형식의 변화 방향도 자체적인 발생보다는 무언가 모방의 대상이 존재하였음을 나타내는 것이라 할 수 있다(裵眞晟 2006: 207).

따라서 비파형동검과 유사한 형태일수록 이른 시기에 속할 가능성이 높아지는데, 유단병식 가운데 단연결부의 폭이 넓은 것을 가장 이른 형식으로 보는 견해도 있다(朴宣映 2004: 19). 공반 유물과 같은 구체적 근거를 제시하지는 못하였지만, 아마도 小黑石溝 M8501 출토 동검(그림 3-1)과의 상사성을 근거로 단연결부의 폭이 넓은 소위 '장식 석검'(黃昌漢 2008: 35)(2)이 발생기 석검에 해당한다고 본 것 같다. 필자도 양자의 형태적 유사성에 대해서는 이견이 없는데, 문제가 되는 것은 장식 석검이 영남지역에만 한정된 분포를 보인다는 점이다. 만약 이를 유병식 석검의 가장 이른 형식으로 인정하게 되면, 영남지역에서 비파형동검을 모방한 석검이 최초로 발생하여 이후 형식 변화를 거치면서

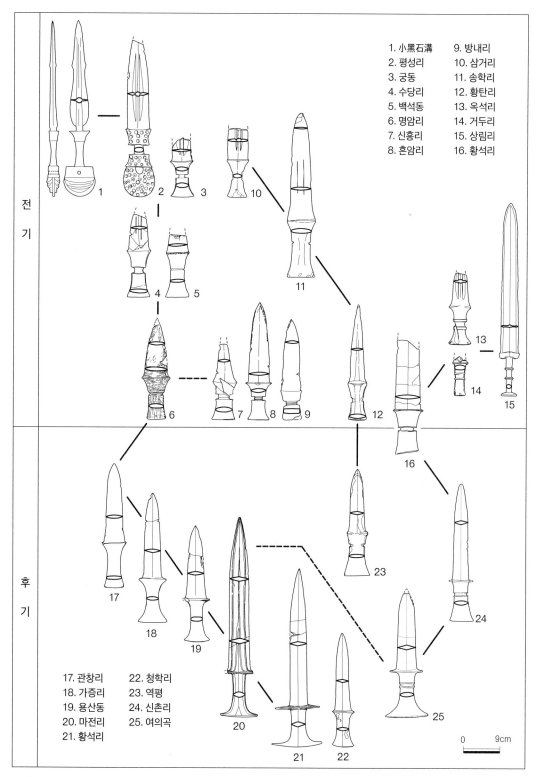

전
기

후
기

1. 小黑石溝　9. 방내리
2. 평성리　10. 삼거리
3. 궁동　11. 송학리
4. 수당리　12. 황탄리
5. 백석동　13. 옥석리
6. 명암리　14. 거두리
7. 신흥리　15. 상림리
8. 흔암리　16. 황석리

17. 관창리　22. 청학리
18. 가증리　23. 역평
19. 용산동　24. 신촌리
20. 마전리　25. 여의곡
21. 황석리

0　　　9cm

그림 3.　동검 모방 석검의 형식 변천 모식도

다른 지역으로 확산되었다는 해석만이 가능하다. 그러나 비파형동검 문화의 전파 경로 등을 생각할 때 이러한 해석은 무리가 있다. 이와 관련하여 청동기시대 전기의 비파형동검이 주로 한반도 서부에 분포하며 그 대용품으로 동검을 보다 충실히 모방한 석검이 영남지역에서 제작되었을 가능성이 제시된 바 있는데(中村大介 2007: 16), 동검과 석검의 상징적 의미를 감안할 때 충분히 타당성 있는 견해라 판단된다.

단연결부의 폭이 특별한 시간적인 의미를 나타내지는 않지만, 자루가 삽입된 비파형동검을 충실히 모방하기 위하여 단연결부가 제작되었음은 분명하다. 혈구 또한 등대를 중심으로 한 비파형동검의 신부 양편을 석기에 표현하기 위한 고안이라 생각되는데, 이에 따라 혈구가 존재하는 것(2·3)이 그렇지 않은 것(6)보다 선행할 가능성이 높고 양자의 중간 단계에 해당하는 형태로 혈구의 흔적만 남아 있는 퇴화형을 상정할 수 있다(4·5). 이러한 변화상은 뚜렷한 혈구가 관찰되는 궁동유적 출토품(3)이 가장 이른 시기로, 혈구가 존재하지 않는 명암리유적 출토품(6)이 전기의 늦은 단계로 각각 상정되고 있음을 통해서도 확인 가능하다(李亨源 2007: 42·53). 유단병식 석검의 신부와 병부의 단면 형태는 렌즈형이 대부분인데, 이 또한 비파형동검의 등날이 뚜렷하지 않은 것과 자루의 단면형을 반영한 결과라 생각된다. 또, 신부 평면형은 동검의 신부와 유사하게 완만한 곡선으로 처리되어 있으며, 심부가 모두 단의 형태를 이루는 것은 비파형동검과 자루의 연결 부위를 그대로 모방한 것이라 하겠다.

이단병식 가운데 유구병식 역시 비파형동검을 모방하였다고 생각된다. 유구병식은 병부를 단이 아닌 구로써 구분하였다는 점 이외에는, 혈구의 존재와 함께 신부와 병부의 평·단면형, 심부의 형태 등 모든 면에서 유단병식과 동일하다. 따라서 유단병식과 마찬가지로 뚜렷한 혈구가 존재하는 것(10)에서 퇴화(11), 소멸(12)이라는 방향으로의 변화를 상정할 수 있으며, 이에 따라 병부에 장식된 구의 크기도 점차 작아지는 것으로 보인다. 단, 앞서 언급한 역평유적 출토품(23)은 예외적으로 신부의 평면형은 약간의 각을, 단면형은 희미한 능을 형성하면서 심부는 절의 형태를 이루고 있다. 이는 유절병식에서 관찰되는 형태적 특징이기 때문에, 이러한 형식의 석검 혹은 후술할 동주식 동검의 영향을 받은 청동기시대 후기의 유물로 판단된다.

한편, 유경식 석검에 대해서는 이미 遼東半島의 석창에서 그 기원을 구한 바 있다(孫晙鎬 2008: 719). 따라서 유병식과는 다른 형식 변화 과정이 상정되지만, 앞서 언급한 바와 같이 허리 부분이 잘록한 석검을 비파형동검의 모방으로 보는 견해도 있기 때문에 청동기의 영향을 완전히 배제하기는 어렵다. 특히 북한지역에서는 비파형동검의 등장 시점에 이러한 형식이 처음으로 나타나고 있어 양자 간의 관련성을 짐작게 한다.

2. 동주식 동검 모방 형식

이상과 같이 유단병식 석검은 처음부터 비파형동검이라는 모방의 대상이 존재하였기 때문에, 발생기의 형태가 가장 복잡하다가 점차 단순해지는 방향의 변화상을 보인다. 이는 청동기시대 후기에 확인되는 일단병식의 형태를 생각할 때 충분히 인정 가능한 방향성이라 하겠다. 그런데 이러한 방향성에서 어긋나는 것이 바로 유절병식이다. 유단병식은 일단병을 제작한 후 홈을 냄으로써 간단히 완성되는 데 반하여, 유절병식은 절을 돌출시키기 위하여 병부의 상당 부분을 고타 또는 마연으로 제거해야 되기 때문에 유단병식에 비하여 많은 노동력이 요구되었을 것이다. 특히 석검을 만드는 데 비교적 단단한 석재가 주로 이용되는 점을 감안하면(황창한 2007: 800), 유단병식보다 훨씬 복잡한 공정을 거쳐 석검이 완성되었을 가능성이 높다. 즉, 유단병식에서 유절병식으로의 변화는 형식적으로 더욱 복잡해지는 양상을 보인다고 할 수 있다.

따라서 유절병식의 등장에도 비파형동검과는 다른 청동기물의 모방이 작용하였을 가능성은 충분하다. 유절병식의 기원에 대해서는 동주식 동검(그림 3-15)을 그 조형으로 보는 견해가 일본인 학자들을 중심으로 제기된 바 있다(柳田康雄 2004, 田村晃一 1988). 이들의 가장 큰 문제점은 동주식 동검의 한반도 출현 시기가 유절병식보다 늦다는 데에 있지만(宮本一夫 2004: 83), 한반도에서의 출토 여부와 관계없이 가장 이른 시기의 동주식 동검이 기원전 6세기 무렵에 해당하기 때문에 시기적으로는 문제가 없다는 반론도 있다(岩永省三 2005: 11). 아무튼 비파형동검과 달리 모방된 석검과 동일 시기에 해당하는 동검 자료가 아직 한반도에서 확인된 바 없다는 사실은 여전히 이러한 주장의 취약점으로 남아있다.

하지만 동주식 동검과 유절병식 석검의 형태적 유사성을 부인하기란 쉽지 않다. 유절병식의 세부 형식 가운데 형태상 동주식 동검과 가장 비슷한 것은 단순 유절병식이다

사진 3. 상림리 출토 동주식 동검
(國立中央博物館·國立光州博物館 1992)

(25). 양자는 병부에 형성된 2줄의 돌대 뿐만 아니라 거의 모든 면에서 유사성을 보이는데, 신부가 수직으로 올라가다가 어느 정도 각을 이루면서 봉부를 형성하는 점, 신부의 단면 형태가 능형인 데 반해 병부에는 능이 없는 점, 심부의 형태가 절을 이루는 점, 병부 하단이 과장된 점 등을 지적할 수 있다. 이러한 특징은 모두 비파형동검과 이를 모방한 유단병식 석검에서는 관찰되지 않는 것들이다.

그런데 전장에서 밝힌 바와 같이 유절병식은 대부분 후기 유적에서 확인된다. 전기의 사례로는 파주 옥석리유적(13)과 춘천 거두리유적(14) 출토품만이 보고되어 있다. 따라서 이들을 유절병식의 가장 이른 형식으로 상정할 수 있는데, 그 형태를 보면 청동기시대 후기의 유절병식과 다소 차이를 보인다. 2줄의 절대가 형성된 점은 동일하지만 절대가 상대적으로 두꺼운 편이며, 이 밖에 혈구가 존재하고 신부 단면이 렌즈형이면서 심부가 단과 절이 혼합된 애매한 형태를 이루는 것 등은 모두 유단병식에서 확인되는 요소들이다. 이처럼 초현기 유절병식에서 유단병식의 특징이 관찰되는 것을 통하여 유절병식의 발생에 유단병식의 영향이 적지 않았음을 짐작할 수 있다. 즉, 유절병식이 동주식 동검을 모방한 것은 분명하지만 처음에는 유단병식과의 관계 속에서 특정 요소만을 받아들여 제작되었을 가능성이 높다. 그 후 점차 유단병식의 특징들이 소멸되는 변화 과정을 거치면서, 청동기시대 후기에 좀 더 동주식 동검과 가까운 형태로 완성되었을 것이다. 이러한 변화의 방향성을 볼 때 처음에는 동주식 동검에 대한 정보만이 수용되어 석검 제작에 반영되다가, 후기의 어느 시점에 동주식 동검의 한반도 출현과 더불어 이를 직접 모방한 석검의 등장을 추정할 수 있다.

옥석리·거두리유적 출토품과는 반대로 유단병식에 해당하지만 유절병식의 특징이 관찰되는 석검도 존재한다. 연기 신흥리유적 출토품은 병상부의 아래쪽, 병하부의 위쪽이 약간 과장되면서 절대와 유사한 형태가 형성되어 있으며(7), 여주 흔암리유적(8)과 강릉 방내리유적(9) 출토품의 단연결부에서는 2줄의 절대가 확인된 바 있다. 이러한 석검들은 모두 유절병식과의 관련성을 짐작게 하는데, 그렇다면 가장 이른 유절병식인 옥석리·거두리유적 출토품과는 시간적으로 어떠한 관계일까? 점차 전형적인 유절병식으로의 방향성을 생각하면 보다 이른 시기에 해당할 가능성이 높지만, 뚜렷한 혈구가 존재하는 옥석리 출토품에 비하여 혈구가 확인되지 않는 점은 선후 관계를 상정하는 데 어려움을 주고 있다. 비교적 정확한 시기를 파악할 수 있는 양호한 자료가 확보될 때까지 판단을 유보하고 싶다.

청동기시대 후기가 되면 단과 절이 동시에 존재하는 유단유절병식이 등장한다. 혈구가 사라지고 심부는 모두 절의 형태를 이루며, 신부의 단면은 능형에 평면형이 약간의 각을 이루면서 병부 하단이 과장되는 등 초현기 유절병식에 비하여 동주식 동검과의 유사성이 한층 증가한다(24). 한편, 병부에 형성된 단의 존재는 유단병식과의 관련성을 짐작게 하는 요소로 볼 수도 있다. 하지만 유단유절병식의 단부를 측면에서 바라보면, 유단병식의 단연결부와는 달리 단이 형성되어 있지 않고 2줄의 절대만 관찰된다. 즉, 평면상에서만 병부 양측에 결입부가 존재하는 셈인데, 결국 단이라기보다 세부적인 형태는 다르지만 유구병식의 구와 같은 역할을 상정할 수 있다. 따라서 평면 형태에 있어서의 유사성에도 불구하고 유단유절병식의 단과 유단병식의 단은 본질적으로 다른 의도에 의하여 제작되었을 가능성이 높다.

이 중 황석리유적 출토품(16)은 삼각만입촉, 이단경촉과 공반되어 전기에 해당하는 것으로 볼 수 있지만, 인근의 7호 지석묘에서 동일 형태의 이단경촉이 후기의 표지 유물인 일체형석촉, 일단병식 석검과 함께 출토되고 있어 전기에서 후기로의 과도기적 단계에 해당할 가능성이 높다. 즉, 전기의 늦은 시기나 후기의 이른 시기로 상정되며, 후기 유물과의 공반 관계만 확인되는 단순 유절병식에 비하여 시간적으로 앞선다고 할 수 있다. 상기한 형식학적 방향성에 비추어 보아도 이것이 자연스러운 흐름이라 하겠다.

청동기시대 후기에 본격적으로 이용되는 것은 일단병식 석검이다. 일단병식은 크게 심부유단식과 심부유절식으로 구분되는데, 유단병식과의 관련성을 생각할 때 심부유단식이 상대적으로 이른 시기에 출현하였을 가능성이 높다. 유단병식과의 형태적 유사성은 단 형태의 심부, 단면 렌즈형의 신부 등에서 확인되지만, 신부의 평면 형태가 약간의 각을 이루고 있는 것을 통하여 동주식 동검 또는 이를 모방한 석검의 영향 관계도 짐작할 수 있다(17). 앞서 언급한 유절병식의 형식학적 방향성을 이 형식에 적용하면, 좀 더 동주식 동검의 특징이 부각되는 형태로의 변화가 상정된다. 즉, 신부의 단면이 능형으로 바뀌고 (18) 심부의 형태가 점차 애매해지면서(19) 결국 심부유절식으로 변형되는 것이다.

심부유절식은 절 형태의 심부, 능형 단면과 어느 정도의 각을 이룬 평면형의 신부, 그리고 상대적으로 확장도가 큰 병부 하단 형태 등, 동주식 동검의 형태적 특징들이 더 많이 관찰된다. 특히 심부와 병부가 직각으로 연결된 형태는 병부만 단면 렌즈형을 이루는 경우가 많아(20), 동주식 동검의 특징을 보다 잘 표현한 것이라 할 수 있다. 동주식 동검을 가장 충실하게 모방한 것으로 보이는 단순 유절병식(25)과 비교하여도, 2줄의 절대 이외에는 거의 유사한 형태를 보이고 있어 양자의 밀접한 관련성을 짐작게 한다. 한편, 심부유절식의 대다수를 차지하는 것은 심부와 병부 하단이 상하 대칭을 이루는 형식이다 (21·22). 출토량이 많고 세장유경촉과의 공반 관계가 확인되고 있어, 청동기시대 후기에 보편적으로 오랜 기간 사용되었음이 추정된다.[1] 이러한 형태의 석검에서 주목되는 것은 병부 단면이 대부분 능형을 이루고 있다는 점이다. 이는 비파형동검과 동주식 동검 양자에서 모두 관찰되지 않는 형태적 특징이기 때문에, 다른 기물의 영향 없이 일단병식의 자체적인 형식 변화 과정에서 새롭게 발생한 요소로 파악하는 편이 합리적이다. 따라서 이 형식은 이단병식을 포함한 유병식 석검의 전체 변화상에서 가장 마지막 단계에 위치할 가능성이 높다고 생각된다.

Ⅳ. 맺음말

유병식 석검 가운데 가장 이른 형식은 비파형동검을 모방하여 제작된 유단병식과 유구병식이다. 이들은 처음부터 모방의 대상이 존재하였기 때문에, 발생기의 형태가 가장 복

1　최근의 연구 결과 세장유경촉은 후기의 이른 시기부터 늦은 시기까지 지속적으로 사용되었음이 확인된 바 있다(孫晙鎬 2015: 17).

잡하다가 점차 단순해지는 방향의 변화상을 보인다. 이와 달리 유절병식은 상대적으로 늦은 시기에 등장하지만 형식상 더욱 복잡해지는 양상을 나타내고 있어 다른 청동기물의 모방이 상정되며, 형태적 유사성을 볼 때 동주식 동검이 그 대상으로 추정된다. 하지만 초현기 유절병식에서 유단병식의 특징이 관찰되는 점은, 유절병식의 발생에 유단병식의 영향이 적지 않았음을 짐작게 한다. 즉, 유절병식이 동주식 동검을 모방한 것은 분명하지만 처음에는 유단병식과의 관계 속에서 특정 요소만을 받아들여 제작되었을 가능성이 높다. 그 후 점차 유단병식의 특징들이 소멸되는 과정을 거쳐, 청동기시대 후기에 좀 더 동주식 동검과 가까운 형태로 변화되면서 유단유절병식, 단순 유절병식의 순서로 등장하였을 것이다. 청동기시대 후기에 본격적으로 이용되는 일단병식은 심부유단식에서 심부유절식으로의 형식 변화가 상정되는데, 이 역시 동주식 동검의 특징이 부각되는 형태로의 변화라 할 수 있다.

위에서 필자가 상정한 유병식 석검의 형식 변천 과정은 절의 등장을 동주식 동검의 영향으로 보고 있기 때문에, 단과 절을 같은 계통으로 인정하는 일반적인 견해와는 약간의 차이가 있다(沈奉謹 1989: 9). 그렇다고 앞서 언급한 일본인 학자들처럼 전혀 다른 별개의 2계통으로 파악하는 것은 아니다(柳田康雄 2004, 岩永省三 2005, 田村晃一 1988). 초현기의 유절병식에서 유단병식의 형태적 특징들이 다수 관찰되고 있어, 유절병식의 등장만 놓고 본다면 역시 유단병식의 변화 과정 속에서 이해하는 편이 합리적이다. 이후 점차 동주식 동검과 유사한 형태로 변화하는 것을 볼 때, 처음에는 동주식 동검에 대한 정보만이 수용되어 석검 제작에 반영되다가 후기의 어느 시점에 동주식 동검의 한반도 출현과 더불어 이를 직접 모방한 석검이 등장한 것으로 추정된다. 따라서 유절병식의 발생에 있어서 동주식 동검의 영향은 충분히 인정되지만 처음에는 유단병식과의 관련성이 높기 때문에, 기원 문제를 논함에 있어서 유절병식과 동주식 동검과의 관계를 비파형동검과 유단병식의 관계와 동일한 수준에서 이야기하기에는 무리가 있다.

한편, 모두에서 밝힌 바와 같이 한반도의 동검 모방 석검은 모방 대상과 모방품 사이의 형태적 유사성이 상대적으로 낮은 편이다. 이는 주변 지역과 비교되는 한반도 출토 동검 모방품의 특징이며, 석검의 조형에 대한 다양한 견해가 상존하는 이유도 여기에서 찾을 수 있다. 이러한 특징이 나타난 원인에 대해서 아직까지 뚜렷하게 정리된 생각은 없다. 다만 당시의 발달된 석기 문화를 감안할 때 단순한 제작 기술력의 차이로는 설명할 수 없을 것 같다. 의도적으로 동검의 주요 속성만을 모방하여 재질뿐 아니라 형태에 있어서도 명확한 구분을 둠으로써, 동검과 석검이 상징하는 위계의 차이를 가시적으로 표현하려 한 것은 아닐까? 혹은 다른 지역에 비하여 유병식 석검의 실용성이 상대적으로 높아, 실제 사용에 적합한 형태로의 적용 결과 한반도의 독자적인 석검 형식이 탄생하였을 가능성 도 생각해볼 수 있다.

참고문헌

강인욱, 2010, 「비파형동검의 한반도 유입과정에 대하여」『요령지역 청동기문화의 전개와 한반도』한국
　　　청동기학회4th학술대회.

강인욱, 2011, 「러시아 연해주 출토 석검의 연구」『동북아문화연구』28.

國立中央博物館・國立光州博物館, 1992, 『韓國의 靑銅器文化』, 汎友社.

金邱軍, 1996, 「韓國式石劍의 研究(1)」『湖巖美術館研究論文集』1.

金元龍, 1971, 「韓國 磨製石劍 起源에 關한 一考察」『白山學報』10.

리기련, 1980, 『석탄리유적 발굴보고』, 과학・백과사전출판사.

朴美賢, 2008, 『有柄式 磨製石劍의 展開와 地域性 研究』, 釜山大學校大學院 碩士學位論文.

朴宣映, 2004, 『南韓 出土 有柄式石劍 研究』, 慶北大學校大學院 碩士學位論文.

裵眞晟, 2006, 「석검 출현의 이데올로기」『石軒鄭澄元教授停年退任記念論叢』, 釜山考古學研究會.

서국태・지화산, 2002, 『남양리유적 발굴보고』, 사회과학출판사.

석광준・김송현, 2002, 「고연리유적 발굴보고」『강안리, 고연리, 구룡강유적 발굴보고』, 사회과학출판사.

孫晙鎬, 2006, 『靑銅器時代 磨製石器 研究』, 서경.

孫晙鎬, 2008, 「朝鮮半島における磨製石劍の展開と起源について」『地域・文化の考古學』, 下條信行先生退
　　　任記念事業會.

孫晙鎬, 2015, 「松菊里文化의 石器 編年」『湖西考古學』32.

沈奉謹, 1989, 「日本 彌生文化 初期의 磨製石器에 대한 研究」『嶺南考古學』6.

李宗哲, 2006, 「쌍미늘 石槍 小考」『研究論文集』7, 湖南文化財研究院.

李亨源, 2007, 「南韓地域 靑銅器時代 前期의 上限과 下限」『韓國靑銅器學報』1.

全榮來, 1982, 「韓國 磨製石劍・石鏃 編年에 關한 研究」『馬韓・百濟文化』4・5.

趙現鐘, 1989, 『松菊里形土器에 대한 一考察』, 弘益大學校大學院 碩士學位論文.

황창한, 2007, 「岩石의 分析方法과 考古學的 適用」『東亞文化』2・3.

黃昌漢, 2008, 「靑銅器時代 裝飾石劍의 檢討」『科技考古研究』14.

宮本一夫, 2004, 「中國大陸からの視點」『季刊考古學』88, 雄山閣.

柳田康雄, 2004, 「日本・朝鮮半島の中國式銅劍と實年代論」『九州歷史資料館研究論集』29.

岩永省三, 2005, 「彌生時代開始年代再考」『九州大學總合研究博物館研究報告』3.

有光教一, 1959, 『朝鮮磨製石劍の研究』京都大學文學部考古學叢書 2.

田村晃一, 1988, 「朝鮮半島出土の磨製石劍について」『MUSEUM』452, 東京國立博物館.

中村大介, 2007, 「遼寧式銅劍の系統的展開と起源」『中國考古學』7, 日本中國考古學會.

春成秀爾, 2006, 「彌生時代の年代問題」『彌生時代の新年代』1, 雄山閣.

下條信行, 1976, 「石戈論」『史淵』113, 九州大學文學部.

下條信行, 1982, 「武器形石製品の性格」『平安博物館研究紀要』7, 古代學協會.

06
한반도 마제석검의 생산과 분배 의미

마틴 베일(Martin T. Bale)

I. 머리말

한국의 선사 고고학 연구에서 마제석검은 매우 흥미로운 주제이다. 마제석검은 청동검의 모방품이나 무기로 생각되거나, 지석묘의 부장품으로 옥 장신구와 함께 의례 유물로 보기도 한다(Chon 1992, Gardiner 1969: 7, Kang 1990, Kim 1978: 82, Nelson 1999, Rhee and Choi 1992, Shoda et al. 2009). 이러한 의례용 유물은 한반도의 무덤에서 거의 천 년 동안(기원전 1300~300년) 이용되어 왔다. 비록 마제석검의 주요한 기능은 의례용이지만, 주거지에서 확인되기도 한다. 연구자들은 마제석검의 기능에 대해 다양한 측면에서의 접근을 시도하였지만, 그 의미에 관한 연구는 거의 이루어진 바 없다.

몇몇 연구자들은 마제석검의 의미를 권위·지도력과 연관시키고(沈奉謹 1997, Gardiner 1969: 7, Kim 1978), 몇몇은 '의례 혹은 상징적으로 사용된 것'(Nelson

1999: 162, Rhee and Choi 1992: 66)이라 주장한다. 대체로 지석묘·청동기와 관련된 유물로 보는 것이 일반적이다(Barnes 1993, Kang 1990, Nelson 1999, Rhee and Choi 1992). 결국 마제석검은 청동기시대(기원전 1500~300년)의 사회 변화에 있어서 지도력, 권력, 삶, 죽음, 가계, 무덤, 그 밖의 다른 요소들을 더 깊이 이해하기 위한 필수적 자료이다. 마제석검의 의미는 무엇인가?

본고에서는 선사시대의 초평등주의와 초기 사회, 정치적 복합사회의 정치·의례적 경관 변화를 이해하기 위하여, 물질문화에 대한 장기간의 과정적·후기 과정적인 양상들을 살펴보려 한다. 기원전 1300~550년경 청동기시대 전기와 후기에 한반도의 여러 지역에서 마제석검과 그 밖의 다른 위세품에 대한 생산·분배는 초기 정치경제의 일부분이었다. 여기서 필자는 선사시대 문화 변화의 상호작용, 이데올로기의 구체화, 마제석검의 의미 구조를 파악하기 위해 서로 연결된 여러 가지 이론적 모델들을 통합하는 관점을 사용하고자 한다.

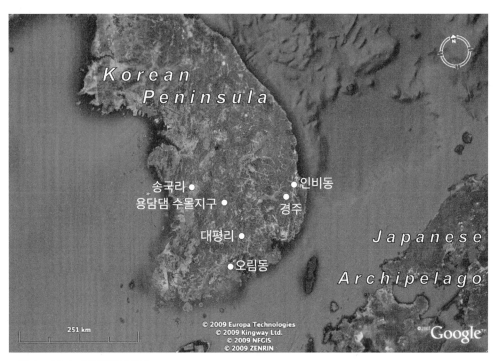

그림 1. 검토 대상 유적의 위치

마제석검은 롱그 듀레(*longue durée*, 長期) 동안 의례 복합체의 중요한 부분이었다. 필자는 엘리트들이 권력을 확대하기 위하여 사회적 자본의 축적이라는 이름으로 그 의미를 바꾸려 하였고, 기원전 700년과 550년 사이에 지지자들을 유치하고 유지하기 위한 정치력 구축을 목적으로 유물의 생산과 분배를 이용하였다는 것을 제안한다. 이를 밝히기 위해 과정주의 모델(Blanton et al. 1996, Costin 1991)뿐만 아니라, 다양한 이론적 모델(DeMarrais et al. 1996, Hill 1994, Hodder 1984, 1986, 1990, Preucel 1995)을 사용할 것이다. 보다 구체적으로 초평등주의와 초보적인 사회 정치적 복합 취락에서 엘리트와 지지자들의 소비를 위해 만들어진 마제석검을 중심으로 의미, 물질문화, 사회적 변화에 대한 이론적 문제 등을 살펴보고자 한다(Clark and Blake 1994, Hayden 1995: 16). 마제석검의 사용을 취락, 의례, 생산의 모든 면에서 다룰 것이다.

II. 마제석검, 거석문화, 해석 고고학

마제석검에 대한 편년은 오래전부터 여러 고고학자에 의해 세밀하게 이루어졌으며(그림 2), 공간적으로도 분포가 구분되어 있다(沈奉謹 1997, Chon 1992, Dyakov 1989, Kim 1978, Rhee and Choi 1992). 석검의 형식은 청동기시대 전기에 이단병식의 손잡이 형태에서, 후기가 되면 가늘고 곡선적이며 유선형으로 변화해 간다. 전기 마제석검의 크기는 일반적으로 길이 18~25cm이지만, 후기 후반 석검의 일부는 길이 50cm를 넘는다. 황기덕(1965: 8~23)은 석촉, 환상석부, 성형석부와 함께 남성 및 부계 사회의 특징으로 언급하기도 하였다. 석검의 연대는 대부분 다른 유물들과의 상대연대 및 조합에 의해 결정된다. 예를 들어 용담댐 수몰지구 출토 마제석검에 대한 김승옥(2003: 29·32)의 분류는 17개의 ^{14}C연대에 근거하며, 이는 심봉근(1997: 도면 40)의 상대연대 체계를 강화하고 있다. 한편, 전기의 마제석검 가운데 후기 유구에서 출토되는 사례가 있는데, 일부 유물의 전세 가능성도 짐작된다.

이제까지 마제석검의 연구는 대부분 현대 인류학적 이론의 접목 없이, 선사시대 사회의 역할이나 개인에 초점을 맞추지 않았다(Kim 2004). 예를 들면 복합사회 출현에 대

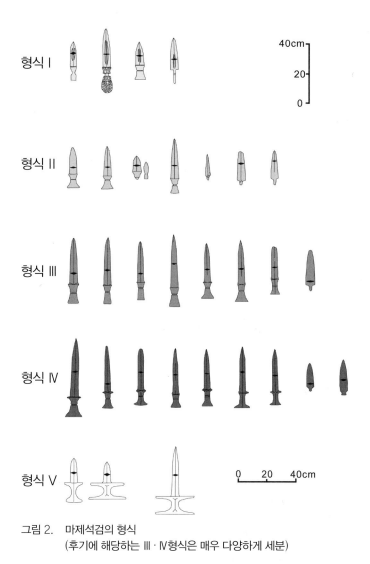

형식 I

형식 II

형식 III

형식 IV

형식 V

그림 2. 마제석검의 형식
(후기에 해당하는 III · IV형식은 매우 다양하게 세분)

한 이송래와 최몽룡(Rhee and Choi 1992: 66)의 연구에서 마제석검은 주로 형식학적인 문제들만 다루어졌다. 마제석검의 의미에 대하여 반스(Barnes 1993: 161)는 신석기시대에서 청동기시대로 이행하는 기간(기원전 2000~700년)의 충돌을 보여주는 것으로 이해하였다. 넬슨(Nelson 1999: 162)은 초기 농경과 거석문화의 발전을 설명하는 글에서, 마제석검의 생산이 전문화된 수준을 요하며 가계와 의례 맥락에서 모든 주도권을 가진 '특별한 계층의 사람'과 연관되어 있음을 주장하였다. 컨코바(Konkova 1989)는 마제석검이 청동검과 동모에 대한 대체품으로서 의례용으로 제작되었으며, 죽은 자와 함께 부장된 것이라 하였다. 또, 암각화에 새겨진 마제석검의 모티브는 기하학적인 디자인과 함께 청동기시대 후기의 지석묘 상석에서 관찰된다. 이상의 가설과 고고학적 현상은 모두 인지, 신념, 상징, 이데올로기 등과 같은 '정신적인 것들'(Hill 1994)의 중요성을 나타내고 있다. 그러나 과정주의의 이론적 배경을 가진 고고학자들은 스스로 특정 사고 과정에 대한 분석 도구를 갖고 있지 않다는 신념 때문에 그러한 질문들에 답하는 것을 피해왔다(DeMarrais et al. 1996: 17, Hill 1994).

그럼에도 불구하고 고고학자들은 청동기시대 집약 농경 사회의 발전과 관련된 기본적인 문제를 더 깊고 더 넓게 이해하기 위해, 적절한 방법을 찾고자 노력해야 한다. 필자는 청동기시대를 전기, 후기 전반, 후기 후반으로 세분하였다. 전기(기원전 1500~850년)는 북쪽의 대규모 취락과 남쪽의 소규모 취락에 거주한 화전 농경민으로 구성된 초평등주의 집단을 특징으로 한다. 후기 전반(기원전 850~550년)에는 화전 농경과 집약 농경을 하는 소규모의 초평등주의 정치체와 단순한 수장이 지역적으로 혼재되어 있다. 또한 환호가 설치된 대규모 중심 취락과 일부 대규모 무덤군이 존재하며, 청동기 생산 기술은 당시 한반도의 여러 지역으로 확산된다. 후기 후반(기원전 550~300년)의 특징으로는 농경민들과 소규모 취락에 거주하는 광범위한 스펙트럼의 낮은 계층 식량 생산자, 청동제 유물과 갈등의 증가, 대규모의 지석묘와 의례 공간의 축조 등을 들 수 있다. 사회적 불평등은 몇몇 무덤에서 뚜렷하게 나타난다.

호더(Hodder 1984: 52)는 과정주의 접근에 대해 광범위한 경제적 동향과 관련성이 적은 문화적 특성의 진부한 목록만을 구성할 뿐이라고 비판하였다. 호더의 비판은 유럽의 거석문화 연구에 대한 것이었다. 이러한 비판은 한국의 마제석검에도 동일하게 적용된다. 예를 들어 과정주의적 논의는 종종 기능적인 해석을 도출해 낸다(Hodder 1986: 124~125). 넬슨(Nelson 1999: 162)은 마제석검이 가계 또는 가계의 일부로서 의례 행사에서 일정한 기능을 가지고 있었다는 가설을 제시하였다. 이러한 논의는 나름 합당한 것이며, 마제석검에 대해 우리가 알고 싶어 하는 것 중 일부에 해당하는 점은 분명하다. 그러나 기능주의적 해석으로는 과거 사회에서 인식 변화에 따른 발전을 포착할 수 없다. 이러한 형태의 고고학적 의미는 경제적, 환경적, 사회적 구조와 관련된 기능들을 어떻게 설명하는지의 문제로 제한된다(Duke 1992: 99~100, Hodder 1986: 124).

해석 고고학은 동북아시아의 선사시대에서 마제석검의 중요성을 부각시키는 데 이용될 수 있다. 그러나 여러 가지 다양한 상황들은 선사시대의 정신세계나 혹은 의미가 무엇인지를 이해하는 것부터 그것을 만든 과거 사람들까지에 대한 연구를 방해할 가능성이 높다(Hill 1994). 즉, 유물 내면의 문화적 의미에 대한 이해는 궁극적으로 그것을 사용한 사람들에게 제한되어 있었던 것으로 보인다. 이 연구의 또 다른 문제로 한반도의 토양이 인골의 보존에 매우 불리하다는 점, 대부분의 한국 고고학자들이 불가피하게 구제발굴에 관련되어 있고 현장 조사와 보고서를 통한 문화역사적 접근이 지속적으로 이루어진다는 점 등을 들 수 있다. 더욱 절충적이고 창조적인 다수의 패러다임을 통합하는 이론 접근 방식은 사회의 더 깊숙한 곳에 존재하는 구조를 찾는 것이다.

Ⅲ. 마제석검의 생산과 분배

1. 마제석검: 필수품

마제석검은 기원전 1300~200년으로 편년되며, 가장 이른 시기의 것이 한반도 중서부 지역의 대동강과 한강유역의 지석묘·석관묘에서 출토되었다. 서일본의 규슈지역에서도 출토되는데, 쇼다(Shoda 2007)는 기원전 2000년기 말에 한반도에 출현한 것으로 보고 있다. 마제석검의 기원은 거석문화 사회의 시작과 연결되어 있다. 거석묘와 마제석검은 기원전 1500년 이전 중국 북동부지역의 초기 농경민 집단에서 유래되었고, 그 다음 세기에 한반도에서 완전히 발전된 망탈리테(*mentalité*, 집단 사고방식)로서 남쪽으로 확산되었다.

마제석검의 형태에 대한 기원은 아직 논쟁이 계속되고 있다. 주로 중국 西周時代의 청동단검과 비교되어 왔는데(Barnes 1993: 16, Gardiner 1969: 7, Nelson 1999: 162), 이 시대의 청동단검은 특히 가장 이른 시기의 마제석검과 유사한 편이다. 반면, 김정학(Kim 1978: 81)은 마제석검의 형태가 석창으로부터 발전되었다고 주장하였다. 비파형동검은 마제석검과 연대적으로 중복되며 특히 Ⅳ형식 석검(그림 2)과 같이 출현하지만, 문제는 이 석검 형식이 비파형동검과 형태적으로 유사하지 않다는 점이다. 오클라드니코프 외 여러 연구자들은 남시베리아 및 바이칼지역의 청동기 문화인 카라숙 문화와 타가르 문화가 한국과 일본의 마제석검에 문화적·기술적인 영향을 끼친 것으로 설명하고 있다(Andreeva and Studzitskaya 1987, Andreeva et al. 1986, Brodyansky 1996, Dyakov 1989, Konkova 1989, Okladnikov 1956). 쇼다(Shoda et al. 2009)는 한반도의 마제석검이 夏家店 상층 문화로부터 온 것이며, 후기의 석검은 타가르 문화에서 영향을 받은 것이라는 새로운 가설을 제시하였다.

기원전 850~400년으로 편년되는 마제석검은 한반도 내 주거지와 무덤에서 출토된다. 후기 후반에 출토된 마제석검은 한반도 동부 경남과 남해안 일대의 정교한 거석무덤에서 출토되고 있다. 비록 사용 흔적이 확인되는 소수의 석검이 존재한다 할지라도, 정교하게 마연된 마제석검을 직접 관찰하게 되면 누구나 실제 사용보다는 의례 목적의 용도를 인정하지 않을 수 없다(Barnes 1993: 163, Gardiner 1969: 7, Nelson 1999: 162). 만약 힘으로 어떤 사물을 찌른다면 석재의 약점이나 결함 때문에 부서질 가능성이 높다. 그리고 정교하게 만들어진 마제석검을 단순히 육안으로 관찰하더라도 생산에 필요한 엄청난 노력과 전문적인 지식을 짐작할 수 있다(Nelson 1999).

2. 주거지와 무덤에서의 마제석검 분포

중국 商, 周 청동기와 그 밖의 유물들 몇몇은 무기 형태이지만 의례용으로 추정되며 (Chang 1983, 1986, Underhill 2002), 주로 무덤과 매납유구에서 출토된다. 한국의 마제석검은 대다수가 무덤과 주거지에서 출토되는데, 많은 청동제 유물들이 마을 입구나 가파른 언덕 등에 위치한 매납유구에서 발견되기도 한다(李相吉 2000). 본고에서는 모든 마제석검들을 다음과 같은 세 가지 범주로 구분하였다. ① 정교하게 제작된 마제석검, ② 미완성 상태의 마제석검, ③ 제작 상태가 좋지 않은 것. ①은 지석묘와 석관묘에서 출토되고, 주거지에서는 ①과 ③이 확인된다. 청동기시대 후기 유적에서 발견된 몇몇 마제석검은 낮은 품질의 재료로 만들어졌으며, 이들은 지역적으로 생산되어졌다. 이러한 범주는 유구 내에서의 변형일 가능성도 있지만, 일단 여기서는 관찰 결과에 따르고자 한다.

필자는 경남 서부지역의 마제석검이 모든 종류의 유구에서 균일하게 분포하지 않는다는 점을 확인하였다(고민정·Bale 2008, Bale and Ko 2006). 비록 후기 후반에는 달라지지만, 대부분의 마제석검은 주거지에서 출토된다(표 1). 후기 전반에 경남 서부지역에서는 전체 주거지와 무덤의 약 5%에서만 마제석검이 확인된다. 그러나 청동검은 청동기시대 후기에 더욱 드물게 발견된다. 이에 비해 마제석검은 더 넓은 범위의 유구에서 상대적으로 더 많은 수량이 출토되고 있다. 예를 들어 마제석검은 주거지와 무덤에서 함께 확인되며, 부서진 마제석검이 수혈유구와 환호에서 발견되기도 한다. 부서진 석검은 제작 과정의 실수나 의례의 한 행위로 발생하였을 가능성이 있다. 반면, 청동검은 매납유구에서 매장된 상태로 출토된다.

표 1. 경남 서부지역 마제석검 출토 유구와 유적
(*기타는 환호, 야외노지, 집석유구, 지표수습품/옥방은 다중 환호, 주거지, 기타 유구로 구성)

세부 시기	주거지	무덤	수혈	기타*	합	옥방	옥방 외부	대평 외부
전기 후반	5 (63%)	2 (25%)	–	1 (12%)	8 (100%)	3 (38%)	4 (50%)	1 (12%)
후기 전반	12 (63%)	3 (16%)	–	4 (21%)	19 (100%)	4 (21%)	14 (74%)	1 (5%)
후기 후반	10 (31%)	13 (41%)	4 (13%)	5 (15%)	32 (100%)	14 (44%)	3 (9%)	15 (47%)
합	27 (44%)	18 (29%)	4 (6%)	10 (21%)	59 (100%)	21 (36%)	21 (36%)	17 (28%)

시기가 내려옴에 따라 마제석검이 출토된 중요한 유구의 수가 점점 증가한다(표 1). 청동기시대 전기 후반과 후기 전반에 마제석검의 60% 이상은 주거지에서 출토되었으나, 후기 후반에는 무덤과 주거지로 구분되어 확인된다. 천하석제 옥 장신구와 대조적으로 후기에 마제석검의 지리적 분포는 넓은 편이며, 더욱 넓게 확산되어 갔다. 그러나 주거지와 다른 맥락에서 출토된 마제석검을 모두 포함할 때, 후기 전반에는 다수의 마제석검이 대평리유적에서 출토되고 있다.

3. 경남 서부지역 취락에서의 마제석검 생산

경남 서부지역에서 출토된 마제석검은 회색과 갈색 이암, 혼펠스와 슬레이트로 제작되었다. 사암, 섬록암, 화강암, 규암은 반월형석도와 같은 다른 도구를 제작하는 데 사용되었다. 대평리유적에서 마제석검을 생산한 증거로는 환호 밖에 위치한 3기의 주거지(후기 전반에 해당)에서 출토된 석검 편을 들 수 있다. 천하석제 옥의 생산과 달리, 마제석검의 생산이 대평리지역에서 특별히 집중되었는지 아니면 경남 서부지역에서 일반적으로 이루어진 것인지를 결정하는 데 어려움이 있다. 그럼에도 불구하고 마제석검의 생산은 분산되어졌던 것 같다. 왜냐하면 개별 주거지가 그 유물의 제작소이기 때문이다.

후기 전반 천하석제 옥 생산과는 다르게, 독립적인 생산자가 필요에 따라 석검을 제작하였을 것이다. 이는 청동기시대의 여러 세기 동안 지속적으로 점유되었던 경남 서부지역에서 단 59기의 유구에서만 마제석검이 출토된 것을 통해서도 짐작 가능하다. 또한 이는 생산의 규모가 작고 생산 집약도가 낮지만, 마제석검이 특별한 유물이라는 것을 의미한다(고민정·Bale 2008, Bale and Ko 2006). 가계 맥락에서 마제석검의 분포에 대해 고민정과 필자가 행한 연구를 바탕으로, 우리는 청동기시대 전기에 남강유역 상류와 같은 지역에서 취락 내 리더십 혹은 개인적 우월함의 정치적 상징으로 석검이 이용되었음을 제안하였다. 취락 내 리더는 마제석검의 공급을 조달할 수 있었으며, 충성도와 지원에 대한 대가로 그들에게 분배하였다.

IV. 이론과 물질문화

지석묘와 부장 유물의 공반 관계는 장기간의 의례 행위와 연결된다. 아날학파(Annales School) 역사가들에 의해 개발된 연대기적 렌즈를 통해 보면, 마제석검, 적색마연토기, 천하석제 옥 장신구를 더 잘 이해할 수 있다(Bintliff 1991, Braudel 1972, Ladurie 1979). 아날학파는 고고학자들로 하여금 장기간 유지 가능한 기호와 기호(구조)의 집합을 설명하는 멀티 스칼라 연구 계획을 작성할 수 있게 한다. 그들은 구조 변화의 분석을 가능케 하는 다양한 시간 규모의 접근 체계를 사용할 수 있게 하였기 때문에, 해석 고고학자들은 아날리스트(annaliste) 개념을 활용하였다.

아날학파는 이브너멍(*événements*, 사건), 모옌 듀레(*moyenne durée*, 中期), 롱그 듀레(*longue durée*, 長期)의 세 규모로 시간을 구분한다(Bintliff 1991, Braudel 1972). 이러한 '파장'은 서로 다른 규모에서 동시적으로 작용한다. 망탈리테(*mentalité*, 집단 사고방식)는 종교, 사상, 행동 체계를 특징으로 하는 영구적 인지 구조의 요소이다. 또한 개인적이고 사회적인 사고 과정은 특별한 방식으로 형성된다(Duke 1992). 이데올로기와 기술 체계 같은 변화에 저항하는 문화적 특징이 여기에 포함될지도 모른다(Bintliff 1991: 7). 이러한 방식으로 지석묘 문화는 장기간에 걸쳐 존재하는 하나의 사고 체계가 된다.

고고학에서 망탈리테의 예는 듀크(Duke 1991, 1992)의 연구에서 살펴볼 수 있다. 북아메리카 들소 사냥 사회의 구조와 사건에 대한 연구에서, 듀크는 석촉과 토기를 이용하여 성별 관계에서의 망탈리테와 그 구조적 변화를 분석하였다. 유동성 있는 들소 사냥 사회와 지석묘 농경 사회는 여러 면에서 차이가 있지만, 듀크가 지적한 선사인의 석촉에 대한 관점을 청동기시대 마제석검에 대한 맥락적 이해의 출발점으로 삼을 수 있다. 듀크(Duke 1991: 105)에 의하면 석촉의 제작은 망탈리테의 한 부분이며, 남성들 사이에서 특권과 지위, 형태의 변화, 경쟁과 관련된 것이라 하였다. 청동기시대 마제석검은 신부의 형태와 길이뿐만 아니라 병부와 병부 끝부분의 형태가 거의 1세기에 한 번씩 변화하였다(그림 2). 이러한 변화의 원인은 무엇일까?

이 질문에 답하기 위해, 듀크(Duke 1991, 1992)에 의한 논의와 유사한 맥락에서 마제석검을 살펴보고자 한다. 한 점의 마제석검 제작은 하나의 사건을 나타낸다. 천하석제옥, 적색마연토기와 함께 청동기시대 마제석검의 제작 및 사용 전통은 롱그 듀레의 예이다. 즉, 마제석검의 제작과 사용은 매장 의례용과 무덤 부장품의 상징 체계인 거석문화 망탈리테의 한 부분이다. 이처럼 마제석검 제작과 거석문화를 배치하는 것은 비교적 간단하지만, 그 의미를 파악하는 것은 쉽지 않다. '엄격한 지역적 유추'를 통한 맥락적 분석을 사용함으로써, 우리는 선사시대의 의미에 대해서 더욱 그럴듯한 추론을 제공할 수 있다(Hill 1994: 88, von Gernet and Timmins 1987).

유물의 의미에서 차이점은 고고학적 맥락의 차이점을 통해 추론될 수 있다(Hodder 1986). 청동기시대 전기와 후기 사이의 마제석검에 대한 모옌 듀레와 고고학적 맥락을 생각해 보자. 모옌 듀레는 여러 세대 혹은 몇 세기에 걸쳐 작용하는 하나의 힘이다(Bintliff 1991: 7). 위에서 언급한 바와 같이, 초기의 마제석검은 지석묘와 석관묘에서 출토되었다. 반면, 유사한 고고학적 활동이 증가했던 시기에는 다수의 마제석검이 가계 맥락에서 발견되었다. 고고학적 증거는 이러한 마제석검 대부분이 청동기시대 후기에 해당하고, 일부는 낮은 품질의 재료로 만들어졌음을 보여준다.

1. 한국의 거석문화, 마제석검, 장기간 변화

마제석검은 거의 천 년 동안 무덤 부장용으로 제작 및 사용되었으며, 정치 의례 문화에서 강력한 상징이 되어 왔다. 필자는 마제석검의 제작에 요구되었던 관심과 장인 정신이 석검의 상징적 의미-사냥과 전사-에 대한 단서를 제공한다고 본다. 이러한 상징적인 요소는 신석기시대 말기와 청동기시대 전기의 생계경제가 혼합된 초평등주의 사회에서 중요한 의미를 차지하였을 것이다. 마제석검은 초기 농경 사회의 지도자가 매장된 지석묘에 부장되기 때문에, 분명히 조상, 과거, 그리고 농경과 연결되어 있다.

김승옥(2003: 40)은 마제석검이 이른 시기 지석묘의 원형 부석시설에서 발견되는 것을 의식과 관련된 행위로 해석하였다. 비록 초평등주의 사회에서 생산은 가계에 국한되었으나, 얇고 정교하게 마제석검을 제작하는 데 필요한 노동력은 상당하였을 것이다. 일종의 전문화가 계급화된 사회의 존재와 연관되지 않는다는 것을 연구자들이 주목한 이후로(Cross 1993, Prentice 1983), 다음과 같은 질문이 제기된다. 즉, 초평등주의 사회에서 불평등은 나이 혹은 성별의 차이를 나타낼지도 모른다는 것이다(Clark and Blake 1994: 18, Hayden 1995: 20). 이에 따라 마제석검은 식량의 제공자이자 공동체의 보호자로서 자신을 어린 사람들과 구별하는 공동체 장로들의 권위 상징이었을 가능성이 짐작된다.

그러나 청동기시대 후기의 가계 맥락에서 다수 마제석검의 출현은, 이 유물이 기원전 700~500년경에 다른 방식으로 사용되어졌음을 의미한다. 마제석검의 형태와 장식에 있어서 규칙적인 변화는 듀크(Duke 1991: 105)의 가설과 유사한 상황에서 장인들 사이의 경쟁력이 더욱 인상적인 마제석검을 만들려 했음을 보여준다. 따라서 필자는 마제석검의 상징이 개별적 혹은 집단적 이익(Clark and Blake 1994)을 위해 농경 잉여물을 통제하려 한 야심찬 지도자 혹은 세력에 의해 공동으로 선택된 것이었음을 제안한다. 남강유역의 가계 맥락에서 마제석검이 비교적 넓게 분포하는 유형은, 지도자들이 마제석검의 생산을 획득하거나 후원하였고 또한 노동력, 곡물, 그 밖의 다른 물품에 대한 답례로서 각 취락의 중요한 인물에게 분배하였음을 나타낸다(Bale and Ko 2006).

청동기시대 후기 마제석검의 시공간적 패턴은 정치적·이데올로기적 순환의 증가와 소멸을 나타낸다. 즉, 마제석검의 분배 및 사용은 모옌 듀레(*moyenne durée*)의 일부를 구성하였다. 후기에 해당하는 마제석검 중 다수는 제대로 만들지 않았거나 혹은 질이 낮은 석재로 제작하였다. 더욱 심각한 생산 조건에서 제작 과정 중 부서진 것의 존재도 예상할 수 있다. 무덤에서 출토된 낮은 품질의 마제석검은 경쟁 사회에서 권력, 힘, 인지도를 얻기 위한 개인 노력의 일환으로 만들어진 것일지도 모른다.

2. 맥락적 분석

청동기시대 후기의 암각화는 한국 선사시대의 관념세계에서 마제석검의 중요성을 보여준다. 암각화는 거석묘, 사람, 마제석검, 숭배와 연결된다. 여수 오림동의 지석묘 상석에는 거꾸로 세워진 거대한 마제석검 앞에 무릎을 꿇거나 서서 바라보고 있는 작은 사람을 표현하고 있다(그림 3-2). 그 오른쪽 그림은 제단에 무릎 꿇고 있는 또 다른 사람의 모습이다. 포항 인비동의 지석묘 상석에 묘사된 마제석검도 이러한 추론에 무게를 실어준다(그림 3-1).

필자는 청동기시대 중기 마제석검의 의미를 내적 혹은 관념 분야, 보호, 격렬함, 그리고 농경지 혹은 수확한 잉여물의 소유권 주장에 대한 지도력 등으로 본다. 기원전 1000년 이후의 일부 지석묘는 천석으로 만들어진 커다란 방형 혹은 원형의 묘역시설이 갖추어져 있으며, 이는 무덤 규모가 커지고 무덤 축조에 많은 노동력을 투자하였음을 나타낸다. 묘역 지석묘는 의례 행위와 관련되어 있다(金承玉 2003: 40). 대평리유적과 같은 대규모 취락 중 일부는 혈연을 바탕으로 구성되며, 다른 지역에 다수의 무덤을 가진다. 몇몇 무덤에서는 묘역시설 내부와 주변에서 바닥에 구멍

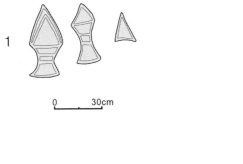

그림 3. 인비동유적(1)과 오림동유적(2)의 지석묘 상석에 새겨진 마제석검

이 뚫린 적색마연토기, 소형의 컵형토기, 적색마연호에 불을 맞은 흔적과 같은 의례 활동의 증거가 확인된다. 그러나 직접적인 민족지 사례가 없는 상태에서(von Gernet and Timmins 1987), 필자는 힐(Hill 1994: 88)의 의견에 동의한다. 즉, 위에서 지석묘 상석에 새겨진 암각화를 들어 언급한 맥락적 해석은, 시공간적으로 서로 가깝게 알려지거나 알려지지 못한 것 사이의 유사성이 부족하기 때문에 설득력이 부족하다는 것이다.

그러나 필자는 오늘날 한반도에 고대 선불교 신앙이 존재한다는 점을 근거로, 위의 추론을 강화할 수 있다. 이들 중 일부는 거석문화와 관련되거나 거석문화에 기원을 두고 있을지도 모른다. 예를 들어 남자 아이를 낳기 위한 여성의 신성한 공간으로, 경주 남산이나 기타 여러 지역의 우뚝 솟은 바위 아래에서 기도를 한다(國立慶州文化財研究所 2002). 하지만 두 가지 이상의 사례를 제시할 수 없기 때문에, 이러한 맥락적 추론은 '엄격한 지역적 유추'에 해당되지 않는다. 그럼에도 불구하고 필자는 다음과 같은 요소 사이에서 중요한 연결고리를 만들었다. 인비동유적의 지석묘+경주 주변에서 출토된 마제석검+기타 유사한 마제석검. 거기에 오림동 지석묘의 암각화에서 확인된 상징적 관계를 더하여 다음과 같이 정리할 수 있다.

'죽음-조상-지석묘-마제석검-숭배 혹은 존경'

3. 과정주의적 분석

청동기시대 후기의 가계 맥락에서 비교적 많은 마제석검이 출토한다는 사실은, 이 유물이 기원전 700~500년 사이에 다른 방식으로 사용되어졌다는 것을 의미한다. 마제석검의 형태와 장식이 정기적으로 변화된 것은 생산자 사이의 경쟁력이 더 훌륭한 석검을 만들려 했음을 나타낸다. 이에 따라 필자는 개인 혹은 집단의 이익을 위해 농경 잉여물을 제어하려 했던 야심찬 지도자 혹은 집단에 의해 공동으로 선택되었음을 제안한다. 남강 유역의 가계 맥락에서 볼 때 마제석검이 비교적 넓은 범위에 분포하는 유형은, 지도자들이 마제석검의 생산을 획득하거나 지지하려 했고 또한 그 지역의 중요한 사람들에게 노동력, 곡물, 혹은 다른 물품들에 대한 대가로 분배하였음을 보여준다.

후기 마제석검의 시공간적 패턴은 정치적·이데올로기적 순환의 증가와 소멸을 나타낸다. 즉, 마제석검의 분배 및 사용은 모옌 듀레(*moyenne durée*)의 한 부분이 되었다. 후기에 해당하는 다수의 마제석검은 제대로 만들지 않았거나 혹은 질이 낮은 석재로 제작하였다. 더욱 심각한 생산 조건에서, 때로 제작 과정 중 부서진 것의 존재도 예상할 수 있다. 무덤에서 출토된 낮은 품질의 마제석검은 경쟁 사회에서 권력, 힘, 인지도를 얻기 위한 개인의 노력으로 만들어진 것일지도 모른다. 또한 품질이 낮은 마제석검의 존재는, 페루 모체(Moche, 기원후 100~700년) 도자기의 품귀 현상 때문에 하위의 지도자들에게 분배하기 위해 낮은 품질의 재료로 복제하였다는 드마리(DeMarrais et al. 1996: 26)의 모델을 연상시킨다. 유사한 사례는 금관을 착용한 중앙 지도자가 주변 지역의 더 낮은 수장들에게 철제와 금동제 관을 분배하였던 신라(기원후 300~935년)에서도 찾을 수 있다.

V. 맺음말

지석묘, 마제석검, 청동검, 그리고 천하석제 옥 장신구의 사용처럼 지속적인 장기간의 전통은 그 당시에 다양한 규모로 작용하였음을 알 수 있다(그림 4). 아날리스트(*annaliste*) 시간 규모에 따른 데이터의 조직은 우리가 더 예리하고 정보화된 질문을 제기할 수 있도록 자료를 더욱 연대기적으로 일관성 있게 이용하는 데 잠재력을 가진다. 더 나아가 여기서 제기된 몇몇 문제에 대한 이해가 필요하다. 고고학자들은 연대에 대한 잡음을 막기 위해 청동기시대 무덤의 방사성탄소연대 측정을 더 자주 실시해야 한다. 또, 생산과 분배의 과정 및 조직에 대한 '어떻게'와 '왜'의 해답을 얻기 위하여 더욱 철저하게 조사할 필요가 있다.

적색마연토기는 마제석검과 유사한 패턴을 보인다. 독점적으로 무덤 맥락에서부터 시작하여 점차 가계와 무덤 맥락으로 이동하였다. 위신재인 무덤 부장품으로서 천하석제 옥 장신구를 사용하는 전통은 청동기시대부터 대략 기원후 668년 –신라가 통일되고 엘리트 집단 사이에 불교가 퍼져 무덤에 풍부한 부장 풍습이 사라지기 전– 까지 이어져 왔다. 반면, 마제석검과 적색마연토기는 청동기시대 관념 체계의 일부였으나, 청동제와 철제 무기가 매장 의례용으로 등장하게 되면서 지석묘 문화의 붕괴와 함께 사라졌다. 이러한 변화는 집단의 의례 문화에 의한 지배로부터 외부 지향적, 네트워크 형태의 매장 문화를 특징으로 하는 더욱 이국적이고 귀중한 유물에 대한 소비 형태로 엘리트 문화가 바뀌면서 발생하였다.

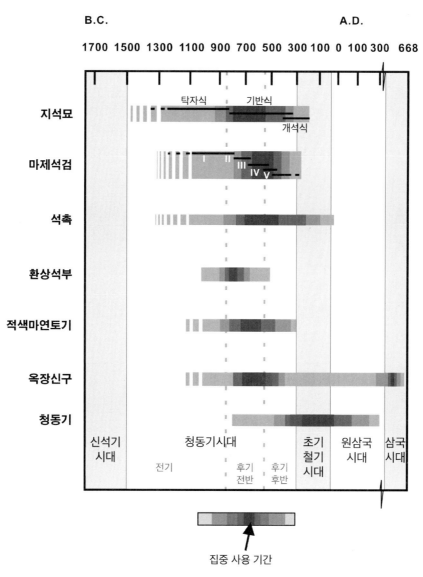

그림 4.   청동기시대 장기간 지석묘 문화의 구조와 초기 정치경제의 요소들
(몇몇 요소들은 청동기시대를 지나 초기철기시대, 원삼국시대, 삼국시대까지 지속)

프루셀(Preucel 1995)은 물질문화가 이중성을 가진다고 하였다. 유물은 사회적 작용을 형성할 수 있고, 또한 사회적 작용에 의해 형성되어 간다. 거의 천 년 동안 마제석검이 의례용으로 기능하였을 때 지도자들은 권위의 화신이었다. 그러나 유물의 사용과 의미는 시간에 따라 고정되지 않는다. 마제석검은 롱그 듀레(*longue durée*) 동안 무덤 복합성의 중요한 부분이었지만, 지도자들은 기원전 700~500년 사이에 개인의 힘을 창출하고 사회적 자본 전략의 사용으로 그 의미를 바꾸어 지지자들을 모으는 것에 관심을 가지게 되었다. 논과 밭 농경의 집약화가 이루어졌다는 점은 이러한 지도자들의 출현 배경 중 하나의 요소가 된다. 또, 사회·정치적 복합성도 동시에 증가한 것으로 보인다. 또 다른 전략은 농경 잉여물을 통제하려는 시도와 함께 사용되었다. 마제석검과 다른 위세품의 생산 및 분배는 청동기시대 전기와 후기에 한반도의 여러 지역에서 출현한 정치경제의 한 부분이었다.

참고문헌

고민정·Bale, Martin T., 2008, 「청동기시대 후기 수공업 생산과 사회 분화」 『韓國靑銅器學報』 2.

國立慶州文化財研究所, 2002, 『世界文化遺産 慶州南山』, 民族文化.

金承玉, 2003, 「금강 상류 무문토기시대 무덤의 형식과 변천」 『韓國考古學報』 49.

沈奉謹, 1997, 『韓國 靑銅器時代 文化의 理解』, 동아대학교 출판부.

李相吉, 2000, 『靑銅器時代 儀禮에 관한 考古學的 研究』 大邱曉星카톨릭大學校大學院 博士學位論文.

황기덕, 1965, 「무덤을 통하여 본 우리나라 청동기시대 사회관계」 『고고민속』 4, 사회과학원출판사.

Andreeva, J. V. and Studzitskaya, S. V. 1987. Bronzovy vek na Dalnev Vostoke[Bronze Age in the Far East]. *Epoha bronzy lesnoy polosy SSSR*, Moscow: Nauka.

Andreeva, J. V., Zchuchihovskaya, I. S. and Kononenko, N. A. 1986. *Yankovski cultura*[Yankovski culture], Moscow: Nauka.

Bale, M. T. and Ko, M. J. 2006. Craft production and social change in Mumun Pottery Period Korea. *Asian perspectives* 45(2): 159-187.

Barnes, G. L. 1993. *China, Korea and Japan: the rise of civilization in East Asia*, London: Thames and Hudson.

Bintliff, J. 1991. The contribution of an Annaliste/structural history approach to archaeology. *The Annales school and archaeology*, (ed. J. Bintliff). Leicester: Leicester University Press. 1-33.

Blanton, R., Feinman, G., Kowalewski, S. and Peregrine, P. 1996. Agency, ideology, and power in archaeological theory: A dual processual theory for the evolution of Mesoamerican civilization. *Current anthropology* 37(1): 1-31.

Braudel, F. 1972. *The Mediterranean and the Mediterranean world in the age of Philip II, vol. 2*. Translated by S. Reynolds, New York: Harper and Row.

Brodyansky, D. L. 1996. Oruzshiye dalnevostochnogo paleometalla[The weapons of Far East early metal]. *Osvoyeniye Severnoy Pasifiky*: 77-100.

Chang, K. C. 1983. *Art, myth and ritual: the path to political authority in ancient China*, Cambridge: Harvard University Press.

Chang, K. C. 1986. *The archaeology of ancient China*, New Haven: Yale University Press.

Chon, Y. N. 1992. Introduction of rice agriculture into Korea and Japan: from the perspective of polished stone implements. *Pacific Northeast Asia in prehistory:*

hunter-fisher-gatherers, farmers, and socio-political elites, (eds. C. M. Aikens and S. N. Rhee). Pullman: WSU Press. 161-169.

Clark, J. E. and Blake, M. 1994. The power of prestige: competitive generosity and the emergence of rank societies in lowland Mesoamerica. *Factional competition and political development in the New World*, (eds. E. Brumfiel and J. Fox). Cambridge: Cambridge University Press. 17-30.

Costin, C. L. 1991. Craft specialization: Issues in defining, documenting and explaining the organization of production. *Archaeological method and theory, vol. 3*, (ed. M. B. Schiffer). Tucson: University of Arizona. 1-56.

Cross, J. R. 1993. Craft specialization in nonstratified societies. *Research in economic anthropology* 14: 61-84.

DeMarrais, E., Castillo, L. J. and Earle, T. 1996. Ideology, materialization, and power strategies. *Current anthropology* 37(1): 15-31.

Duke, P. 1991. *Points in time: structure and event in a late period Northern Plains hunting society*, Boulder: University of Colorado Press.

Duke, P. 1992. Braudel and North American archaeology: an example from the Northern Plains. *Archaeology, Annales, and ethnohistory*, (ed. A. B. Knapp). Cambridge: Cambridge University. 99-111.

Dyakov, V. I. 1989. *Primorye v epohu bronzy*[The Bronze epoch in the Prymorye Region], Vladivostok: Izd-vo Dal'nevostochnogo.

Gardiner, K. H. J. 1969. *The early history of Korea*, Honolulu: University of Hawaii Press.

Hayden, B. 1995. Pathways to power: principles for creating socio-economic inequalities. *Foundations of social inequality*, (eds. T. D. Price and G. M. Feinman). New York: Plenum Press. 15-86.

Hill, J. N. 1994. Prehistoric cognition and the science of archaeology. *The ancient mind: elements of cognitive archaeology*, (eds. C. Renfrew and E. Zubrow). Cambridge: Cambridge University Press.

Hodder, I. 1984. Burials, houses, women and men in the European Neolithic. *Ideology, power, and prehistory*, (eds. D. L. Miller and C. Tilley). Cambridge: Cambridge University Press. 51-68.

Hodder, I. 1986. *Reading the past, second edition*, Cambridge: Cambridge University Press.

Hodder, I. 1990. *The domestication of Europe: structure and contingency in Neolithic societies*, Oxford: Basil Blackwell.

Kang, B. W. 1990. A megalithic tomb society in Korea: a social reconstruction. Unpublished M. A. thesis, Arizona State University.

Kim, J. H. 1978. *The prehistory of Korea*. Translated by R. J. and K. Pearson, Honolulu: University of Hawaii Press.

Kim, J. I. 2004. The Growth of individuals and social transformation in the Korean Bronze Age. *The review of Korean studies* 7(1): 31-60.

Konkova, L. V. 1989. *Bronzoliteynoye proizvodstvo na yuge Dalnego Vostok: Rubezsh II I tys. do n. e.*[The Bronze-Manufacture in the south of the USSR Far East: The Boundary of the Second-First Millennium BC], Leningrad: Nauka.

Ladurie, L. 1979. *Carnival, a people's uprising at Romans, 1579-1580*, New York: Braziller.

Nelson, S. N. 1999. Megalithic Monuments and the Introduction of Rice into Korea. *The prehistory of food: appetites for change*, (eds. C. Gosden and J. Hather). London: Routledge. 147-165.

Okladnikov, A. P. 1956. Primorye in I tys. do n. e.[Primorye during the First Millennium BC]. *Sovetskaya arheologiya* 26: 54-96.

Prentice, G. 1983. Cottage industries: concepts and implications. *Midcontinental journal of archaeology* 8: 17-48.

Preucel, R. W. 1995. The postprocessual condition. *Journal of archaeological research* 3(2): 147-175.

Rhee, S. N. and Choi, M. L. 1992. Emergence of complex society in prehistoric Korea. *Journal of world prehistory* 6(1): 51-95.

Shoda, S. 2007. A comment on the Yayoi Period dating controversy. *Bulletin of the society for East Asian archaeology* 1: 1-7.

Shoda, S., Yanshina, O., Son, J. H. and Teramae, N. 2009. New Interpretation of the Stone Replicas in the Maritime Province, Russia. *The Review of Korean Studies* 12(2): 187-210.

Underhill, A. P. 2002. *Craft production and social change in northern China*, New York: Kluwer Academic/Plenum.

von Gernet, A. and Timmins, P. 1987. Pipes and parakeets: constructing meaning in an Early Iroquoian context. *Archaeology as long term history*, (ed. I. Hodder). Cambridge: Cambridge University Press. 31-42.

07
일본열도 청동제 무기 모방 석기의 출현 과정

데라마에 나오토(寺前直人)

번역 : 손준호(孫晙鎬)

Ⅰ. 머리말

일본열도는 기원전 1천년기 전반에 수전 도작이 전파되고, 그 수백 년 후 금속기 제작 기술이 전해져 정착된다. 이 새로운 利器의 유입과 생산의 시작은 기존 석기 문화에도 변화를 가져온다. 그 하나가 본고에서 다룰 청동제 무기를 모방한 석기의 출현이다. 여기서 주의가 필요한 것은 야요이시대 조·전기에 관찰되는 유병식 또는 유경식으로 불리는 마제 단검도 원래는 동검을 조형으로 하고 있다는 점이다. 즉, 일본열도의 청동제 무기 모방 석기에는 열도 밖에서 모방된 석기의 계보를 따르는 것과 열도 내에서 모방된 것의 두 계통이 존재한다. 본고에서는 이 가운데 후자의 동검형 혹은 유혈구식으로 불리는 석기의 출현 과정을 논하여 일본열도에서 동검 모방품의 출현 과정과 그 사회적 기능의 특징을 밝히고자 한다.

II. 연구사

　일본 고고학이 체계화되어가던 20세기 전반에 한반도를 중심으로 한 동북아시아의 마제석검과 일본열도 출토품이 같은 선상에서 다루어지면서 넓은 시야를 바탕으로 한 분석이 진행되었다. 梅原末治(1922)는 한반도 출토의 마제석검과 일본열도 출토품을 비교하면서 마제석검을 동검의 모방품과 '단순한 세장 석창형'으로 구분하고, 전자의 모방 대상품을 중국식 동검, 크리스(말레이시아 전통 단검)형 동검, 세형동검의 3가지로 세분하였다. 이 가운데 중국식 동검과 유사한 것들은 유병식 마제석검이라는 명칭으로 일반화되었다. 또한 크리스형 동검에 동과라는 명칭이 부여되면서(高橋健自 1917), 이와 유사한 석기는 간단히 석과로 부르게 되었다. 그리고 세형동검 모방으로 본 것들은 검신에 구가 관찰되기 때문에 有樋式(유혈구식)으로 부르게 되었다(高橋健自 1925, 小林行雄 1951). 한편, 한국과 일본의 마제석검 연구를 종합한 有光敎一(1959)은 일본열도 출토의 동검 유사 석검을 유통유경식으로 명명한 바 있다.

　그 후 북부 규슈지역을 중심으로 관찰되는 야요이시대 개시기의 유병식 마제석검에 대해서 한반도 출토 사례를 포함한 연구가 진전되기 시작하였다. 그러나 일본열도에서 동

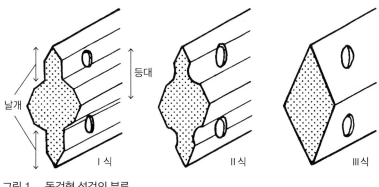

그림 1. 동검형 석검의 분류

검 모방 마제석검의 구체적인 분석은 그다지 많지 않은 편이다. 1980년대까지는 야요이 시대 중기 기나이지역에서의 지역차를 논한 佐原眞(1970)의 분석이나 고치현의 자료를 다룬 岡本健兒(1983)의 연구, 산인지방과 북부 규슈의 관계를 논한 下條信行(1989)의 언급 정도를 들 수 있다. 단, 下條信行이 산인지방의 동검형 석검에 대하여 형태 및 크기 비교를 통해 조형인 세형동검을 따라 세형석검이라 명명하고, 기나이지역이나 그 주변에서 관찰되는 중세형동검 모방의 '유혈구식 석검'과 다른 이른 형식임을 지적한 것은 중요하다.

이상과 같이 연구가 진전됨에 따라 동검과 유사한 마제석검은 다시 '동검형'이라는 명칭으로 부르게 되었다. 이렇게 '동검형'이라는 명칭은 점차 일반적으로 사용되었지만 그 엄밀한 정의는 오랫동안 명료하지 않은 상태였다. 이러한 상황을 크게 변화시킨 것이 種定淳介(1990, 1992)에 의한 일련의 연구이다. 그때까지 주관적인 형태 이해에 기초하여 논의되어온 동검 모방 마제석검에 대해서, 種定淳介는 객관적인 분류 기준을 바탕으로 한 구분에 처음으로 성공하였다. 그는 동검형 마제석검을 조형으로부터의 괴리 정도에 따라 다음의 3형식으로 구분하였다(그림 1). 우선 뚜렷한 등대와 수평의 날개로 구성된 횡단면형, 사실적인 결입부의 표현, 날개 하단부 날부분의 면처리, 원형 또는 타원형의 경부 단면 등의 특징이 관찰되는 충실한 동검 모방품을 I식으로 하였다(부분 명칭은 그림 1과 그림 3-3 참조). 다음으로 검신 중앙의 능 양쪽에 구를 새겨 혈구를 표현한 것을 II식으로 하였다. 마지막으로 날개, 혈구, 결입부의 표현을 생략한 유경식 마제석검 가운데 관부에 2개의 구멍이 있는 것을 III식으로 하였다.

이들 중 I식은 출토 점수가 적고 규격성이 높기 때문에, 모방 대상품은 복수 형식이 아닌 단일 형식의 동검일 가능성이 높다고 하였다. 구체적으로는 I식의 하단부 날부분을 마연에 의해 면으로 처리함으로써 날의 형성을 의식적으로 피한 점에 주목하여, 세형동검 I식 또는 중세형동검 a류·b류(岩永省三 1980)를 조형의 후보로 상정하였다. 특히 동검형석검 I식의 하단부 최대 폭이 5cm를 넘기 때문에 중세형 a류와 유사한 것으로 보았다(種定淳介 1990: 38). 그리고 이어서 발표한 동검형 석검 I식을 상세히 다룬 논고에서는 동검형 석검에서 관찰된 다음의 속성 ① 등대 하단부의 능, ② 결입부 위쪽의 돌기, ③ 결입부 위쪽의 돌기에 대응하는 등대의 능, ④ 결입부 아래쪽의 능 끝부분을 처리하는 마연 방법, ⑤ 하단부 폭과 길이의 비율 등을 바탕으로 효고현 古津呂 1호 동검과 같은 중세형동검과의 관계를 언급하였지만, 조형을 한정하기는 어렵다는 결론을 내리고 있다(種定淳介 1992).

여기서 주의가 필요한 것은 이상의 조형론이 種定淳介가 동부지역으로 상정한 긴키지방의 동검형 석검과 조형 사이의 관계라는 점이다. 한편, 그가 서부지역으로 설정한 산인, 시코쿠 남부, 규슈 북부에서는 동검형 석검과 조형의 관계에 대해 유사한 사례가 적어 판단을 유보하면서, 좁은 신부라는 형태적 특징과 세형동검이 밀집 분포하는 지역이라는 점을 근거로 세형동검의 모방품이라고 본 下條信行(1989)의 견해를 따르고 있다(種定淳介 1990). 그가 설정한 서부지역에서 동검형 석검의 조형이 세형동검이라고 한다면, 시마네현 鰐石遺蹟 출토 사례(그림 2-2)가 야요이시대 전기 말에서 중기 초두에 해당할 가능성이 높다는 점은 중요하다. 왜냐하면 산인지방을 시작으로 하는 '서부지역'에서 동검 모방의 마제석기가 최초로 '출현'하였을 가능성이 높아지게 되기 때문이다.

또한 中川和哉(1996)는 교토 東土川遺蹟 출토 동검형 석검(그림 3-1)을 중심으로 그 주변 지역 출토품을 논한 바 있다. 그는 우선 그림 3-1의 결입부 아래쪽 등대의 능이 약간 둥근 것을 주목하였다. 이러한 등대 형태가 기존의 동검형 석검 I식에서 관찰되지 않는 점을 근거로, 본 사례와 동검형 석검 I식의 조형이 다를 가능성을 언급하였다. 그리고 공반된 토기에 기초하여 種定淳介가 기나이 제II양식(야요이시대 중기 전엽)으로 소급될 가능성을 제시한 교토 나가오카쿄시 神足遺蹟의 방형주구묘 주구 출토 사례에 대해, 주구 내부에 기나이 제IV양식의 토기도 포함되어 있어 확실히 중기 전엽에 속한다고 볼 수 없음을 지적하였다. 즉, 기나이지방에서 중기 전엽에 해당하는 동검형 마제석검은 존재하지 않는다는 사실에 주목한 것이다. 이에 대해서는 이미 豊岡卓之(1987)가 분명한 토기와의 공반 관계를 보이는 유혈구식(동검형) 석검은 제III양식(야요이시대 중기 중엽)에 해당함을 지적한 바 있다.

최근 증가한 석제 이외의 동검 모방품에도 주의가 필요하다. 무기형 목기의 모방 정도가 석제에 비해 떨어지는 것을 근거로 최상위 제사 도구로 청동제, 그 다음 지위에 석제, 가장 하위에 목제가 자리한다는 주장이 제시된 바 있다(種定淳介 1990). 그러나 오카야마시 南方遺蹟이나 가가와현 다카마쓰시 多肥松林遺蹟에서 출토된 무기형 목기(그림 4)에 의해 이러한 전제는 변경이 불가피하게 되었다(寺前直人 2001). 또한 돗토리시 青谷上寺地遺蹟에서는 동검을 충실히 모방한 고래 뼈로 만든 단검도 출토되고 있다. 다음 장의 분석에서는 이러한 존재에도 주의를 기울여 논의를 진행하고 싶다.

　동검형 석검의 연구는 1990년대 전반 種定淳介의 고찰에 의해 비약적인 발전을 이루게 되었다. 그러나 그의 연구로부터 20여 년이 지나 새로운 자료가 눈에 띄게 증가하고 있다. 특히 1990년대에 種定淳介가 자세히 논할 수 없었던 '서부지역' 즉 기나이지역 서쪽에서도 자료의 축적이 진행되고 있다. 앞서 기술한 바와 같이 일본열도 동검 모방의 시작을 논하는 데에 주고쿠·시코쿠지방의 상황은 매우 중요한데, 이는 상대적으로 한반도와 가까우며 유일하게 중기 전엽에 속할 가능성이 높은 鰐石遺蹟 출토품이 확인되기 때문이다. 아래에서는 일본열도 초기의 동검 모방품에 대해서 특히 긴키지방 서쪽의 자료를 중심으로 분석하여, 일본열도에서 청동제 무기 모방 석기의 전개 양상을 밝혀보고자 한다.

Ⅲ. 분석

1. 동검형 석검의 분류

　본고에서 다룰 마제 단검은 자루의 장착 방법을 중시한 필자의 분류에 의하면 조합식이며, 세부 형식으로는 대부분 유경유공형에 해당된다(寺前直人 2010a). 즉, 별도의 자루를 경부에 끼우고 못 또는 끈으로 결박하여 고정하는 실용 가능한 마제 단검이다. 단, 지금까지 유경유공형 마제 단검이 자루와 장착된 상태로 발견된 사례가 없기 때문에, 구체적인 장착 방법은 명확하지 않다고 말할 수밖에 없다. 동검의 모방품이라는 점을 중시하면 의례용으로 특화시키기 위하여 자루를 장착하지 않았을 가능성도 부정할 수 없다. 그러나 동검형 석검은 동검형 제기에서 관찰되는 경부의 취약성이 거의 확인되지 않고 이른 형식일수록 날을 세운 자료가 많아, 제작 단계부터 실용성을 고려하지 않았다고 생각하기는 어렵다.

　본고에서는 선행 연구를 존중하여 경부 횡단면형이 원형이나 타원형이며 등대 또는 혈구를 가진 일본열도 출토의 조합식 마제 단검류에 대해, 세형계의 동검 모방품이라는 의미에서 '동검형'으로 부르도록 하겠다. 또한 種定淳介의 분류에 기초하여 동검형 석검 I

식, II식이라는 명칭을 따르고자 한다(그림 1). 한편, 아래에서는 조형과의 친연성이 높은 I식을 중심으로 분석하였지만, 혈구나 날개가 형성되지 않은 검신 상반부의 파편은 I식과 II식의 구분이 곤란하기 때문에 검신 파편에 대해서는 II식의 가능성이 있는 자료도 언급하였다.

2. 기나이지역 서쪽의 동검형 석검 Ⅰ식

기나이 이외 지역에서 확실한 동검형 석검 I식이 확인된 사례는 1990년대 전반까지 소수에 불과하다. 단지 시마네현이나 고치현에서 고립적이고 예외적으로 존재하였을 뿐이다. 그러나 발굴조사의 진전 결과 아래와 같이 관련 자료가 증가하고 있다.

그림 2-1은 후쿠오카현 이즈카시 川島·殿ヶ浦에서 모래 채취 중 채집된 자료이다(兒島隆人·藤田等 1973). 잔존 길이 11.4cm, 폭 2.9cm, 두께 1.1cm인 검신 상반부의 파편이다. 하천 채취품 특유의 마모가 전체에서 관찰되지만, 날부분은 예리하며 양면 모두 능을 중심으로 그 양쪽에 凹面이 형성되어 있다. 결입부보다 위쪽의 검신 파편이기 때문에 I식과 II식의 구분은 어렵지만, 種定淳介는 신부가 좁은 것을 근거로 세형동검과의 관련을 제시한 바 있다.

그림 2-2는 스후가와 하구의 충적지에 자리한 시마네현 하마다시 鰐石遺蹟에서 출토된 자료이다(榊原博英 1999, 2005).[1] 주먹에서 머리 크기의 자연석이 공반된 32기의 토광 가운데 II구 15토광에서 옹, 호와 함께 출토되고 있다. 결입부보다 위쪽의 검신부 파편으로 잔존 길이 5.3cm, 폭 2.9cm, 두께 1.0cm이다. 명확한 날개와 등대의 표현을 볼 때 동검형 석검 I식으로 구분할 수 있다. 등대는 양면 모두 둥근 편이며 능은 확인되지 않는다. 약간 남은 날부분은 예리하다. 아래쪽은 날개 부분에 양측 모두 폭을 줄일 목적으로 타격이 이루어져, 경부의 형태를 만들고자 한 의도가 보인다. 한편, 이 유적에서 출토된 토기는 榊原博英에 의하면 松本岩雄의 石見I-2양식, I-3양식에 해당된다고 한다.

---

1   鰐石遺蹟은 기존에 무덤으로 상정되었지만, 榊原博英 씨에 의하면 토기의 출토 상황과 그 조성 및 유구 양상을 볼 때 거주 구역으로 평가할 수 있다고 한다. 따라서 그림 2-2를 부장품으로 이해하는 것은 곤란하다.

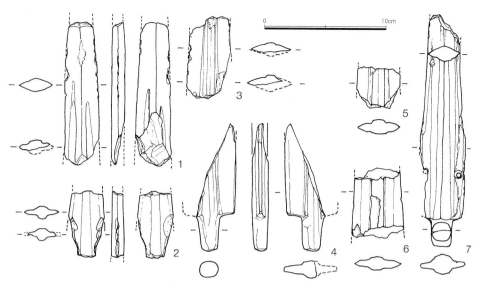

그림 2. 기나이지역 서쪽의 동검형 석검 I식
 1. 川島·殿ヶ浦(후쿠오카), 2. 鰐石(시마네), 3. 西川津(시마네), 4. 田和山(시마네),
 5. 南方(오카야마), 6. 野脇(효고), 7. 吾井鄕(고치)

　　그림 2-4는 시마네현 마쓰에시 田和山遺蹟의 3중 환호 가운데 가장 안쪽의 제1환호
(1-c) B구~C구에서 출토된 자료이다(松江市敎育委員會 2005). 환호 바닥면으로부터
15~30cm 정도 뜬 위치에서 중기 중엽~후엽의 토기군과 함께 출토되고 있다. 단, 환
호 내부 퇴적토에서는 야요이시대 전기 말부터 중기 초두의 호 등도 확인된다. 잔존 길
이 10.2cm, 두께 1.35cm로, 경부에서 검신 하반부가 잔존한 상태이다. 등대에서 능이
관찰되지만 약한 편이며 직선적이지 않다. 마연 공정상 형성된 것으로 능을 의도한 제작
은 아니라고 판단된다. 날개와 등대가 입체적으로 표현되어 있기 때문에 동검형 석검 I
식에 위치시킬 수 있다. 여기서 주의가 필요한 것은 관부로부터 7.0cm가 잔존함에도 불
구하고 관부에서 천공이 관찰되지 않는다는 점이다. 후술할 기나이지역 I식은 관부에서
3~5cm의 범위에 천공이 행하여지고 있다. 조형 후보인 세형동검은 1.7~3.0cm의 범
위, 중세형동검 A류나 B류도 5.3cm까지의 범위에서 천공이 관찰된다(吉田廣 2007). 따
라서 그림 2-4는 2개의 구멍을 갖지 않는 동검을 모방하였다고 볼 수 있다.
　　주고쿠지방에서는 시마네현 마쓰에시 西川津遺蹟(그림 2-3)과 오카야마시 南方遺蹟

(그림 2-5)에서 동검형 석검 I식 또는 II식으로 보이는 자료가 출토되고 있다. 그림 2-3은 III구 오른쪽 강가 포함층(礫3층)에서 출토된 자료이다(島根縣敎育委員會 1999). 조몬시대부터 고훈시대까지 폭넓은 시기의 토기와 공반되고 있다. 한편, 그림 2-5(미보고 자료)는 공반 토기가 분명하지 않지만, 유적 자체는 전기 중엽에서 중기 후반까지 지속되어 이 범위 안에 포함될 가능성이 높다. 모두 결입부보다 위쪽의 검신부 파편으로 관부 2공의 유무는 알 수 없다.

효고현 야부시 野脇遺蹟은 동해로 흐르는 마루야마가와의 지류인 다키노야가와가 형성한 곡부에 위치한다(田畑基 2002). 이 유적에서도 결입부보다 위쪽의 검신 파편(그림 2-6)이 채집되고 있다. 野脇遺蹟에서는 중기 후엽의 토기도 확인되지만, 가까이 위치한 廣瀨遺蹟에서는 전기 말의 貝殼複緣文이 시문된 토기가 출토되고 있다.

그림 2-7은 고치현 수사키시 吾井鄕의 산록 밭에서 채집된 자료이다(岡本健兒 1983, 出原惠三 1999). 잔존 길이는 18.4cm이다. 두꺼운 등대와 수평으로 펼쳐진 날개를 가진 전형적인 동검형 석검 I식이지만, 결입부 위쪽의 표현은 결실되어 있다. 등대의 능은 관부까지 명료한데, 능의 표현이 조형에 충실한 것이라면 조형을 세형 II식으로 한정할 수 있다.

3. 기나이지역의 동검형 석검 I식

1990년대 전반까지 동검형 석검 I식은 기나이지역의 8개 유적에서 총 10점이 보고되었다(種定淳介 1992). 오사카 히가시오사카시 瓜生堂遺蹟(2점), 山賀遺蹟(1점), 야오시 龜井遺蹟(1점), 사카이시 四ツ池遺蹟(1점), 이즈미시 池上曾根遺蹟(1점), 히라카타시 星丘西遺蹟(1점), 효고현 가와니시시 加茂遺蹟(1점), 교토 나가오카쿄시 神足遺蹟(2점)이 이에 해당한다. 이 가운데 神足遺蹟 출토품은 이미 지적된 바와 같이 II~III양식의 토기만 공반한다고 할 수 없다. 따라서 이상의 자료 대부분은 중기 중엽에서 후엽에 속하게 된다.

여기에 더하여 교토 東土川遺蹟(1점), 교토 나가오카쿄시 硲遺蹟(1점), 久御山町 市田齊當坊遺蹟(2점), 오사카시 森小路遺蹟(1점), 오사카 이바라키시 東奈良遺蹟(2점)의 7

점을 새로운 자료로 제시하는 것이 가능하다(그림 3).

東土川遺蹟에서는 환호로 생각되는 구와 방형주구묘가 확인되었지만, 그림 3-1은 중세 구의 내부토에서 출토되고 있다. 한편, 구가 확인된 면의 아래층에서는 야요이시대 중기 전반을 상한으로 하는 습지 형태의 유구가 조사되었다고 한다(中川和哉 1996). 잔존 폭 2.5cm, 두께 1.5cm이며, 결입부 아래쪽~하단

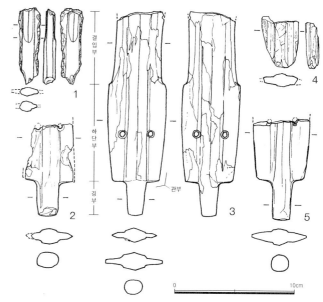

그림 3.　기나이지역의 동검형 석검 I식
1. 東土川(교토), 2. 硴(교토), 3. 森小路(오사카), 4. 市田齊當坊(교토), 5. 東奈良(오사카)

부에 대응하는 등대부 파편이다. 특징적인 것은 하단부에 대응하는 등대부의 횡단면형이 반원형을 이루는 것에 반해, 결입부에 대응하는 등대부 쪽은 두께가 얇고 능이 관찰되는 점이다. 조형인 동검에서 보이는 등대부의 특징을 충실히 모방한 것으로 이해할 수 있다. 또한 결입부 아래쪽의 등대부 평면형은 동검형 석검 I식이 직선적인 것과 달리 둥글게 처리되어 있다. 이 특징은 吉田廣(1993) 분류의 y타입에 해당한다. 吉田廣(1993: 25)은 세형 I식 y타입이 북부 규슈지역에만 분포하는 것을 근거로, 세형 I식 y타입의 생산지와 규슈 동쪽지역 사이에 유통망을 추정한 바 있다. 본 사례의 존재는 이러한 상정을 뒤집어 엎을 수 있는 자료로 주목된다.

東土川遺蹟과 가까운 교토 나가오카쿄시 硴遺蹟에서 출토된 그림 3-2(미보고 자료)도 독특한 특징을 가진 자료로서 중요하다. 복수의 동검형 석검 I식 및 미제품이 출토된 神足遺蹟도 1.8km 정도밖에 떨어져 있지 않다. 조사(右京 제624차) 결과 야요이시대 중기 후엽에서 후기 초두의 수혈주거 13동을 포함한 다수의 유구가 확인되었으며, 지석이나 석검 미제품 등이 다수 출토되고 있다. 그림 3-2는 중기 후엽의 토기편과 함께 SK31에서 출토된 자료이다. 잔존 길이 7.4cm, 잔존 폭 4.0cm의 경부~관부 파편이며, 상단

에는 관부 2공이 부분적으로 남아있다. 하단부 가장자리에 뚜렷한 능은 관찰되지 않지만 날부분이 형성되어 있다. 이제까지 발견된 동검형 석검 I식·II식은 하단부 가장자리를 면으로 처리한 것이 대부분이며, 특히 I식의 하단부에 날을 세운 것은 존재하지 않는다. 따라서 본 사례는 하단부에 날을 가진 세형동검 II식을 조형으로 제작되었을 가능성이 높다. 이상과 같이 북부 규슈 이외 지역에서 유사 사례가 없는 세형 Iy식이나 소수에 불과한 세형 II식을 조형으로 하는 동검형 석검이 야마시로지역에서 관찰되는 점은 중요하다.

교토 久御山町 市田齊當坊遺蹟에서는 마제석검의 작은 파편이 다수 출토되었으며, 동검형으로 구분 가능한 파편도 10점 가까이 확인되고 있다. 단, I식으로 구분할 수 있는 작은 편은 2점(그림 3-4)에 불과한데 모두 폭과 두께가 분명하지 않다(京都府埋藏文化財センター 2004).

오사카시 森小路遺蹟에서는 잔존 길이 16.8cm, 폭 4.9cm인 경부에서 결입부까지의 파편(그림 3-3)이 출토되고 있다(平田洋司 1994). 출토 유구 등이 분명하지 않지만 森小路遺蹟은 야요이시대 중기를 중심으로 한 취락이며, 그림 3-3도 중기의 토기와 함께 발견된 것으로 보인다. 하단부 가장자리는 면으로 처리되어 있으며, 결입부 아래쪽에 대응하는 등대 위의 가공은 관찰되지 않고 하단부에서 3cm 정도까지 등대의 능이 분명히 확인된다. 조형과 비교하면 하단부 가장자리가 면으로 처리된 점은 세형 I식의 특징, 등대의 능이 하단부 가까이까지 이어진 점은 세형 II식의 특징이라 할 수 있다. 단, 하단부 등대 위의 능은 앞서 언급한 東土川遺蹟 출토품을 제외한 동검형 석검 I식 대부분에서 확인되므로, 본 사례에서 관찰되는 능의 존재도 마무리 마연 시 등대 면을 둥글게 처리하는 공정의 생략과 관계된 것으로 추정된다. 관부 폭이 5cm 정도인 것을 중시하면 본 사례의 조형은 중세형 a류일 가능성이 높다. 오사카 이바라키시 東奈良遺蹟에서도 그림 3-5(미보고 자료)와 같은 파편이 출토되고 있다.

이상의 자료들은 일찍이 種定淳介가 상정한 기나이지역 중심의 동검형 석검 I식 분포론을 보강하고 있다. 단, 대부분의 공반 토기가 중기 중엽 혹은 후엽을 중심으로 하고 있어, 자료가 증가한 지금도 기나이지역에서 동검을 모방한 석검의 출현 시기를 중기 전반 이전으로 올리는 것은 어렵다고 말할 수밖에 없다.

4. 동검 모방 목기와 골각기

다음으로 돌 이외의 소재를 이용한 동검 모방품의 양상을 살펴보고자 한다. 무기형 목기는 자료의 축적이 기나이지역을 중심으로 이루어졌는데, 中村友博(1980)에 의해 청동기 모방 제기로서의 분석이 진행되었다. 이에 대하여 필자는 무기형 목기 가운데 골각기나 마제석기와 형태적으로 유사한 것이 존재함을 지적하고 계통적인 정리를 행한 바 있다(寺前直人 2001, 2010b). 또한 1990년대 후반 이후 긴키 이외의 지방에서 동검을 정교하게 모방한 무기형 목기나 골각기의 사례가 증가하여, 種定淳介가 제시한 청동제, 석제, 목제 순의 제기 위상이 성립하지 않는 지역의 존재가 지적되었다. 아래에서는 석제 이외의 동검 모방품 중에서도 모방 정도가 높아 동검과의 직접적인 관계를 상정할 수 있는 자료를 대상으로 분석하였다.

동검을 모방한 목기로 초현기에 위치시킬 수 있는 자료는 후쿠오카시 比惠遺蹟 제25조사지점 SK11에서 이타즈케Ⅱ식 中 단계 토기와 공반 출토된 그림 4-1이다(福岡市教育委員會 1991). 잔존 길이 약 36cm에 검신부와 자루 부분이 하나의 나무로 표현되어 있다. 검신은 등대를 갖지만 결입부의 표현은 없다. 검신 상반이 약간 잘록한 것을 볼 때 조형으로 요령식동검의 설정도 가능한데, 보고서에서는 세형동검 모방으로 이해하고 있다. 한편, 공반 토기의 시기는 본 사례보다 늦다. 한국의 광주 신창동유적에서도 하나의 나무로 검신과 자루를 표현한 목검이 관찰되기 때문에 본 사례에 대하여 북부 규슈지역에서 요령식동검 혹은 세형동검을 조형으로 제작되었을 가능성, 이것 자체가 반입품일 가능성, 또는 한반도에서 동검을 보거나 제작한 경험이 있는 이주자가 그 기억이나 지식을 바탕으로 제작하였을 가능성 등을 상정할 수 있다.

그림 4-2는 사가현 오기시 生立ヶ里遺蹟 SK90에서 중기 전반의 토기와 함께 출토된 자료로, 잔존 길이 22.0cm의 검신에서 경부까지 표현된 조합식 목검이다(牛津町教育委員會 1995). 날개의 대부분이 결실되었지만, 등대는 거의 그대로 남아있으며 두께는 1.2cm이다. 오른쪽 하단부로부터 2.7cm 위쪽에서 약간의 굴곡이 관찰되기 때문에 결입부의 아래쪽을 표현하였을 가능성이 있지만, 남아있는 상태가 좋지 않아 확실한 판단은 어렵다. 등대에 능의 표현은 확인되지 않고 관부 2공도 보이지 않는다. 크기를 볼 때 세형동검을 모방한 것으로 추정할 수 있다.

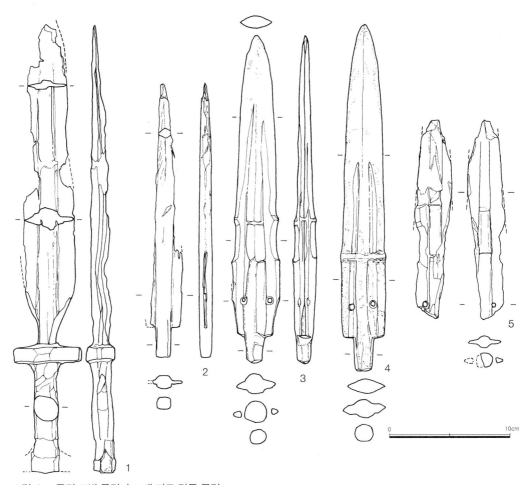

그림 4.　동검 모방 목검과 고래 뼈로 만든 골검
　　　　1. 比惠(후쿠오카), 2. 生立ヶ里(사가), 3. 南方(오카야마), 4. 靑谷上寺地(돗토리), 5. 多肥松林(가가와)

　　오카야마시 南方遺蹟에서는 동검을 충실히 모방한 목검이 출토되고 있다(岡山市敎育委員會 2005). 그림 4-3은 전체 길이 26.5cm, 폭 3.9cm, 두께 1.9cm의 완형품이다. 길이와 폭을 볼 때 세형동검을 모방한 것으로 추정되며, 결입부와 결입부에 대응한 등대의 절대도 충실히 표현되어 있다. 특히 측면에서 보면 결입부에 대응한 등대 부분이 1단 낮아져 앞서 기술한 東土川遺蹟 출토품(그림 3-1)과 같이 평면관뿐만 아니라 측면관도 거의 충실히 재현하고 있는 것이 주목된다. 절대의 형태가 직선적이기 때문에 세형 I식 x 타입(吉田廣 1993)을 조형의 후보로 상정하는 것이 가능하다. 관부로부터 3cm 위치에서는 2공이 관찰된다.

다카마쓰평야의 남쪽에 위치한 가가와현 多肥松林遺蹟에서는 그림 4-5와 같은 목검이 출토되고 있다. 이 유물이 확인된 유로(VI·XII구 SR01·02)에서는 야요이시대 전기 중엽~중기 중엽을 중심으로 한 토기가 출토되고 있지만, 압도적 다수를 차지하는 것은 중기 중엽의 토기이다. 그림 4-5는 잔존 길이 15.7cm의 검신부 파편으로 아래쪽에는 2공을 표현한 천공부도 남아있다(香川縣教育委員會 1999). 날개 부분의 잔존 상황이 좋지 않아 결입부의 양상은 분명하지 않지만, 결입부에 대응한 등대부의 절대가 직선적이며 南方遺蹟 출토품과 동일하게 위아래의 등대보다 1단 낮은 것을 표현하고 있다.

그림 4-4는 돗토리시 靑谷上寺地遺蹟에서 출토된 고래 뼈로 만든 골검이다. 야요이시대 전기말부터 중기 전엽에 해당하는 7구 M층에서 출토되고 있다. 전체 길이 27.8cm, 폭 3.8cm, 두께 1.5cm로 완형품이다(鳥取縣教育文化財團 2002). 크기를 볼 때 세형동검을 모방하였다고 생각된다. 단, 등대의 능이 뚜렷하지 않기 때문에 조형의 한정은 어렵다. 관부에서는 2공이 관찰된다. 결입부는 결실되었지만 결입부 아래쪽을 표현한 것으로 보이는 검신과 직교 방향의 절이 확인된다. 이러한 절의 표현은 교토 마이즈루시 志高遺蹟 출토품이나 효고현 고베시 垂水 자료 등 동검형 석검 II식에서 관찰되는 것으로, 고래 뼈로 만든 골검과 석검의 계보 관계를 생각하는 데에 흥미로운 특징이다.

IV. 청동제 무기 모방의 두 획기

이상의 분석 결과 동검형 석검이 야요이시대 중기 후반 기나이지역에 전개되기 앞서 세형동검 모방의 석기나 목기 등이 북부 규슈지역이나 주고쿠·시코쿠지방에 산재하는 점을 확인할 수 있었다. 여기서 중기 전엽 전후에 관찰되는 모방품의 전개를 제1단계, 중기 후반의 것을 제2단계로 구분하고 그 특징을 정리하고 싶다.

1. 제1단계(야요이시대 중기 전엽 전후)

일본열도에 완형의 청동기가 확실하게 전래된 단계이다. 공반 토기나 유구의 형성 시기로부터 출현 시기를 확정할 수 있는 것은 후쿠오카시 吉武高木遺蹟이나 사가현 가라쓰시 宇木汲田遺蹟의 부장품으로 모두 중기 초두에 해당한다(吉田廣 2008). 그 분포는 후쿠오카현, 사가현을 중심으로 한 북부 규슈지역에 집중되어 있다. 단, 이들이 일본열도에서 주조되었는지, 한반도에서 건너온 반입품인지의 구분은 어렵다. 현재까지 중기 초두로 한정할 수 있는 거푸집은 확인되지 않았지만, 아리아케카이 연안지역 초현기의 거푸집에 새겨진 것과 다른 형태의 동검이 이미 북부 규슈지역에 존재하며 이 가운데 한반도 출토 세형동검에서 보이지 않는 특징을 가진 것이 있어 일본열도에서 중기 초두까지 올라가는 세형동검이 생산되었을 가능성도 부정할 수 없다.

세형동검의 출현보다 앞선 시기에 해당할 가능성이 높은 자료로 比惠遺蹟 출토 목기(그림 4-1)를 들 수 있다. 단, 검신과 자루가 하나로 된 특징이 한반도 출토품과 유사하며 이타즈케II식 단계에 동검의 존재가 분명하지 않기 때문에, 그 계보는 한반도에서 구하는 것이 타당하다. 한편, 중기 전반에 속하는 生立ヶ里遺蹟 출토 사례(그림 4-2)는 그 형태와 크기를 볼 때 세형동검의 모방품으로 판단할 수 있다. 이렇게 북부 규슈지역에는 세형동검의 정교한 목제 모방품이 중기 전엽에 확실히 존재한다. 또, 후쿠오카현 遠賀町 金丸遺蹟 출토 동과형 석과(遠賀町教育委員會 2007)의 존재까지 고려하면, 중기 전엽 전후 북부 규슈지역에서 실용적인 동검이나 동과가 나무나 돌로 모방되고 있었음은 틀림없다.

혼슈, 시코쿠에서의 세형동검 도입 시기에 대해서도 분명하지 않은 점이 많다. 단, 이번의 분석에 의해 혼슈에서도 야요이시대 중기 초두까지 올라가는 동검 모방품의 존재를 확인할 수 있었다. 시마네현 하마다시 鰐石遺蹟 출토품(그림 2-2)은 공반 토기가 야요이시대 중기 초두로 올라가는 유일한 사례로서 중시되는데, 같은 시마네현에서 관부에 2공을 갖지 않는 田和山遺蹟 출토품(그림 2-4)이 확인되고 있다. 공반된 토기의 하한은 야요이시대 중기 후반이라 할 수 있으며, 유구 형성 시기는 야요이시대 전기 말까지 소급하는 것이 가능한 자료이다. 그림 2-4의 조형인 관부 2공을 갖지 않는 세형동검이 혼슈에서 1점만 확인된 점도 본 사례를 중기 후반 이전으로 올려볼 유력한 근거가 된다. 또한 돗토리시 靑谷上寺地遺蹟 포함층에서는 중기 초두에 매몰되었을 가능성이 있는 고래 뼈로 만든 정교한 세형동검 모방품(그림 4-4)이 출토되고 있다. 이러한 양상을 통해 보면 산인지방도 야요이시대 중기 전엽 전후에는 청동기 모방품이 존재하는 지역이 된다.

　오카야마평야나 다카마쓰평야, 또 고치현에서도 확실한 공반 토기는 없지만 세형동검을 정교하게 모방한 목기나 석기가 존재한다. 즉, 기원지인 한반도와의 거리에 비례해 북부 규슈지역에서 산인지방의 동해 연안지역을 제1지역, 그리고 세토우치 연안에서 시코쿠지방을 제2지역으로 하여 모방품이 전개된다. 東土川遺蹟이나 礒遺蹟의 양상을 고려하면, 현재까지 중기 초두로 올라갈 만한 사례가 없는 기나이지역도 후자에 추가하는 것이 가능할지 모른다. 이러한 지역에서 조형이 되는 동검을 생산하지 않는다면 모방품은 ① 세형동검 사용 지역으로부터의 반입품, ② 세형동검의 상세한 지식을 가진 이주자에 의한 제작품이라는 두 가지의 가능성이 상정되며, 조형의 반입만을 인정한다면 ③ 조형이 되는 세형동검을 입수한 토착민에 의해 충실히 모방되었을 가능성도 생각된다. 검신만을 충실히 모방한 목기가 한반도에서 출토되지 않기 때문에 ①과 ②는 성립하기 어려워 소극적으로나마 ③의 가능성을 제기하고 싶다.

　단, 이와 같이 정교한 세형동검 모방품의 분포는 산발적이다. 각지에서 다양한 소재로 모방되어지고 있지만 출토량은 소수에 불과하여, 특정 지역에서 계속적으로 제작되었던 양상은 보이지 않는다. 야요이시대 개시기에 석제 단검의 낮은 수용 정도를 감안하면, 동검이라는 새로운 이기와 가치체계에 대한 수요, 그리고 수입하는 사회의 기반이 이 단계에는 충분하게 갖추어지지 않았던 것으로 추정할 수 있다. 이는 주고쿠·시코쿠지방에서 세형동검을 시작으로 한 초기의 청동제 무기가 오로지 매납되기만 하여, 기원지인 한반도나 북부 규슈에서 잘 보이지 않는 소비 형태를 나타내는 것과도 모순되지 않는다.

2. 제2단계(야요이시대 중기 후반)

　긴키 이외의 지방에서 동검형 석검의 양상이 명확하지 않은 단계이다. 형식상 초기로 분류할 수 있는 동검형 석검 I식은 기나이지역에서도 요도가와 중류역부터 가와치평야에 걸쳐 집중 관찰되며, 그 중에서도 교토 나가오카교시 神足遺蹟, 礒遺蹟, 오사카 다카쓰키시 安滿遺蹟, 이바라키시 東奈良遺蹟에서는 혈암을 이용한 다수의 미제품이 출토되고 있다. 따라서 요도가와 중류역에서 I식이 생산되어 주변에 공급된 것으로 추정된다. 이들의 조형은 이미 지적된 바와 같이 중세형동검 a류가 가장 유력한 후보이다. 단, 東奈良遺蹟과 硲遺蹟의 동검형 석검은 세형 I식 y타입이나 II식을 조형으로 제작되었을 수도 있다. 이들에 대하여 제작 시기가 제1단계까지 올라갈 가능성을 포함하여 앞으로 검토할 과제가 남아있지만, 기나이지역에 조형이 되는 완형 세형동검이 존재할 가능성을 보여주는 자료로서도 중요하다. 일찍이 지적한 바와 같이 기나이지역에서도 세형동검 봉부 편이 교토 나가오카쿄시 神足遺蹟이나 나라현 사쿠라이시 大福遺蹟에서 출토되고 있다(寺前直人 2010a). 세형동검을 조형으로 한 동검형 석검과 이러한 파편 자료를 감안하면, 파편품의 유입뿐만 아니라 기나이지역에서도 무기로 사용 가능한 세형동검이 특정 단계에 존재할 가능성이 높다.

또한 種定淳介가 지적하였듯이 중세형동검 a류를 조형으로 하는 동검형 석검 I식은 혈구나 날개의 표현이 유명무실화되는 계통적 형식 변화가 진행된다. 여기서 주의가 필요한 것은 동검형 석검 I식은 예리한 날을 가진 경우가 많고, 검신 하반의 결손 부위에 새롭게 경부를 만들어 단검으로 재생한 사례도 발견된다는 점이다. 사회적 맥락을 충분히 고려하지 않은 채 현대의 고고학자가 무기와 제기를 이분법적으로 파악하여 간단히 논의하는 것은 건설적이지 않지만, 기물 자체의 형태와 출토 상황을 감안하면 동검형 석검 I식의 대부분은 제기가 아닌 실용적 무기로 이해된다. 이는 기나이지역에서 동검이 매납된 사례가 없고 절단된 봉부편이 환호 등에서 출토된다는 사실과 부합한다. 한편, 같은 시기에 야요이시대 개시기 일체식 마제 단검(유병식 마제석검)의 계보를 따라 마제, 타제의 석제 단검도 동일한 양상으로 실용적 무기로서의 기능을 가지고 지속된다.[2] 여기서는 기나이지역의 사회가 소재에 관계없이 일관된 실용적 단검 문화를 가지고 있으며, 동검형 석검 I식도 이러한 맥락에서 이해할 수 있음을 강조하고 싶다.

---

2 물론 기나이지역에서도 실용에 적합하지 않은 무기형 목제품이 존재하며, 편평하고 약한 오사카만형 동과의 생산도 시작되고 있다. 또한 기나이 주변부 특히 하리마지역부터 단바·단고지역에서 보이는 동검형 석검 II식은 날이 생략된 사례가 많고 완형품이 매납 상태로 관찰되는 경우도 있다. 오사카만형 동과도 매납 상황으로 출토된 사례는 기이지역이나 셋쓰지역 등 오사카평야에서 벗어난 지역에 많다.

V. 맺음말 : 일본열도 청동제 무기 모방 석기의 특징

본고에서는 선행 연구의 형식학적 조열에 따라 새로운 자료를 분석한 결과, 중기 전엽 세형동검을 조형으로 한 일본열도 최초의 청동제 무기 모방이 북부 규슈지역이나 산인지역을 시작으로 서일본 각지에서 목재나 석재를 이용하여 행하여졌음을 지적하였다. 단, 이 단계의 모방품은 정교함이 두드러지지만 분포가 산발적으로 지속적인 생산은 보이지 않으며, 돌이나 나무, 고래 뼈 등 다양한 재료가 이용된 것을 특징으로 한다.

여기서 주의가 필요한 것은 이미 지적한 바와 같이 일본열도의 야요이시대 조기·전기 전반 단계에 일체식이나 조합식의 석제 단검이 전파되어, 북부 규슈지역을 중심으로 부장품이나 실용 무기로서 이용된다는 사실이다. 즉, 일본열도에서 단검의 '개념'은 금속기가 아니라 수전 도작 기술체계에 수반된 소위 대륙계 마제석기의 도입 과정에서 전파된다. 결국 일본열도에서 최초로 출현한 단검의 개념은 석제인 것이다. 단검은 휴대성이 높기 때문에 개인에게 소속되는 성격을 가지고 있다. 이러한 성격의 단검을 소유하거나 부장함으로써 사회적 기호로 武威를 이용하는 문화의 사람들이 야요이시대 개시기 사회에 존재하였던 것이다(寺前直人 2010a). 또한 날의 재가공이 관찰되는 자료나 인골과 부러진 봉부가 공반하는 사례 등은 그들이 단검을 무기로 활용하는 방법을 가지고 있었음을 암시한다. 단, 야요이시대 개시기에 단검 개념의 수용은 현해탄 연안지역과 사가평야라는 북부 규슈지역에서도 한정된 지역을 제외하면 매우 저조하였다.[3]

그 후 세형동검을 시작으로 완형의 청동제 무기가 도입되는 중기 초두에 각지에서 재래의 기술과 소재를 이용한 정교한 모방품이 제작된다. 본고에서 설정한 제1단계의 시기이다. 북부 규슈지역에서는 세형동검을 시작으로 청동제 무기가 거울이나 장신구와 함께 엘리트층의 매장시설에 부장품으로 채용되는 한편, 동검의 모방품이 보다 넓은 범위에서 사용되기 시작한다. 이와 같이 동검이 모방된 요인은 무엇일까? 일본열도만이 아니라 동북아시아 각지에서 관찰되는 이 현상은 크게 보면 선진 문화에 접한 주변 사회의 대응으

3　比惠遺蹟 출토 목검은 이 마제 단검 단계에 해당할 가능성이 있는데, 일체식이라는 형식을 중시하면 그 이후 조합식 동검 모방품과의 관련성은 낮다.

로 이해할 수 있을 것이다. 구체적으로는 동검이라는 외래의 희소한 소재로 만든 아이템을 소유하고 싶은 갈망에 대하여, 이를 충족하지 못한 사람들이 '욕구'를 채우기 위해 재래의 소재와 기술로 같은 기능을 가진 단검을 제작하였다고 상정할 수 있다.

　단, 이 단계의 일본열도에서는 각지에서 모방품이 또 다른 모방품을 만들어내는 연쇄적인 발전을 이루어내지 못하였다. 북부 규슈지역을 제외하면 중기 전반에 석제 단검의 사용도 저조하였다. 모방품이 비교적 다수 출토된 동해 연안을 중심으로 한 주고쿠·시코쿠지방에서는 조형인 동검 자체가 매납이라는 특이한 출토 상황으로 확인되는 경우가 대부분이다. 이러한 사실은 단검을 개인이 휴대하고 소유하는 단검 문화가 이 단계에는 북부 규슈 이외 지역에서 정착되지 않았음을 나타낸다. 따라서 해당 지역에서는 중기 초두 전후에 세형동검이 소수 반입되었을 가능성이 있으며 일부에서 모방되었지만, 북부 규슈지역과 달리 그것을 단검으로 '소비'하는 사회적 조건이 갖추어지지 않았고 이 때문에 절대량이 부족함에도 불구하고 모방품을 계속적으로 생산하지 않았다고 해석할 수 있다.

　그렇다면 다수의 동검형 석검이 출토된 야요이시대 중기 후반 기나이지역을 중심으로 한 사회는 어떠하였을까? 중기 후반 기나이지역에서는 일체식 마제 단검 A류의 계보를 따라 실용적인 마제, 타제 단검이 대량으로 생산되어 독자적 단검 문화를 형성하고 있었다. 이러한 단검은 북부 규슈지역의 동검이나 철검과 달리 계층 사회의 기호 역할을 부여받지 않고, 오히려 계층 구조의 부각을 억제시키는 서브시스템으로서 기능하였다(寺前直人 2010a). 이와 같은 단검 문화를 가진 사회에서 중세형동검과 그것을 모방한 동검형 석검 I식의 사이와, 이들 각각의 '소유자' 사이에는 어떠한 사회관계가 형성되어 있었을까? 지금 상태에서 그 관련성을 밝히는 것은 어렵다. 왜냐하면 기나이지역에서는 중세형동검이 확인된 바 없으며, 긴키지방으로 그 범위를 넓혀도 유사 사례가 아와지시마나 하리마지역에서 발견될 뿐이기 때문이다. 효고현 아마가사키시 田能遺蹟 출토 거푸집의 존재로부터 기나이지역에서도 중세형동검이 제작되었음은 분명하다. 또한 거푸집의 출토나 각지에서 발견되는 편평뉴식 단계까지의 동탁 출토량을 보는 한, 기나이지역의 사회는 '동검' 정도의 청동기를 충분히 생산할 수 있는 소재 입수력과 주조기술을 보유하고 있었음에 틀림없다. 이러한 사실을 전제로 하면 기나이지역에서 동검 생산이 그다지 이루어지지 않고, 소수 생산된 중세형동검은 재료로서 회수되어 동탁의 주조 등으로 소비되었다는 상정(小林行雄 1959)도 충분히 성립 가능하다.

이상의 양상을 감안하면 기나이지역에서 다수의 동검형 석검이 생산된 사회적 배경을 다음과 같이 생각해볼 수 있을 것 같다. 즉, 단검이라는 利器의 소재를 적극적으로 금속에서 돌로 치환함으로써 금속제 단검이 잠재적으로 가지고 있는 외래성이나 희소성, 그것에 기인한 계층성을 해체하여 재래의 가치질서 속에 단검 '문화'를 동화시킬 목적으로 기나이지역에서 동검형 석검이 제작되었다고 이해된다. 이러한 생각은 동검형 석검의 생산이 神足遺蹟이나 硲遺蹟에서 일체식 마제 단검과 동일한 공간 혹은 '공방'에서 이루어졌다는 사실을 통해서도 보강된다. 또한 일체식 마제 단검이나 타제 단검이 동검형 석검과 동일하게 방형주구묘의 주구에서 출토된다는 점도 '소비' 형태의 공통성으로서 지적할 수 있다.

종래의 한 방향적 발전 모델에서 금속제 이기는 생산 효율의 향상이나 군사적 우월성을 가져온 문화 요소로서 무조건적이고 적극적으로 수입된 '선진' 문화로 생각되었으며, 일본열도에서도 사회 발전의 토대를 이루는 요소로 다루어져 왔다. 그러나 이상의 분석은 이러한 직선적 발전 모델이 반드시 보편적인 것은 아니라는 점을 보여준다. 본고에서는 일본열도 서쪽을 무대로 동검과의 밀접한 관계가 상정되는 동검형 석검의 분석을 통해 금속기 도입기에 재래 사회의 반응이라는 관점으로부터 여러 현상의 정리를 시도해 보았다. 앞으로 일본열도 내외의 전반적인 상황을 고려하면서 해당 시기 사회 변화의 보다 구체적인 양상을 정리해 보고 싶다.

참고문헌 ─────────────────────────────────

岡本健兒, 1983,「高知縣發見の銅劍·銅戈·石劍について」『高知の研究』1, 淸文堂出版.

岡山市教育委員會, 2005,『南方(濟生會)遺跡』木器編.

京都府埋藏文化財センター, 2004,『市田齊當坊遺跡』.

高橋健自, 1917,「銅劍銅鉾考(五)」『考古學雜誌』7-6.

高橋健自, 1925,『銅鉾銅劍の研究』, 聚精堂書店.

吉田廣, 1993,「銅劍生産の展開」『史林』76-6, 史學研究會.

吉田廣, 2007,「銅劍の着柄」『祀-荒神谷銅劍-戰』, 荒神谷博物館.

吉田廣, 2008,「日本列島における武器形靑銅器の鑄造開始年代」『東アジア靑銅器の系譜』, 雄山閣.

島根縣敎育委員會, 1999,『西川津遺跡』VI.

梅原末治, 1922,『鳥取縣下に於ける有史以前の遺跡』鳥取縣史蹟勝地調査報告 1.

福岡市敎育委員會, 1991,『比惠遺跡群』10.

寺前直人, 2001,「彌生時代の武器形木器」『考古學研究』48-1.

寺前直人, 2010a,『武器と彌生社會』, 大阪大學出版會.

寺前直人, 2010b,「もう一つの石戈」『待兼山考古學論集』2, 大阪大學考古學研究室.

小林行雄, 1951,『日本考古學槪說』, 東京創元社.

小林行雄, 1959,『古墳の話』, 岩波書店.

松江市敎育委員會, 2005,『田和山遺跡』田和山遺跡群發掘調査報告 1.

榊原博英, 1999,「島根縣鰐石遺跡出土の大陸系磨製石器類について」『地域に根ざして』, 田中義昭先生退官
　　　記念事業會.

榊原博英, 2005,「浜田市鰐石遺跡出土遺物」『古代文化研究』13, 島根縣古代文化センター.

兒島隆人·藤田等, 1973,「磨製有樋式石劍」『嘉穗地方史』先史編.

岩永省三, 1980,「彌生時代靑銅器型式分類編年再考」『九州考古學』55.

牛津町敎育委員會, 1995,『生立ケ里遺跡出土木製品圖錄篇』.

遠賀町敎育委員會, 2007,『尾崎·天神遺跡V-金丸遺跡II』.

有光敎一, 1959,『朝鮮磨製石劍の研究』京都大學文學部考古學叢書 2.

田畑基, 2002,「南但馬における彌生集落の動向」『みずほ』37, 大和彌生の會.

鳥取縣敎育文化財團, 2002,『靑谷上寺地遺跡』4.

種定淳介, 1990,「銅劍形石劍試論(上)(下)」『考古學研究』36-4·37-1.

種定淳介, 1992,「銅劍形石劍I式の成立とその意義」『究班』, 埋藏文化財研究會.

佐原眞, 1970,「大和川と淀川」『古代の日本』5, 角川書店.

中川和哉, 1996,「銅劍形石劍に關する2, 3の問題點」『京都府埋藏文化財論集』3.

中村友博, 1980,「彌生時代の武器形木製品」『東大阪市遺跡保護調査會年報1979年度』.

出原惠三, 1999,「南四國の石器」『古代吉備』21.

平田洋司, 1994,「森小路遺跡の銅劍形石劍」『葦火』50, 大阪市文化財協會.

豊岡卓之, 1987,「靑銅武器の東邊」『考古學と生活文化』同志社大學考古學シリーズ Ⅲ.

下條信行, 1989,「島根縣西川津遺跡からみた彌生時代の山陰地方と北部九州」『西川津遺跡發掘調査報告書』Ⅴ, 島根縣敎育委員會.

香川縣敎育委員會, 1999,『多肥松林遺跡』.

08
동북아시아의 금속기 수용과 단검형 석검의 출현

쇼다 신야(庄田愼矢)

Ⅰ. 머리말

이 글에서는 유라시아 대륙의 동쪽 동북아시아(중국 동북지역, 러시아 연해주, 한반도 및 일본열도)에 분포한 무기형 석기에 대해 논의하고자 한다(그림 1). 이 지역에서는 금속기 수용 시기인 기원전 2천년기부터 1천년기까지 정교하게 제작된 석검(석제 단검)이나 石矛가 발달하였다. 여기서는 동북아시아 금속기 수용의 성격 파악을 위해 해당 유물에 대하여 검토하고, 이를 통하여 다른 연구와의 비교 자료를 확보하고자 한다.

동북아시아의 무기형 석기에 대해서는 다수의 연구가 축적되어 있다. 이들의 관심은 시대 구분이나 편년, 물품 제작의 전업화 검증 등이 중심이었다. 다음 Ⅱ장에서는 우선 이러한 연구 성과들을 간단히 정리하였다. 이를 바탕으로 Ⅲ장에서 각지의 금속기 수용 과

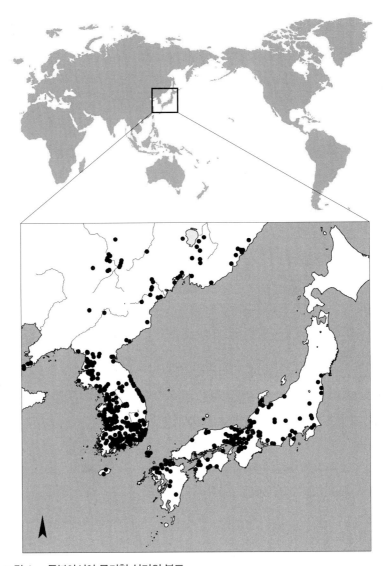

그림 1. 동북아시아 무기형 석기의 분포

정에 초점을 맞추어 대상 유물의 시공간적 위치를 살펴보려 한다. 그리고 마지막 Ⅳ장에서는 무기형 석기가 가장 집중 분포한 한반도의 사례를 중심으로 그 제작과 사용에 대해 다루어 보고자 한다.

II. 동북아시아 무기형 석기 연구사

동북아시아 무기형 석기에 관한 연구는 여러 나라에서 진행되어 왔다. 연구 성과가 일본어, 중국어, 러시아어, 한국어 등 다양한 언어로 발표되었는데, 언어상의 장해로 연구자 간 견해 차이가 크게 나타나고 있다(Shoda et al. 2009). 일본열도와 한반도 무기형 석기에 대한 초기 연구(高橋健自 1923, 梅原末治 1924) 이후 1950년대부터 러시아(Окладников 1956)와 일본(有光敎一 1959)의 연구자들이 중국이나 중앙아시아, 시베리아 등 문화 선진 지역에서의 영향으로 재지 사회에 어떠한 변화가 일어났는지의 관점으로부터 연해주나 한반도의 정교한 마제석검·석모 등을 검토하였다. 이들은 공통적으로 무기형 석기가 선진 지역에 존재했던 무기형 청동기를 모방한 것이라 판단하였다. 그리고 인접 지역 청동기의 존재를 근거로 이러한 무기형 석기의 출현을 '청동기시대'로 대표되는 새로운 시대의 획기로 인정하였다.

러시아에서는 오클라드니코프(Окладников)의 후계자들(Андреева и др. 1986, Дьяков 1989, Конькова 1989)이 그의 논의를 발전시켰는데, 요점은 ① 시베리아 청동기와 연해주 무기형 석기와의 관련성, ② 세이마-투르비노, 카라숙, 타가르 등 시베리아 청동기 문화의 단계 변천과 연해주 무기형 석기 제작과의 대응 관계, ③ 러시아, 한반도, 일본열도 무기형 석기 사이의 상호 관련성을 주장하는 것이었다. 한국에서는 이에 동조하는 연구도 보이지만(강인욱 2007), ①과 ②에 대해서는 중국이나 한반도 유물과의 비교를 근거로 한 비판이 주로 일본에서 이루어졌다(臼杵勳 1989, 平井尙志 1961). 최근 이러한 비판은 방사성탄소연대의 축적에 힘입어 더욱 강화되고 있다(Shoda et al. 2009, ヤンシナ 2012).

일본에서는 有光敎一의 연구를 계승하여 한반도(甲元眞之 1973)와 연해주(臼杵勳 1989) 마제석검의 편년이 이루어졌지만, 여전히 有光敎一과 동일하게 세형동검을 마제석검의 조형으로 상정하였다. 그러나 파주 옥석리 지석묘의 발굴조사에서 세형동검보다 석검의 선행이 층위와 방사성탄소연대를 근거로 제시되었다(金載元·尹武炳 1967). 따라서 세형동검은 마제석검의 조형이 될 수 없다는 점이 분명해졌다. 해당 보고서가 60년대에 간행되었음에도 불구하고 有光敎一의 가설은 형식학적인 설득력을 가지고 있었기 때문에, 일본에서는 전면적인 변경이 이루어지지 않았다. 또한 일본 고고학에서 통설화된 '경사 편년'을 전제로 한 동북아시아 기원전 1천년기 '단기 편년'(大貫靜夫 2005)의 틀이 여전히 有光教一의 가설을 성립할 수 있게 하였다.

1970년대 이후의 일본 그리고 90년대 이후의 한국에서는 국토 개발에 수반된 사전 발굴조사의 폭발적인 증가가 있었다(Shoda 2008, Tsuboi 1986). 그리고 이러한 상황 때문에 寺前直人(2010)이 지적하였다시피 많은 고고학 연구자들은 이전보다 한정된 좁은 지역의 특정 소재의 유물(토기, 석기, 금속기, 골각기, 목기 등)을 통한 형식학적·편년적 연구에 집중하게 되었다. 이와 같은 배경 속에서 무기형 석기의 다양성과 기능이 주요 연구 대상이 되었는데(李榮文 1997, 橋口達也 1986, 禰宜田佳男 1986, 種定淳介 1990), 동북아시아 각 지역 간 교류라는 관점(下條信行 1977)이나 금속기 수용과 관련된 사회적 의의 해석(金元龍 1971), 혹은 생산 체제나 전문화에 대한 논의(中村友博 1987)도 이루어졌다.

2000년대에는 좀 더 넓은 지역의 통합적 연구로 관심이 이행되면서 많은 자료가 집성되었으며, 그 편년적 위치에 대한 연구가 진행되었다. 한국의 손준호(2006), 일본의 寺前直人(2010), 러시아의 얀시나(ヤンシナ 2012)와 함께, 한반도와 연해주의 석제 나이프를 비교한 배진성(2007)의 연구 등이 있다. 특히 주목할 만한 연구는 近藤喬一(2000)이

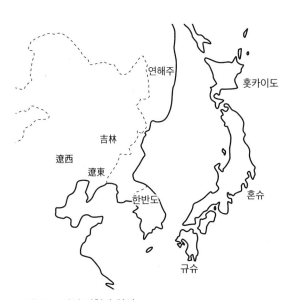

그림 2. 지역 명칭과 위치

夏家店 상층 문화의 비파형동검과 한반도 남부 마제석검의 관련성에 대해 언급한 것이다. 양자 간의 거리는 1,000km 이상이지만, 뒤에서 언급할 '장기 편년'의 입장에서는 이들이 거의 동시기에 해당하기 때문에 이 견해가 널리 받아들여지고 있는 것 같다. 近藤喬一은 한반도의 마제석검이 늦어도 기원전 9세기 말에는 출현한다고 보았다. 한편, 필자도 러시아, 중국 그리고 한반도의 사례에 대한 비교

를 통하여 시베리아 청동기의 단계적 모방설을 비판한 바 있다(Shoda et al. 2009).

또한 2000년대에는 동북아시아에서 기원전 2천년기부터 1천년기까지의 편년에 극적인 변경이 이루어졌다. 즉, 단기 편년에서 장기 편년으로의 이행이다. 이 이행은 새로운 AMS^{14}C연대의 축적과 여기서 촉발된 동북아시아 금속 유물에 대한 재검토를 기초로 한 것이다(Shoda 2010). 따라서 동북아시아에서 청동기 수용 연대가 재검토되었으며, 이에 의하면 석검은 비파형동검과 동일한 단계에 속하게 된다. 결국 한국에서는 이미 60년대에 지적된 내용이지만, 후행한 세형동검의 석검 조형설은 성립할 수 없음이 일본 학계에서도 분명해졌다. 이 새로운 장기 편년은 한반도(朴淳發 1993, 庄田愼矢 2005)와 연해주(Яншина 2004, ヤンシナ 2012)에서 현재 받아들여지고 있는 석검 편년과도 비교적 잘 부합한다.

Ⅲ. 편년과 분포

여기서는 앞장에서 정리한 연구사에 기초하여 동북아시아 무기형 석기의 편년을 제시해 보겠다. 그림 1에서 관찰되는 바와 같이, 무기형 석기는 청동기가 밀집한 遼西地域과 가장 외곽의 일본 도호쿠 및 홋카이도를 제외한 동북아시아의 넓은 지역에 분포한다. 특

표 1.　동북아시아의 금속기 수용과 무기형 석기 확산 과정의 편년(▨ 청동기 / ▨ 철기)

단계	연대	遼西	遼東·吉林 한반도 북부	연해주	한반도 중부	한반도 남부 규슈	혼슈 서부
I	기원전 2천년기 전~중엽	석월	석모				
II	기원전 2천년기 후엽		석모	석모?	마제석검	마제석검?	
III	기원전 1천년기 전엽		석모 마제석검	석모 마제석검	마제석검	마제석검	
IV	기원전 1천년기 중엽		석모 마제석검	석모 마제석검	마제석검	마제석검 석과	마제석검 타제석검
V	기원전 1천년기 후엽		마제석검?			마제석검 석과	마제석검 타제석검

히 뚜렷한 분포의 집중이 한반도 남부에서 관찰되며, 북부 규슈 및 긴키에도 어느 정도 집중되는 양상이다. 물론 한반도 북부의 자료가 적다는 사실이 실제 경향을 반영한다는 보증은 없다. 장기 편년에 의하면 동북아시아 각지에서 청동과 철의 수용 과정은 표 1과 같이 정리된다(Shoda and Frieman forthcoming). 요점만 말하면, 무기형 석기는 각 지역에서 금속기 출현의 직전, 즉 인접 지역에서 금속기가 수용된 시기에 출현한다는 분명한 패턴을 지적할 수 있다. 또한 무기형 석기의 소멸은 기원전 1천년기 후반 청동기의 재지 제작 개시 및 그 이후의 급격한 철기 보급과 대략적으로 대응한다.

　무기형 석기의 형태는 지역에 따라 큰 차이를 보인다. 중국 중원지역의 영향을 보여주는 석제 '鉞'이 遼西地域에서 발견되는 반면, 일본열도에 분포한 석과는 종종 야요이 토기의 선각화로도 표현된다(深澤芳樹 1998). 이러한 현상은 각지에서 무기의 출현에 재지적 전통이 반영되고 있음을 나타낸다. 또한 어떤 지역에서는 충실한 무기형 청동기의 모방이 관찰되는 반면, 다른 지역에서는 무기형 청동기와 전혀 다른 형태의 무기형 석기가 제작되기도 한다. 아래에서는 이러한 다양성을 표 1에 나타난 5단계 구분에 따라 설명하고자 한다(그림 3~6).

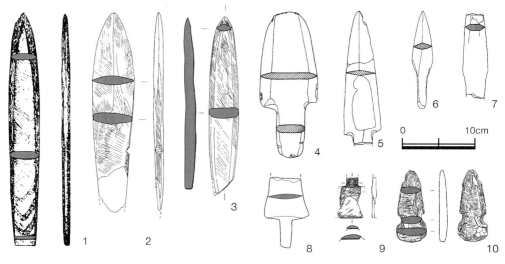

그림 3. Ⅰ기와 Ⅱ기의 무기형 석기
(1. 高臺山, 2·3. 小營子, 4·5. 大嘴子, 6·7. 雙砣子, 8. 구룡강, 9. 외삼포리, 10. 주천리)

I기(기원전 2천년기 전~중엽)에는 석월과 석모가 확인되는데, 분포는 遼西 및 遼東에 한정되어 있으며 사례도 많지 않다. 석월은 夏家店 하층 문화에 해당되는데, 청동기 모방품으로 인정되고 있다(郭大順·張星德 2005: 299). 遼東의 高臺山에서도 마제석모가 발견된다(그림 3-1, 瀋陽市文物管理辨公室 1986: 24).

II기(기원전 2천년기 후엽)에 연해주나 한반도 남부에서 무기형 석기의 존재 여부는 아직 확실한 결론에 이르지 못하고 있다. 하지만 적어도 遼東, 吉林, 한반도 북부 및 중부에서는 분명하게 출현하였음을 雙砣子(그림 3-6·7, 中國社會科學院考古研究所 1996), 大嘴子(그림 3-4·5, 大連市文物考古研究所 2000), 小營子(그림 3-2·3, 藤田亮策 1941, 강인욱 외 2009), 구룡강(그림 3-8, 석광준·김재용 2003), 외삼포리(그림 3-9, 江原文化財研究院 2008), 주천리(그림 3-10, 예맥문화재연구원 2010) 등의 자료를 통해 확인할 수 있다. 그러나 제작은 소규모로만 이루어지고 있다.

III기(기원전 1천년기 전엽)에는 그 이전보다 훨씬 많은 자료가 확인되며, 동북아시아 대부분 지역으로 분포가 확대된다. 정교한 자루를 가진

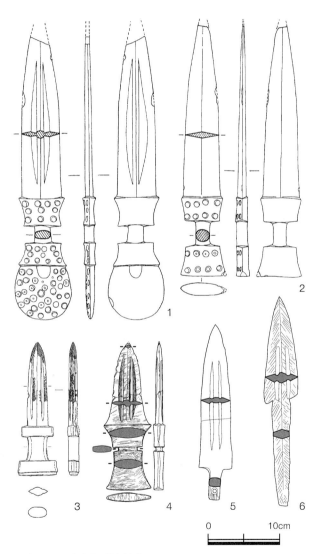

그림 4. III기의 무기형 석기
(1·2. 평성리, 3. 가현동, 4. 주교리, 5. 남경, 6. 표대)

석검이 평성리(그림 4-1·2, 沈奉謹 1984)를 비롯한 한반도 동남부 유적에서 발견되는데, 이 단계에 이 지역에는 무기형 청동기가 출현하지 않는다. Ⅲ기의 석검은 가현동(그림 4-3, 江原文化財研究院 2011)이나 주교리(그림 4-4, 李弘鍾·孫晙鎬 2004) 출토품

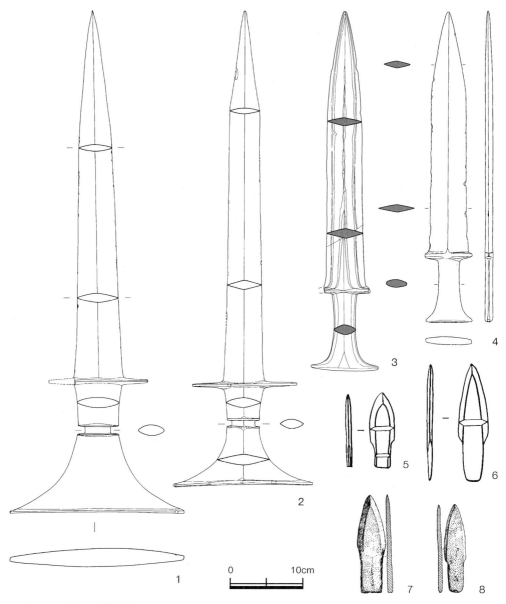

그림 5. Ⅳ기의 무기형 석기
(1. 진라리, 2. 평촌리, 3. 마전리, 4. 雜餉隈, 5·6. 스라반카1, 7·8. 新光)

과 같은 이단병식 석검이다. 석모는 표대(그림 4-6, 김종혁 2003)나 남경(그림 4-5, 김용간·석광준 1984) 등 한반도 북부에서 확인된다. 이미 大貫靜夫(1998: 165)가 지적한 바와 같이 석검은 동북아시아 남부, 석모는 북부에 주로 분포하는 경향이 관찰되는데, 석모가 수렵구와 구분하기 어려운 점을 감안하면 남과 북의 생업 형태 차이를 반영하는 것으로 생각된다. 이러한 경향은 V기까지 계속되기 때문에 연해주에서는 석검과 석모가 시기를 달리하여 출현한 것이 아니라 동시에 공존하였다고 본다(Яншина 2004).

IV기(기원전 1천년기 중엽)의 특징으로는 유절식을 포함한 일단병식 석검에서 관찰되는 광역적 유사성을 들 수 있다. 이 형식의 석검은 규슈에서 연해주까지 넓게 분포한다. 예를 들어 일본의 雜餉隈遺蹟 출토 석검(그림 5-4, 福岡市敎育委員會 2005)과 한국의 마전리 출토 석검(그림 5-3, 李弘鍾 外 2004)은 상당히 유사하다. 또한 석모에 대해서도 중국 新光遺蹟 출토 석모(그림 5-7·8, 吉林汪延公路考古隊 1992)와 연해주 스라뱐카1 유적 출토 석모(그림 5-5·6, Андреева и др. 1986: 64)가 유사하다. 또한 진라리 유적에서 출토된 과장된 유절식 대형 석검(그림 5-1, 嶺南文化財硏究院 2005)은 평촌리 유적 출토품(그림 5-2, 경상북도문화재연구원 2010)이나 기타 한반도 남부 출토 석검과 유사한 편이다.

V기(기원전 1천년기 후엽)가 되면 이전 단계보다 훨씬 많은 충실한 청동기 모방품이 일본열도에서 보이기 시작한다. 大鳥羽(그림 6-1, 上中町敎育委員會 1975)나 瓜生堂(그림 6-2, 大阪文化財センター 1980) 출토 석검이 전형적인 사례이다. 또한 일본열도 내에서의 지역성도 뚜렷하다. 규슈에서는 金丸(그림 6-8, 遠賀町敎育委員會 2007) 출토품으로 대표되는 석과가 제작되는데, 이러한 석과는 동북아시아의 다른 지역에서는 관찰되지 않는다. 이는 청동과가 동북아시아에 광범위하게 분포하는 것과 대조적이다. 한편, 혼슈, 특히 긴키지방에서는 규슈나 한반도와 달리 타제석검이 다수 제작된다. 唐古·鍵遺蹟(그림 6-3, 田原本町敎育委員會 1983)이나 玉津田中遺蹟(그림 6-4, 兵庫縣敎育委員會 1996)에서 전형적인 사례를 볼 수 있다.

이밖에 나무나 뼈 등 돌 이외의 소재로 제작된 단검도 일본 및 한반도에서 발견되고 있다. 신창동(그림 6-7, 趙現鐘 外 1997)이나 南方(그림 6-5, 岡山市敎育委員會 2005)에서 출토된 목검, 靑谷上寺地에서 출토된 골검(그림 6-6, 鳥取縣敎育文化財團 2002) 등이 전형적인 사례이다. 이 시기에는 동북아시아 대부분 지역에서 무기형 석기가 제작되

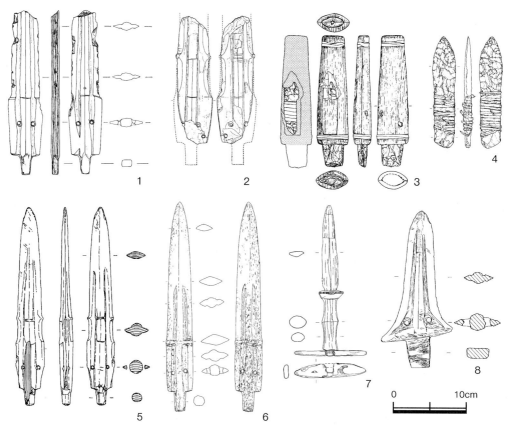

그림 6. V기의 무기형 석기(1~4·8), 목기(5·7), 골기(6)
(1. 大鳥羽, 2. 瓜生堂, 3. 唐古·鍵, 4. 玉津田中, 5. 南方, 6. 青谷上寺地, 7. 신창동, 8. 金丸)

지 않게 된다. 이는 청동기 제작이나 철기의 급속한 수용 시기와 대응한다. 하지만 동일
본 등 주변 지역에서는 타제 및 마제의 무기형 석기가 계속하여 제작되고 있다. 연해주에
서 이 시기까지 내려오는 자료의 존재 여부에 대해서는 의견이 나눠지고 있는 상황이다.

Ⅳ. 한반도 석검의 제작과 사용

앞장에서 동북아시아 무기형 석기의 편년을 제시하였는데, 이 장에서는 출토 사례가

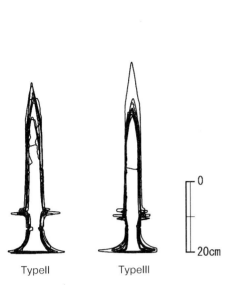

그림 7. 외형 비교에 의한 석검 규격의 통일성
(張龍俊 · 平郡達哉 2009)

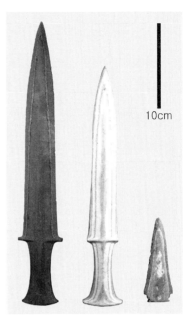

사진 1. 특징적인 줄무늬 석검
(마전리유적 출토)

가장 집중된 한반도 남부의 자료를 대상으로 석검 제작과 사용에 대해 논의하고자 한다. 주변 지역과 마찬가지로 한반도에서도 신석기시대의 마제석부나 석촉의 사례는 알려져 있지만, 단검이라는 형태는 청동기시대가 되어 처음으로 나타난다. 따라서 이 석검들의 제작과 사용 실태를 살펴보는 것은 각 지역에서 금속기의 수용 과정을 이해하기 위해 매우 중요하다.

석검에 사용된 석재와 그 원산지에 대해서는 황창한(2011)의 혼펠스를 대상으로 한 선구적인 연구가 있다. 또한 한반도 남부에서는 단검 모양을 강조한 것 같은 특징적인 줄무늬를 가진 석재도 사용되었다(사진 1).[1] 나아가 현미경 관찰을 통해서 응회암, 점판암, 이암의 사용이 지적되었다(국립대구박물관 2005: 261). 이와 같은 석재의 다양성과는

---

1 이와 같은 석검의 줄무늬에 대하여 혼펠스가 풍화되면서 퇴적암의 성질이 나타난 것으로 파악하여 비의도적인 현상으로 보는 견해도 있다(황창한 2011: 28).

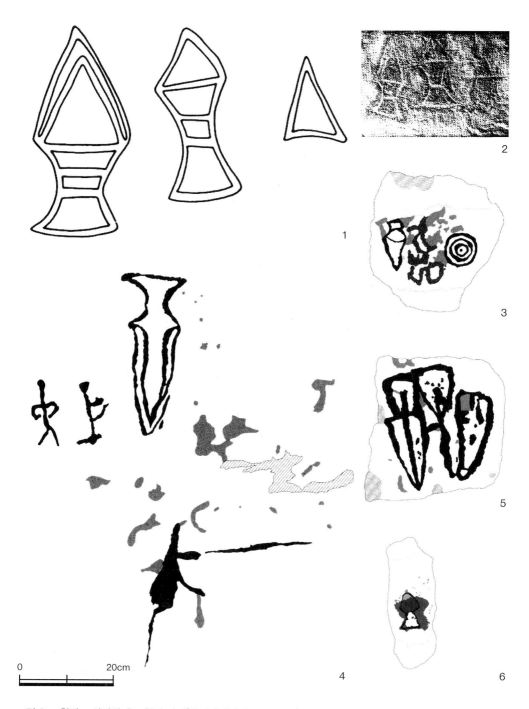

그림 8.　한반도 암각화에 표현된 단검(울산암각화박물관 2011)
　　　　　(1·2. 인비동, 3. 신안, 4. 오림동, 5. 살내, 6. 마쌍리)

대조적으로, 특정한 석검 형식에서 매우 뚜렷한 규격의 통일성이 관찰된다. 이는 일정한 지역권 안에서 석검 분포와 제작에 관한 정보가 공유되었음을 시사한다(그림 7, 張龍俊·平郡達哉 2009). 한편, 석검을 둘러싼 이러한 양상은 각 하천 유역 내 관옥 제작의 규격성이나 이를 사용한 장송 의례가 공유된 상황(庄田愼矢 2006)과도 부합한다.

다음으로 석검 사용에 대해서 논의해 보고자 한다. 고민정과 베일(2008:97)의 남강 유역 청동기시대 후기 무덤 집계에 의하면, 조사된 무덤 352기 가운데 석검이 부장된 것은 16기(5%)에 불과하다. 석검이 이 시대의 대표적인 부장품임을 감안하면 기타 장식품이나 석촉, 그리고 토기 등과 함께 석검의 보유는 당시 사회에서 극히 제한된 것이었음이 틀림없다. 실제로 청동기시대의 무덤 대다수는 부장품이 확인되지 않는다.

이뿐만 아니라 단검은 암각화에도 나타난다(그림 8). 이는 단검이 지역 사회의 의례 행위에서 중요한 역할을 담당했음을 시사한다. 또, 단검 암각화가 묘역에서 발굴된 경우도 있다. 밀양 살례(慶南發展硏究院 歷史文化센터 2005), 신안(慶南發展硏究院 歷史文化센터 2007), 사천 본촌리(趙榮濟 外 2011), 인비동(이건무 外 1985) 등 한반도 동남부의 사례가 많다. 위에서 언급하였다시피 이 시대의 대표적인 부장품이었다는 점과 함께 단검이 장송 의례와 깊은 관련성을 가지고 있었음을 보여준다. 특히 오림동 지석묘의 암각화(그림 8-4, 李榮文·鄭基鎭 1992)는 동검이라기보다 석검의 형태에 가깝다.

토양의 화학적 성질 때문에 한반도에서 인골이 출토되는 경우는 드물다. 그런데 평촌리(경상북도문화재연구원 2010)에서는 예외

사진 2. 평촌리유적 인골 공반 석검의 출토 상황
(경상북도문화재연구원 2010)

적으로 양호한 상태의 인골이 확인되어, 석검의 부장과 성별의 관계, 석검 착장 방식 등에 대해 검토할 수 있다. 우선 평촌리유적의 분묘군 내에서 10건의 석검 사례 가운데 피장자의 성별을 알 수 있는 것은 모두 남성묘이다(7건). 나머지 3기의 석검 부장묘에 대해서는 피장자의 성별을 알 수 없다. 또한 황석리 13호 지석묘(金載元·尹武炳 1967)에서도 남성 인골과 함께 석검이 출토되었다. 단검이라는 무기의 개념(이를 투쟁의 개념이라 할 수도 있지만)이 석검에 담겨져 있었으며, 이것이 남성과 결합되었을 가능성이 높다.[2]

더욱 흥미로운 것은 평촌리에서 석검이 출토된 석관묘의 경우 예외 없이 시신과 석검의 위치 관계에 동일한 패턴이 확인된다는 점이다. 즉, 석검은 시신 오른쪽 다리 밑에 봉부를 아래로 향하게 하여 놓여 있었다(사진 2). 우연히 동일한 위치에 놓였을 수도 있지만, 허리에 착장했을 가능성도 상정된다. 이러한 출토 상황은 중국 동북부의 朝陽 十二臺營子(朱貴 1960)에서 확인된 청동단검의 부장 양상과 공통된다. 이 무덤에서는 남성 및 여성 인골이 한 개체씩 검출되었는데, 전자는 동검, 후자는 장식품이 함께 부장되어 있다. 遼西에서부터 물질로서의 단검이 한반도 남부까지 전해졌을 때, 그 사용과 관련된 개념도 함께 전래된 것이라 생각한다.

V. 맺음말

이 글에서는 동북아시아의 무기형 석기에 대한 연구 성과를 정리한 다음, 해당 지역의 자료를 기원전 2천년기부터 1천년기까지 다섯 단계로 편년하고 지역차와 시기차를 살펴보았다. 또한 한반도 자료를 분석하여 무기형 석기의 제작과 사용 실태에 대해 검토하였다. 그 결과 단검이 남성과 깊게 관련된다는 점, 하반신의 우측에 착장하는 사용법을 중국 동북지역과 공유할 가능성 등을 밝힐 수 있었다.

지금까지 대부분의 연구는 비교적 한정된 지역 내에서 석검이나 석모의 형태 변화 및

2　단, 사천 본촌리 2호 석관묘에서는 30대 여성 인골과 함께 석검이 부장되어, 모든 석검 부장묘를 남성묘로 볼 수는 없다.

편년을 다루어 왔다. 그 자체로 충분히 평가받을 만하지만, 한편으로 동북아시아라는 넓은 지역에서 무기의 개념이 어떻게 확산되었는가에 대한 커다란 흐름을 파악하려는 시도는 많지 않았다. 이 글은 이러한 문제의식 속에서 동북아시아 지역의 고고학 자료를 새롭게 위치시키려는 시도의 시작이라 할 수 있다.

무기형 석기의 제작에 대해서는 이 글에서 한반도 사례를 중심으로 다루었지만, 그 특징은 지역에 따라 많은 차이가 있었을 것으로 추정된다. 앞으로 동북아시아 각 지역 내에서의 비교뿐만 아니라 지구상의 다른 지역(예를 들어 비교 대상으로 매우 흥미로운 자료가 북서유럽에 존재한다)과의 비교가 요구되며, 이러한 비교 연구를 금속기 수용과 사회 변화라는 인류사적 관점에서 진행시킬 필요가 있다.

江原文化財研究院, 2008, 『洪川 外三浦里遺蹟』.

江原文化財研究院, 2011, 『原州 加峴洞遺蹟』.

강인욱, 2007, 「청동기시대 연해주 두만강유역과 한국의 문화교류」 『환동해지역 선사시대 사회집단의 형성과 문화교류』 제35회 한국상고사학회 학술발표회.

강인욱·이준정·양시은·조가영·김재윤·김은영·이정은, 2009, 『박물관 소장 두만강 유역 선사시대 유물 연구』, 서울대학교박물관.

慶南發展研究院 歷史文化센터, 2005, 『密陽 살내遺蹟』.

慶南發展研究院 歷史文化센터, 2007, 『密陽 新安 先史遺蹟』.

경상북도문화재연구원, 2010, 『달성 평촌리·예현리유적』.

고민정·Bale, Martin T., 2008, 「청동기시대 후기 수공업 생산과 사회 분화」 『韓國靑銅器學報』 2.

국립대구박물관, 2005, 『머나먼 진화의 여정 사람과 돌』 특별전 도록.

김용간·석광준, 1984, 『남경유적에 관한 연구』, 과학·백과사전출판사.

金元龍, 1971, 「韓國 磨製石劍 起源에 關한 一考察」 『白山學報』 10.

金載元·尹武炳, 1967, 『韓國 支石墓 研究』, 國立博物館.

김종혁, 2003, 「표대유적 제1지점 팽이그릇 집자리 발굴보고」 『마산리, 반궁리, 표대 유적발굴보고』, 백산자료원.

朴淳發, 1993, 「한강유역의 청동기·초기 철기문화」 『한강유역사』, 민음사.

裵眞晟, 2007, 「東北型石刀에 대한 小考」 『嶺南考古學』 40.

석광준·김재용, 2003, 「구룡강 유적발굴보고」 『강안리, 고연리, 구룡강 유적발굴보고』, 백산자료원.

孫晙鎬, 2006, 『靑銅器時代 磨製石器 研究』, 서경.

沈奉謹, 1984, 「密陽 南田里와 義昌 平城里遺蹟 出土遺物」, 『尹武炳博士回甲紀念論叢』.

嶺南文化財研究院, 2005, 『淸道 陳羅里遺蹟』.

예맥문화재연구원, 2010, 『寧越 酒泉里遺蹟』.

울산암각화박물관, 2011, 『한국의 암각화』 부산·경남·전라·제주編.

이건무·최종규·박방룡·김상면, 1985, 「월성군·영일군 지표조사보고」 『국립박물관 고적조사보고』 17, 국립중앙박물관.

李榮文, 1997, 「全南地方 出土 磨製石劍에 관한 研究」 『韓國上古史學報』 24.

李榮文·鄭基鎭, 1992, 『麗水 五林洞 支石墓』, 全南大學校博物館.

李弘鍾·朴性姬·李僖珍, 2004, 『麻田里遺蹟』, 高麗大學校埋藏文化財研究所.

李弘鍾·孫晙鎬, 2004, 『舟橋里遺蹟』, 高麗大學校埋藏文化財研究所.

張龍俊·平郡達哉, 2009, 「有節柄式 石劍으로 본 無文土器時代 埋葬儀禮의 共有」 『한국고고학보』 72.

趙榮濟·宋永鎭·鄭智善, 2011,『泗川 本村里遺蹟』, 慶尙大學校博物館.

趙現鐘·申相孝·張齊根, 1997,『光州 新昌洞 低濕地 遺蹟』I, 國立光州博物館.

황창한, 2011,「청동기시대 혼펠스제 마제석검의 산지추정」『考古廣場』9.

甲元眞之, 1973,「東北アジアの磨製石劍」『古代文化』25-4.

岡山市教育委員會, 2005,『南方(濟生會)遺跡 木器編』.

高橋健自, 1923,「銅鉾銅劍考(十一)」『考古學雜誌』13-6.

郭大順·張星德, 2005,『東北文化與幽燕文明』, 江蘇教育出版社.

橋口達也, 1986,「犧牲者」『彌生文化の研究』9, 雄山閣.

臼杵勳, 1989,「沿海州靑銅器時代遺跡の再考」『筑波大學先史學·考古學研究』1.

近藤喬一, 2000,「東アジアの銅劍文化と向津具の銅劍」『山口縣史資料編考古』1.

吉林汪延公路考古隊, 1992,「吉林省延吉市新光遺址發掘簡報」『考古』1992-7.

禰宜田佳男, 1986,「打製短劍·石槍·石戈」『彌生文化の研究』9, 雄山閣.

大貫靜夫, 1998,『東北アジアの考古學』, 同成社.

大貫靜夫, 2005,「最近の彌生時代年代論について」『Anthropological Science(J-Ser.)』113.

大連市文物考古研究所, 2000,『大嘴子』, 大連出版社.

大阪文化財センター, 1980,『瓜生堂』.

梅原末治, 1924,「銅劍銅鉾について(6)」『史林』9-2.

藤田亮策, 1941,『延吉小營子遺跡調査報告』, 滿洲國文敎部.

兵庫縣教育委員會, 1996,『玉津田中遺跡』5.

福岡市教育委員會, 2005,『雜餉隈遺跡』5.

寺前直人, 2010,『武器と彌生社會』, 大阪大學出版會.

瀋陽市文物管理辨公室, 1986,「新民東高臺山第二次發掘」『遼海文物學刊』1986-1.

深澤芳樹, 1998,「戈をもつ人」『みずほ』24.

遠賀町教育委員會, 2007,『尾崎·天神遺跡Ⅴ·金丸遺跡Ⅱ』.

有光敎一, 1959,『朝鮮磨製石劍の研究』京都大學文學部考古學叢書 第2冊.

庄田愼矢, 2005,「湖西地域 出土 琵琶形銅劍과 彌生時代 開始年代」『湖西考古學』12.

庄田愼矢, 2006,「管玉의 製作과 規格에 대한 小考」『湖西考古學』14.

田原本町教育委員會, 1983,『唐古·鍵遺跡第13·14·15次發掘調査槪報』.

鳥取縣教育文化財團, 2002,『靑谷上寺地遺跡』4.

種定淳介, 1990,「北陸の磨製石劍」『福井考古學會會誌』8.

朱貴, 1960,「遼寧朝陽十二臺營子靑銅短劍墓」『考古學報』1960-1.

中國社會科學院考古研究所, 1996, 『雙砣子與崗上』, 科學出版社.

中村友博, 1987, 「武器形祭器」『彌生文化の研究』8, 雄山閣.

平井尙志, 1961, 「沿海州出土の磨製石劍について」『朝鮮學報』18.

下條信行, 1977, 「九州における大陸系磨製石器の生成と展開」『史淵』114.

ヤンシナ, O., 2012, 「ロシア沿海地方の武器形石器: 有脊刃器」『古代文化』64-2.

Андреева, Ж. В., Жущиховская, И. С., Кононенко, Н. А. 1986. *Янковская культура*, Москва: Наука.

Дьяков, В. И. 1989. *Приморье в эпоху бронзы*, Владивосток: Изд-во Дальневост.

Конькова, Л. В. 1989. *Бронзолитейное производство на юге Дальнего Востока ССCР. Рубеж II–I тыс. до н.э.–XIII в. н.э.*, Ленинград: Наука.

Окладников, А. П. 1956. Приморье в I тысячелетии до н.э. (по материалам поселений с раковинными кучами). *Советская Археология*. Т.26: 54–96.

Яншина, О. В. 2004. *Проблема бронзового века в Приморье*, Санкт-Петербург: МАЭ РАН.

Shoda, S. 2008. A Brief Introduction to Rescue Archaeology in South Korea. *Early Korea* 1: 201–212.

Shoda, S. 2010. Radiocarbon and Archaeology in Japan and Korea: What has changed because of the Yayoi dating controversy? *Radiocarbon* 52(2-3): 421–427.

Shoda, S. and Frieman, C. forthcoming. Just a coincidence? The Similar but Contrasting History of Bronze Adoption in Northeast Asia and Northwest Europe. *Making Metals and Moulding Society: a Global Perspective on the Emergence of Bronze Age Social Complexity*, (eds. Rehren, T. et al.). Oxford: Oxbow Books.

Shoda, S., Yanshina, O., Son, J. H. and Teramae, N. 2009. New Interpretation of the Stone Replicas in the Maritime Province, Russia. *The Review of Korean Studies* 12(2): 187–210.

Tsuboi, K. 1986. Problems concerning the Preservation of Archaeological sites in Japan. *Windows on the Japanese Past: Studies in Archaeology and Prehistory*, (eds. Pearson, R. J., Barnes, G. and Hutterer, K.). Ann Arbor: Center for Japanese Studies, The University of Michigan. 481–490.

서유럽과 스칸디나비아 플린트 단검의
발달 및 중요성
-혁신 · 금속기 수용 · 신비한 형태의 창조-

캐서린 프리먼(Catherine J. Frieman)
번역 : 쇼다 신야(庄田愼矢)

Ⅰ. 머리말

단검은 삼각형에 가깝고 양인이며 자루가 있다는 전형적인 속성에 의해 다른 유물과 쉽게 구별된다. 절단이나 찌르기에 이상적인 도구로 보통 길이 30cm 이하에 손으로 잡을 수 있게 만들어지며, 자루보다 2배 이상 긴 날을 가진다. 그러나 단순히 형태가 유사하다고 하여 선사시대의 다양한 단검형 도구들이 모두 같은 기능을 가졌는지, 혹은 동일한 도구로 소유되었는지는 알 수 없다. 다수의 형식학적 분석을 통해 확인되듯이, 여러 가지 재질로 제작된 선사시대의 단검은 매우 다양한 형태를 보인다. 이 다양성은 사용이나 재

이용 그리고 매몰 전 혹은 매몰 중에 발생한 파손에 의한 것도 일부 존재하지만, 한편으로는 기계화 이전 선사시대 물품 제작 공정의 성격을 나타내며 이러한 공정은 독특하고 특별한 입장에 있던 장인 개인에 의해 이루어진다. 이와 같은 단검 제작 공정이나 장인의 기술, 그리고 그들의 사회적 신분 등을 살펴보는 것은 완성된 플린트 단검이 널리 확산되고 다양한 용도로 사용되는 이유를 이해하는 데에 매우 중요하다.

북유럽과 서유럽은 단검의 제작과 사용에 대한 양상이 지역이나 시대에 따라 다른데, 이러한 차이뿐만 아니라 몇 가지 공통점도 확인된다. 첫째, 가장 넓게 분포한 단검은 특별하게 획득(채굴)된 플린트로 제작된다. 둘째, 가장 이른 형식의 단검은 모두 제작 공정에 있어서 일정 수준의 전문화가 이루어진다. 셋째, 제작지에서 멀리 이동된 단검은 서로 다른 시기·장소·방법으로 매장된다. 넷째, 비록 단검이 여러 지역에서 다르게 이해되었다 하더라도 재지의 플린트로 제작된 외래 단검 모방품이 존재한다. 이는 단검이라는 형태의 중요성이 유지되어 그 기능이나 의미가 유연한 소위 '단검 개념'이라는 정신적 틀의 기초가 마련되어 있었음을 나타낸다. 이 글에서는 북유럽 및 서유럽에서 플린트 단검의 발전과정에 대해 검토하면서 야금술의 확산 및 금속기 보급과의 관계를 다루어보도록 하겠다. 특히 남부 스칸디나비아에서 기원전 2천년기 전반에 나타나는 소위 '魚尾形' 단검에 주목하고자 한다.

Ⅱ. 선사시대 유럽의 플린트 단검

유라시아에서 가장 이른 플린트 단검은 아나톨리아의 선토기 신석기 및 토기 신석기시대 유적에서 다수 발견되었다. 이 양인석기는 다기능 도구였을 것으로 생각되는데, 몇몇 사례는 매납이나 의례 관련 맥락에서 출토되었다(Zimmermann 2007: 17~18). 또한 품질이 좋은 비재지산 플린트로 제작된 8점의 양면가공 단검이 터키의 차탈휘위크(Çatal Höyük)유적(6000B.C. 전후)에서 확인되었다. 이 유적에서는 단검 완성품이 무덤을 포함한 의례적인 맥락에서 출토되었으며, 양면가공 잔재(제작 마지막 공정에서 생긴 박편군)가 '사원'으로 명명된 지구에서 발견되었다(Conolly 1999: 41~42·110,

Zimmermann 2007: 18~20). 양면가공된 플린트 단검은 기원전 4천년기 이집트에서
도 관찰되는데, 이는 최고급의 은·구리 등 금속제 단검과 동일 시기에 해당하며 도살 의
례에 사용된 것으로 상정되고 있다(Ikram 1995, Zimmermann 2007: 21~23).

　서유럽에서 가장 이른 플린트 단검은 북부 이탈리아에서 기원하였으며, 유기질의 자
루에 양면가공 플린트 돌날이 착장된 것이다. 이 단검은 벨 비커(Bell Beaker) 문화 무
덤의 수용에 앞서 제작되었는데, 그 연대는 대략 기원전 4천년기의 중엽 혹은 후엽이다
(Mottes 2001). 이들은 먼저 남부 알프스에 있는 플린트 원산지에서 제작되기 시작하였
다. 단검 제작 공정에 정확히 부합하는 플린트 채굴 유적이 베로나(Verona)의 몬테 레
시니(Monte Lessini)에서 확인되었다(Barfield 1995, 2001). 어느 정도는 전문화된
제작으로 생각되며, 몬테 레시니 플린트 채굴 유적 근처에 있는 작은 바위 그늘이 플린트
단검 소재의 전문 제작 공방으로 해석되었다(Mottes 2001: 524). 이 지역에서 제작된
단검은 북부 이탈리아뿐만 아니라 독일 남부의 알프스와 오스트리아, 스위스에서도 확인
된 바 있다(Honegger 2002, Honegger and de Montmollin 2010, Mottes 2001).

　이 가운데 가장 유명한 것은 외츠탈 알프스(The Ötztal Alps)에서 발견된 자루가 있
는 길이 6cm의 단검이다(Spindler 1994: 101~102)(그림 1). 기원전 4천년기 말의
동결 미라와 함께 수습되어 최근에 복원이 완료되었다. 이탈리아의 플린트 단검에 대해
서는 최근에 와서 형식론을 벗어난 다양한 논점들이 나오기 시작하고 있는데, 모테스
(Mottes 2001: 536)는 기원전 3천년기 후반의 유물군을 주로 두 가지 형식으로 구분
하였다. 첫 번째의 재가공된 단검은 자가소비적 맥락이며(그림 2A), 두 번째의 길고 얇
은 고품질 단검은 보다 '상징적'인 맥락으로 무덤에서 출토된다(그림 2B). 확실히 동결
미라와 공반된 단검은 매우 소형이며 견고한 가죽 칼집으로 보호되고 있었다(Spindler
1994: 101~103). 이탈리아에서 플린트 단검 유통량의 감소는 기원전 3천년기 전반에
발생한 금속기시대의 도래, 금속기 제작 기술의 중요성 증대에 따른 플린트 석기 제작 기
술과 석기에 대한 인지구조 변화가 그 원인으로 생각되어 왔다(Barfield 2001).

　이탈리아의 단검은 단면 렌즈형에 길고 큰 편인데, 프랑스 중부에 있는 기원지와 관
련시켜 그랑프레시니(Grand-Pressigny) 단검으로 알려져 있다. 이 단검은 기원전 3
천년기 전반부터 중엽까지 유통되었으며, 가장 성행한 시기는 2850~2400B.C.이다
(Mallet et al. 2004). 이들은 엔드레엘알(Indres-et-Loire)과 비엔(Vienne) 사이

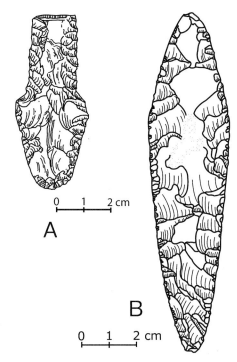

그림 1. 알프스 동결 미라와 함께
발견된 소형 단검
(나무 자루와 끈 확인)

그림 2. 북부 이탈리아의 플린트 단검
(A: 뚜렷하게 마모되어 재가공,
B: 거의 마모되지 않고 긴 형태)

에서 산출된 황금색의 튜로니안(Turonian) 플린트로 제작되었는데, 육안으로도 관찰 가능한 화석이나 석영 결정 등이 포함된 경우가 많다(Ihuel 2004). 이러한 플린트는 지표면에서도 입수할 수 있었으며, 채굴갱을 파서 원석을 채취한 증거는 발견되지 않았다(Chauvin 1991). 튜로니안 플린트는 다양한 제품으로 가공되었는데, 그 일부는 원산지에서 일정 정도 떨어진 장소에서 확인되기도 하였다(Ihuel 2004). 단, 전형적인 그랑프레시니 단검은 매우 독특하면서 전문화된 생산 기술에 의한 것이다. 이 기술은 리블드블(livres de beurre, LDB)이라 부르며, 길이 20cm 이상의 특별하게 긴 돌날 소재를 타격에 의해 생산한다(Ihuel 2004, Mallet et al. 2004)(그림 3).

그랑프레시니 지역에서 실시된 고고학적 조사와 발굴을 통하여 이 타격기법은 특별히 전문화가 뚜렷하며, 일반적인 타격행동과 확실히 구분되는 점이 지적되었다. 플린트 원산지 부근에서는 LDB 기법에 의한 박편이 거주 지구와 분리된 석기 제작 지구에서만 확인되었다. 타격기법 자체는 같은 시기의 거주 지구에서도 관찰되지만, 긴 돌날을 제작한 흔적은 보이지 않았다. 여기서 확인된 석핵은 20cm 이상의 돌날을 얻을 수 없게 되자 곧바로 폐기된 것으로 생각된다. 이러한 소모적인 폐기는 크고 긴 돌날의 제작이 이 지역에서 전문화되었음을 말해주는 동시에, 돌날을 규격화시키기 위한 노력을 보여주고 있다. 돌날의 볼록면 쪽은 마연된 경우가 많아 한쪽 끝은 뾰족하게, 다른 한쪽 끝은 원형이나 방형으로 마무리하였다 (그림 3). 이후엘(Ihuel 2004: 54~55)은 짧은 것이 일반적으로 확인되는 점에 주목하여, 제작지 이외의 지역에서 길이가 20cm 이상으로 규격화되어야 귀하게 여겨질 것이라 생각하였다.

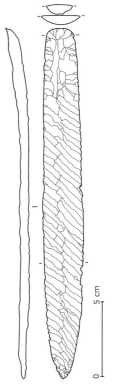

그림 3. 프랑스 그랑프레시니의 평행 눌러떼기에 의한 초대형 플린트 단검

이 단검들의 사용법은 아직 명확하지 않은데, 여러 시대와 여러 지역에서 소중하게 다루어졌을 것이다. 스위스 출토 유물에 대한 사용흔 분석에 의하면 야채나 초본류의 절단에 이용된 것으로 확인되어 식료 가공구였음이 지적되었다(Mallet et al. 2004). 아르모리카(Armorica) 산지에서 출토된 돌날의 분석에서도 야채나 초본류를 절단한 증거가 제시되었는데, 이와 함께 가죽과 같은 유기물을 자르는 작업에 이용된 점이나 찌르는 기능이 상정되는 뾰족한 선단부를 가진 점 또한 중요하다(Ihuel 2004). 이들은 자주 재가공되는데, 이러한 돌날이 무덤에서 거의 출토되지 않기 때문에 재가공이 단검 자체의 중요성을 낮추는 것이었음을 알 수 있다(Ihuel 2004). 단검은 거주 지역에서도 다수 확인되며, 주거지와 노지 근처에서 발견되는 빈도가 높다. 이는 사용흔 분석에서 확인된 일상적인 활동에 이용한 다기능 도구라는 추정을 뒷받침한다.

이 단검들의 특징 가운데 가장 흥미로운 것은 이들이 상당히 장거리를 이동하였다는 점과 멀리 떨어진 지역의 집단에 입수되어 재생산하는 빈도가 높다는 점이다. 이미 지적된 것처럼 중부 프랑스에서 유래되었음에도 불구하고 다수의 그랑프레시니 단검이 스위스(Honegger and de Montmollin 2010, Mallet and Ramseyer 1991, Strahm 1961-1962), 아르모리카(Ihuel 2004), 베네룩스 3국(Delcourt-Vlaeminck 2004, Delcourt-Vlaeminck et al. 1991), 독일이나 남부 스칸디나비아(Kühn 1979, Lomborg 1973, Siemann 2003, Struve 1955)에서 발견되었다. 쇼반(Chauvin 1991)은 이러한 분포가 하천을 통한 교류·교역루트의 중요성을 반영한 것으로 생각하였는데, 소나 소금 등도 이 루트를 통해 교역되었을 가능성이 있다(Ihuel 2004).

북유럽에서는 그랑프레시니 돌날이 드물지만, 북서유럽의 플린트 유물 중에서는 보다 짧은 단면 렌즈형 나이프가 다수 존재한다. 스판돌크(Spandolche) 혹은 유사 그랑프레시니로 불리는 이 돌날들은 보통 단독으로 발견되는데, 공반된 코디트(Corded) 토기 문화 유물을 근거로 기원전 3천년기 전반에 비정된다(Siemann 2003). 네덜란드에서 확인된 다수의 스판돌크 및 그랑프레시니 돌날은 평행 재박리의 존재를 보여주지만(Kühn 1979), 프랑스의 돌날에서 이러한 재가공은 우발적인 것에 불과하다(Mallet et al. 2004: 132). 슈트루베(Struve 1955)에 의해 집성된 슐레스비히-홀슈타인에서의 스판돌크와 그 파생품은 5점뿐이었으나, 큔(Kühn 1979)은 발견지점이 명확한 22점을 포함하여 25개 자료를 집성하였다. 롬보르그(Lomborg 1973: 88~91)도 5개소의 스판돌크 발견지와 덴마크 내 박물관 소장품을 기록하였는데, 그 형식은 분명히 남부 스칸디나비아에서 확인되는 것이다.

넓은 지역으로 확산된 그랑프레시니 돌날에 대한 욕구는 자주 구리와 비교되는 그 색조에서 원인을 찾을 수 있는데, 실제로는 돌날의 길이가 좀 더 중요했을 것이다(Mallet 1992, Mallet et al. 2004). 이 단검들의 대부분은 당시 유통되고 있었던 기타 플린트 돌날에 비해 상당히 대형이었으며, 긴 돌날을 제작하는 기술도 널리 알려져 있지 않은 상태였다. 또한 이들이 높은 빈도로 재가공되어 다목적 도구로 소중하게 다루어졌다는 사실은 초기의 돌날이 반드시 길었어야 한다는 것을 의미한다. 돌날이 길면 길수록 반복적으로 재가공이 가능하며, 오랜 시간 사용할 수 있기 때문이다.

스위스와 스칸디나비아에서 유통된 최초의 플린트 단검은 그랑프레시니 돌날과 스판돌크가 아니었다. 2850B.C. 이전에는 튜로니안 플린트로 제작된 짧은 돌날이 그랑프레시니 지역에서 파리분지 그리고 쥬라(Jura)나 아르모리카로 유통되고 있었다. 또한 하운에글과 드몬모렌(Honegger and de Montmollin 2010)은 기원전 4천년기 서부 스위스에서 보이는 플린트 단검의 대다수가 사실은 훨씬 가까운 스위스나 프랑스 남부 및 동부에서 산출된 플린트를 이용하였으며, 이탈리아나 튜로니안 플린트는 사용하지 않았다고 주장하였다.

기원전 4천년기 중엽의 스칸디나비아에서는 돌크스타프(Dolkstav)라 불리는 플린트 창끝 혹은 단검이 트리히터베커(Trichterbecker) 문화의 유물과 공반되거나 그러한 맥락에서 발견된다(Ebbesen 1992, Klassen 2000: 260~262). 크라센(Klassen 2000)은 스위스나 독일 남부에서 기원전 4천년기 중엽에 제작된 양식적·기술적으로 유사한 플린트 석기와 이 단검들을 관련시키고 있다. 기원전 3천년기에 발생한 스판돌크의 수용과 우발적인 생산에 앞서 스칸디나비아 출토 유물 중에서 이러한 석기가 존재한다는 점은, 길고 편평한 양면가공 플린트가 남부 스칸디나비아에서 긴 역사를 가졌음을 보여준다. 나아가 남부 스칸디나비아 스판돌크의 대부분이 남쪽 지역 자료보다 편평하다는 사실은 남부 스칸디나비아에서 손으로 잡는 돌날의 중요한 속성 가운데 하나가 편평성에 있었음을 나타낸다. 즉, 퀸(Kühn 1979)에 의해 기록된 스판돌크의 파생품이나 돌크스타프 등 기원전 3천년기 중엽의 창 모양 플린트 단검들에는 기술적 상호관계가 존재하였던 것이다.

Ⅲ. 스칸디나비아 신석기시대 후기의 플린트 단검

기원전 3천년기 말부터 2천년기 초까지 다양한 형식의 양면가공 플린트 제품이 남부 스칸디나비아에서 규칙적으로 제작 및 사용되었다. 수천 점의 길고 편평한 플린트 돌날이 해당 시기에 집중적으로 확인되기 때문에, 스칸디나비아 지역 연구에서는 석기시대와 금속기시대 사이에 위치시킬 수 있는 독립된 단계로서 개념화된 단검 시대로 자주 언급된다(Montelius 1986). 주로 고품질의 스칸디나비아산 플린트로 제작된 이 단검들은 기원전 3천년기 말부터 기원전 2천년기 초까지 여러 형태를 보이면서 북유럽의 넓은 지역으로 유통되었다. 남부 스칸디나비아 내부로 한정하여도 적어도 13,000점에 달하는 단검이 알려져 있으며, 이에 관한 연구도 많다(Apel 2001, Lomborg 1973, Vandkilde

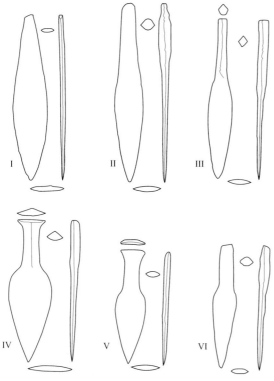

그림 4. 스칸디나비아 플린트 단검의 형식

1996). 이 단검들은 형태에 따라 6개의 형식으로 구분된다. I식과 II식은 인부와 자루의 구분이 거의 없는 창 모양이며, III식은 창 모양의 날과 단면 사각형의 자루를 가진다. IV식과 V식은 유엽형의 날에 '魚尾形'의 자루가 부착되며, VI식은 유엽형 날과 혀 모양 자루를 갖는다 (Apel 2001, Forssander 1936, Lomborg 1973, Müller 1902) (그림 4).

스칸디나비아에서는 단검의 집성을 바탕으로 신석기시대 후기 (2400~1600B.C.)의 형식학적 단계 설정이 가능하게 되었다. 가장 일반적으로 수용되고 있는 형식편년은 롬보르그(Lomborg 1973)의 3단계 편년이다. 그는 주로 무덤에서 출토된 정황에 대한 층위적 관찰을 기초로 전통적인 플린트 단검의 형식론(Müller 1902)을 수정하였다. 이러한 구분이 일반적으로 사용되는 반면, 반드길데(Vandkilde 1996, Vandkilde et al. 1996)는 이 시대의 금속가공에 대한 자세한 분석과 50여 개의 ^{14}C 연대를 종합하여 신석기시대 후반을 2시기로 구분하였다. 이에 따르면 제1단계(LNI)는 2400/2280~2010/1910B.C., 제2단계(LNII)는 1990/1890~1790/1690B.C.이다. 라스무센(Rasmussen 1990)도 창 모양의 형태(I과 II)를 이르게, 단면 능형의 자루를 가진 형태(III·IV·V)를 늦게 위치시킨 반드길데의 분류와 유사한 2시기 구분을 주장하였다. 한편으로 반드길데(Vandkilde 1996)는 단검의 세부적인 형식변화에 대해서는 중요하게 생각하지 않았으며, 취향이나 민족성에 대응하여 다양한 형식이 동시기에 존재하였다는 라스무센의 지적에 동의하였다. 즉, 이 글에서 대상으로 하는 IV형식과 V형식 단검은 같은 단계에 해당하며, 그 유행이 소멸되기 전까지 사회에서 필요성을 유지하였다. 그 기간은 가장 길게 생각할 경우 약 300년에 달한다.

이 어미형 단검은 수량이 많고 독특하여, 복잡한 제작 기법상의 특징을 가진다. 즉, 편평한 삼각형의 날, 안쪽으로 휘어진 단면 사각형 내지 능형의 자루, '꿰맨 흔적'이라 불리기도 하는 길고 가는 지그재그 박리 등을 특징으로 하는데, 다른 형식의 단검과는 명확하게 구별된다(Apel 2001: 245). 이 플린트 단검의 형태, 특히 자루나 날의 형태 및 박리에 의한 장식을 일반적으로 동일 시기 북유럽이나 중유럽에서 관찰되는 청동 단검과 직접적으로 관련시키기도 한다(Apel 2001, Callahan 2006, Lomborg 1973, Vandkilde

사진 1. 덴마크 국립박물관 소장
어미형 단검

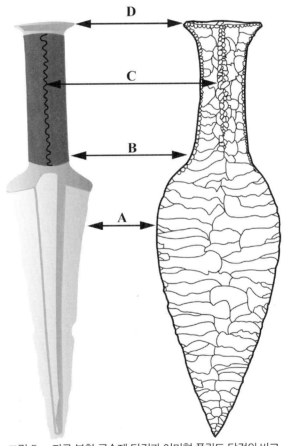

그림 5. 자루 부착 금속제 단검과 어미형 플린트 단검의 비교
(A: 편평한 삼각 날, B: 안쪽으로 휘어진 자루, C-왼쪽: 가죽을 꿰맨 흔적, C-오른쪽: 지그재그 능선, D: 지느러미 모양 자루 끝)

1996)(그림 5).

스칸디나비아 지역에 있는 많은 박물관에서 놀라울 만큼 아름다운 플린트 석기를 볼 수 있다. 이렇게 기술적으로 세련된 플린트 석기의 존재는 일부 제작자가 가진 기술의 차이를 반영하지만, 기본적으로는 고품질 플린트의 풍부한 생산량 때문이다. 단검을 만들기 위한 플린트 원석 덩어리의 대부분은 노두 근처나 하안, 사력단구, 해안 등에서 2차 폐기된 상태로 발견되지만(Rassmann 2000), 확실하게 채굴된 플린트도 존재한다(Becker 1959). 석기 제작에 사용되는 플린트의 품질은 제작자의 입장에서도 중요하였을 것이다. 유틀란트반도에서 발견된 어미형 단검 가운데 1/4 정도에는 특히 기부나 자루 끝에 자연면이 남아 있다. 이 패턴은 루드벡(Rudebeck 1998)이 플린트 도끼에 관하여 지적한 사실과 동일하게, 제작자가 플린트 소재의 길이를 효율적으로 활용할 수 있는 자신의 기술을 과시한 것으로 보인다.

출토된 박편군에 대한 검토와 함께 이루어진 실험 제작을 통해 플린트 단검의 제작 공정에 대하여 상당히 많은 사실을 알게 되었다(Apel 2000, 2004, 2008, Callahan 2006, Nunn 2006a, 2006b, Stafford 1998, 2003). 캘러헌(Callahan)은 어미형 플린트 단검을 8단계의 제작 공정으로 복원하였다(Apel 2001: Fig. 2~3). 이 공정은 ① 소재의 선택, ②~⑤ 거친 가공, ⑥~⑦ 명확한 어미형으로의 성형과 지그재그 능선의 초기 가공, 소재를 얇게 만들기 위한 날과 자루 끝에 대한 마연, ⑧ 날의 박리와 지그재그 능선의 마무리로 구성된다.

단검의 자루를 만들어 내는 과정은 더욱 자세하게 연구할 만하다. 이 과정에서 사용된 기술은 한센과 마드센(Hansen and Madsen 1983)이 지적한 끝이 얇은 도끼에서 두꺼운 도끼로 변화하면서 발전한 제작 기술과 동일하다. 이 기술적 관계는 두 가지 측면에서 중요하다. 하나는 플린트 단검 제작과 남부 스칸디나비아에서 좀 더 이른 단계에 등장하는 다른 특징적인 플린트 석기 제작과의 관련성이 확인된다는 점이다. 또 다른 하나는 어미형 플린트 단검의 독자적인 특징인 소위 지그재그 능선의 기원을 볼 수 있다는 점이다. 이 능선은 한센과 마드센(Hansen and Madsen 1983)이 제시한 석부에서 관찰되는 녹각을 이용한 간접떼기 종방향 흔적, 혹은 단검에서 관찰되는 선단부에 구리를 끼운 가공구를 이용한 눌러떼기 흔적일 가능성이 있다. 스타포드(Stafford 1998)는 덴마크의 몇몇 단검에서 관찰되는 지그재그 능선의 박리 흔적에 대해 구리제 가공구의 빈번한 사용을 나타내는 증거로 판단하였는데, 사실은 현재까지 이 기술에 적합한 실물자료가 존재하지 않는다. 아마도 플린트 석기 제작 도구는 외치(Ötzi, 앞에서 언급한 알프스의 아이스맨 미라)의 허리띠에서 확인된 녹각을 끼운 도구와 유사했을 것이라 생각된다(Spindler 1994).

캘러한(Callahan 2006)과 아펠(Apel 2000, 2001, 2004, 2008)은 어미형 단검의 제작이 플린트 석기 제작자 간에 형성되어 있었던 계층성 안에서 이루어졌음을 지적하였다. 즉, 가장 세련되고 복잡한 제품을 제작할 수 있는 우두머리 석기 제작자가 제작과 동시에 숙련된 기타 장인이나 수습 장인을 훈련시켰다는 것이다. 아펠(Apel 2000, 2001, 2004, 2008)은 플린트 단검의 제작이 난이도에 따라 각각 수습 장인이나 숙련 장인 그리고 우두머리에 의해 단계별로 행하여졌다고 보았다. 이에 반하여 오라우손(Olausson 2008: 41)은 플린트 석기 제작자가 아무리 많은 노하우와 경험을 가지고 있다 하더라도, 타고난 기술 차이가 다양한 단검군에 반영되었을 가능성이 높다고 하였다. 즉, 석기 제작자의 기술 향상을 위한 제도가 정비되어도 기술에는 결국 개인차가 생길 수밖에 없는 것이며, 이 때문에 서로 다른 제작자에 의한 단검에는 반드시 가시적인 품질의 차이가 발생한다는 것이다. 또한 이 과정에 대한 사회적 규제나 격리의 증거는 확인되지 않았다. 오히려 단검 제작 시의 박편군은 비교적 제작하기 쉬운 일반적인 석기의 박편군과 함께 신석기시대 후기 거주 유적에서 발굴되었다(Sarauw 2006a, 2006b). 바꾸어 말하면 석기 제작자들은 플린트 석기 제작과 관련된 대규모 집단으로 통합되어 있었으며, 제작은 여러 공동체 구성원에 의해 어느 정도 공공성이 높은 장소에서 이루어졌을 것이다.

위에서 살펴본 바와 같이 단검 제작에 관한 이해는 상당히 진전된 반면, 이 유물이 어떻게 사용되었는지 그리고 다수 제작된 이유가 무엇인지에 대해서는 아직 밝혀진 것이 거의 없다. 대부분 플린트 단검의 경우 실질적인 기능이 없다고 한다면, 상징적인 의미를 갖는다고 상정되었다. 구체적으로는 사람들 사이의 신분 차이를 유지하는 사회적 물질문화의 일부로 인식되어 왔다. 얼(Earle 2004: 117)은 당시 형성되어 있었던 사회적 계층성이나 장거리 전달망 속에서 각 개인이 자신을 위치시킬 수 있는 상징으로 보았다. 아펠(Apel 2001: 335)도 스웨덴 신석기시대 후기 플린트 단검의 과시와 교환은, 재지 수장들이 금속에 기초한 기술·문화적 규범의 등장에 직면하여 기존 권력 유지의 욕구를 반영한 것으로 생각하였다.

반대로 반드길데(Vandkilde 1996: 268)는 단검을 하나씩 휴대하는 권리는 각자가 가지고 있었으며, 선사 사회에서 개인을 동등화시키는 요소로 작용하였다고 주장하였다. 하지만 수천 점에 달하는 단검이 제작·폐기된 가장 이른 단계에는 이와 같은 해석이 가능하지만, 어미형 단검 단계에는 남부 스칸디나비아나 그 주변에서 확인 사례가 훨씬 적다. 롬보르그(Lomborg 1973)와 퀸(Kühn 1979)은 거의 600건을 기록하였으며, 아펠(Apel 2001: Table 9-2)은 여기에 수백 건을 추가하였지만, 그가 기록한 약 8,000점의 이른 단계에 해당하는 창 모양 단검과는 수치상의 차이가 뚜렷하다. 따라서 이른 시기보다 소수의 사람들만 플린트 단검을 원하거나 입수한 것으로 생각되며, 단검이 사회적 지위를 교섭하는 데에 일정한 역할을 담당하였다는 설명이 좀 더 타당하다.

이러한 해석은 특히 힌즈가블(Hindsgavl)이나 푸넨(Funen)에서 발견된 초대형 단검처럼 인상적인 겉모습 이외에 '기능'이 없는 위세품이라는 판단에 근거한다. 하지만 유틀란트반도에서 출토된 대부분의 플린트 단검에서, 극히 소수에 불과한 초대형까지 포함하여 재가공 흔적이 확인된다는 점은 이 석기들이 단순히 보는 것만을 목적으로 제작되지 않았음을 나타낸다. 이 재가공은 대칭성이나 뾰족한 끝부분과 같은 원래 단검의 형태를 유지하려고 하는 명확한 의도를 가지고 고도의 기술을 통해 이루어졌다. 린드맨(Lindman 1988)은 선단부의 취약성을 근거로 플린트 단검의 찌르는 용도에 대해 부정하였는데, 필자는 선단부의 파손이야말로 재가공된 단검이 다수 존재하는 이유라고 생각한다. 단검이 찌르는 도구로 사용되었을 가능성을 완전히 배제하기는 어렵다.

다수의 단검 자루에서 마모의 흔적을 볼 수 있다. 일반적으로는 자루가 장착되어 무언가로 싸이거나 덮여져 있었을 것이다. 대부분 단검의 자루 끝부분은 둥글고 매끄러우며, 가끔 평행 방향의 선상흔(단검 장축의 직각 방향)도 관찰된다. 어미형 단검의 이러한 흔적은 자루의 아래쪽 1/2~1/3 부분에서 뚜렷하다. 이 패턴은 평면 및 측면 모두에서 확인된다. 물론 이러한 마모 흔적이 매몰 이후에 남게 되었을 가능성도 있다. 자루 아래쪽에는 마모와 마연이 공존하는 양상도 자주 관찰되는데, 필자는 이를 빈번하고 거친 사용에 의한 것으로 판단하고 싶다. 그리고 자루에서 날과 가장 가까운 부분은 유기물로 덮어 거친 사용에 의한 파손으로부터 보호하였을 것이다(Cassau 1935).

자루의 윗부분이 덮여 있었다고 한다면, 이 단검을 잡고 다루는 동작에 대해 더욱 자세하게 규명할 수 있다. 자루의 크기는 평균 7.8cm로 그렇게 크지 않으며, 유기물로 덮인 부분은 더욱 좁기 때문에 다섯 손가락으로 잡을 의도는 없었을 것이다. 검지와 중지 (아마 약지까지)로 자루의 날 부근을 강하게 잡으면, 파손으로부터의 보호를 위해 유기물을 부착한 부분에 엄지가 위치하게 된다. 이러한 잡는 방법은 단검 사용 시 팔꿈치나 어깨가 아닌 손목을 사용하는 작은 동작을 나타낸다. 흥미롭게도 현대 유럽 레스토랑의 셰프는 음식 재료를 자를 때 빠르고 편한 방법으로 위와 같은 나이프 잡는 법을 배운다고 한다(Alfaro 2009). 유사한 잡는 방법은 무술에서 재빨리 내리치는 동작에 사용되기도 한다.[1] 이러한 사용법에서는 단검 선단부가 부러지기 쉬운데, 부러진 선단부는 상대방의 몸속에 남기 때문에 감염증을 유발하거나 상처를 악화시킬 수 있다. 아마도 의도적으로 이와 같은 결과를 유발하였을 것이며, 왜 단검의 선단부가 중요하게 생각되었는지를 보여준다.

스카크닐센(Skak-Nielsen 2009)은 선사시대의 모든 단검에 대해 재빨리 내리치는 동작이 요구되는 동물 희생의식에 사용되었다고 지적하였다. 또한 스텐스콜드(Stensköld 2004)는 단검이 통과의례에서 신체 개조(난도질이나 할례, 귀 뚫기 등)에 사용되었다고 추측하였다. 이와 달리 네덜란드에서 출토된 창 모양 플린트 단검에 대한 현미경 관찰 결과에서는 이들이 실제로 사용되거나 재가공되지 않았으며, 과시하기 위해 가죽 칼집에 끼웠다 뺐다를 반복한 것으로 판단되었다(Van Gijn 2010). 그러나 아직까지 스칸디나비아의 플린트 단검에 대한 사용흔 분석이 많이 이루어지지 않았기 때문에 사용법에 대한 명확한 설명은 쉽지 않다.

다수의 플린트 단검이 알려져 있음에도 불구하고, 발견 시 정황에 대해서는 정보가 충분하지 않다. 유틀란트반도에서 발견되었다고 전해진 어미형 단검의 절반 이상은 우연히 발견되거나 정황 불명으로 기록되어 있다. 매납유구에서 창 모양 플린트 단검이 자주 발견되는 것(Lomborg 1973: Appendix B)과 대조적으로, 어미형 단검이 매납이나 헌납 유구에서 발견된 사례는 적다. 롬보르그(Lomborg 1973)와 쿤(Kühn 1979)이 덴마크와 슐레스비히-홀슈타인 전체에서 14건의 분명한 매납유구 출토 어미형 단검을 제시하였을 뿐이다. 매납의 목적에 대해서는 논란의 여지가 있는데, 사례가 너무 적은 것을 볼

---

1   2009년 3월 13일 피트필드(A. Peatfield) 선생에게 직접 들은 내용이다.

때 개인이나 특정 집단에서 상황에 따라 매납되었다고 판단되며 일반화된 행동으로 보기는 어렵다.

대부분의 어미형 단검은 이른 형식의 창 모양 단검과 마찬가지로 무덤에서 출토된다. 전통적으로 이 시기의 단검을 동반한 무덤은 남성묘로 생각되고 있다(Sarauw 2006c). 그런데 지만(Siemann 2003: 126)이 지적한 것처럼 실제로 1700B.C. 이전의 무덤에서 플린트 단검을 근거로 피장자의 성별을 밝히는 일은 쉽지 않다. 토양의 화학적 특징 때문에 단검 출토묘와 동반하는 인골 자료의 부족이 주된 원인이다. 유틀란트반도에서 출토된 플린트 단검 가운데 인골과 공반된 사례는 5건에 불과한데, 이 모두에 대해서 아직 형질인류학적 분석이 이루어지지 않았다. 플린트 단검을 부장하는 무덤에서 플린트 단검(2점씩이나 3점씩) 이외의 부장품은 드물다. 이는 피장자에 대한 부장품이 플린트 단검만으로 충분하였음을 보여준다.

어미형 단검의 분포는 유틀란트반도로 한정되지 않는다. 여러 상황에서 출토된 수백 사례가 남부 스칸디나비아보다 넓은 지역, 특히 남부 스웨덴에서 알려져 있다. 어미형 및 기타 형식의 스칸디나비아 단검이 발트해 동쪽 연안(Wyszomirski 1973-1974), 포메라니아(Czebreszuk and Kozłowska-Skoczka 2008), 독일(Agthe 1989a, 1989b, Siemann 2003), 네덜란드(Beuker and Drenth 1999, Bloemers 1968), 오스트리아(Peiler 1999, Trnka 1991), 그리고 체코공화국(Šebela 1997-1998)에서도 확인되었다. 어느 정도의 빈도로 언제 남부 스칸디나비아 플린트 단검이 외부와 교환되었는지는 불분명하지만, 거의 전부가 창 모양인 것을 볼 때 교환은 주로 기원전 3천년기 말의 수 세기 동안 이루어졌을 가능성이 높다(Rassmann 1993). 그러나 몇 개의 어미형 단검이 비교적 멀리 떨어져서 분포한다는 점은 무시할 수 없다. 특히 마모가 뚜렷하고 단면 사각형의 자루를 가진 단검이 발트해에서 900km 이상 남쪽으로 떨어진 오스트리아 팔켄슈타인(Falkenstein)에서 발견되었으며, 그 연대는 기원전 2천년기 중엽으로 비정된다(Peiler 1999). 이 사실은 어미형 단검이 얼마나 넓게 유통되었는지를 말해주는데, 한편으로 그 출토 상황이나 마모 상태는 단검이 부서진 후에도 오랫동안 다양한 용도로 사용되었음을 나타낸다.

위에서 언급한 바와 같이 어미형 단검은 거의 동일하게 북유럽이나 중유럽 고전 우네티체(Únětice)기(대략 1950~1700B.C.)에 특징적인 자루 부착 금속제 단검의 모방품으로 인식되어 왔다. 남부 스칸디나비아에서는 현재까지 6점의 자루 부착 금속제 단검이 발견되었다. 자루 부착 금속제 단검은 우네티체 문화에서 특징적인 기타 청동 유물과 마찬가지로 기술적으로 매우 뛰어나다(Gillis et al. 2004, Schwenzer 2004, Uenze 1938, Vandkilde 2007). 슈벤저(Schwenzer 2004: 239)는 대다수의 일반적인 북유럽 자루 부착 금속제 단검이 유통권 내의 한정된 공방에서 제작되었다고 주장하였다. 스칸디나비아에서 뚜렷하게 얇은 제품이 발견되는 것은 대부분의 단검이 수입되었다 하더라도 일부 재지 생산품이 존재하였음을 보여준다.

엠프(Emb)나 율잉그(Hjørring)에서 발견된 자루 부착 금속제 단검이나 위글스레프(Vigerslev) 출토 단검 등은 기술적·형태적으로 보다 남쪽 지역에서 알려진 형식의 범주에 속하지 않는다. 차이점은 전자의 경우 스타일의 단순함, 후자는 단순함과 동시에 독특한 형태의 등대(Vandkilde 1996: 192)이다. 자루 부착 금속제 단검은 때로 장식이 이루어지기도 한다. 특히 날과 자루가 만나는 위치에 조각을 하거나 등대를 추가하며[위글스레프와 필(Pile)에서 출토된 단검 등], 날 근처에 장식을 하거나 정교하게 만들어진 자루 등이 자주 관찰된다.

이러한 단검이 어떻게 채용되었는지 알 수 있는 뚜렷한 증거는 없다. 평면에 새겨진 조각의 '소재'를 알아내는 것은 상당히 어렵지만, 기원전 3천년기부터 2천년기까지의 암각화에 단검이 자주 보인다는 점은 과거에 반복적으로 지적되어 왔다. 이러한 단검의 조각은 특히 사람(남성?)의 도상과 함께 허리에 패용한 것 같은 위치에서 관찰된다(Siemann 2003: Taf. 33·34). 매납유구나 무덤에서 출토되기 때문에 자루 부착 금속제 단검은 일반적으로 신분의 상징 및 특히 남성의 아이덴티티 형성 및 유지를 위한 도구로 생각되고 있다(Schwenzer 2004). 보존 상태가 좋지 않기 때문에 철저한 사용흔 분석을 실시하지 못했지만, 다른 사용 방법이 존재하였을 가능성은 충분하다.

손상되거나 부서진 단검이 알려져 있는 점이나 재마연된 날의 존재는 확실히 상징적인 기능뿐만 아니라 나이프나 무기 혹은 기타 절단 도구로서의 물리적 기능을 가지고 있었음을 말해준다(Schwenzer 2004: 19). 그러나 해당 단검(예를 들어 위글스레프 출토 단검)의 높은 주석 함유비율은 이들의 약함을 보여주기 때문에, 아마도 물리적 사용에는 부적절하였을 것이다. 그 목적이 무엇이든 파손되었다 하더라도 지속적으로 보유되고 계속 매납 대상이 되었던 만큼 일정한 가치를 부여받은 제품이라 할 수 있다. 실제로 대부분의 남부 스칸디나비아 단검의 경우 파손이 매몰 전인지 후인지까지는 알 수 없지만, 아무튼 확실히 파손된 상태로 발견된다. 예를 들어 펠과 쇼넨(Schonen)의 매납유구(Forssander 1936: 169)에서는 파손된 자루 부착 금속제 단검 2자루가 팔찌 2점, 기타 돌날석기(단검 혹은 미늘창)와 공반되었다. 남부 스칸디나비아에서 확인된 단검 6점 가운데 3점이 남쪽 지역에서와 마찬가지로 매납유구에서 발견된다. 그리고 현재까지 알려진 대부분의 발견 정황은 습지에서 확인된 것이며, 이는 재지 금속 제품의 대표라 할 수 있는 돌출부 도끼가 자주 매납된 입지 조건과 공통된다(Vandkilde 1996, 1998, 2000).

청동 단검과 플린트 단검의 관계를 검토할 때에는 각각 소재와 제작 기술 그리고 사용과 폐기의 형태에 주목하는 것이 유용하다고 생각한다. 우선 청동을 재료로 자루 부착 금속제 단검을 만들기 위해서는 주석과 구리의 입수(혹은 청동 제품의 폐품을 재활용하였을 가능성이 높음) 및 단야와 주조에 대한 높은 수준의 지식 그리고 단야·주조 도구에 적합한 공방이 필요하다. 이에 반해 플린트는 남부 스칸디나비아에서 산출된 입도가 고운 고품질 소재가 선사시대에 소중하게 다루어졌음이 알려져 있지만(Högberg et al. 2001, Wentink 2006), 금속과 비교하면 입수하기 쉬운 것이었다. 또한 플린트의 겉모습은 단검 제작 공정에서 조심스럽게 유지된다. 마연된 플린트는 금속 광택에 필적할 만한 광택을 가진다. 그러나 플린트 단검은 제작 과정에서 마연이 이루어지기도 하지만, 양면 평행박리와 같은 정교한 방법으로 재가공되어 마연면이 남지 않게 된다.

한편, 플린트와 청동 단검 모두 단일 소재로 제작한 경우, 전문 장인에 의하였을 가능성과 비전문 장인에 의한 일반적 도구 제작이었을 가능성이 존재한다. 또, 양자 모두 안전하지 않고 쉽게 다룰 수 있는 기술도 아니다. 예를 들어 석기 박리 작업 중 돌가루의 흡입은 금속을 용해하는 과정에서 화학 가스를 마시는 것과 마찬가지로 질병이나 사망의 원인이 될 수 있다. 어떠한 공정도 한 명 내지 여러 명의 장인에게 상당히 많은 시간과 노력, 주의력을 필요로 한다. 금속기 생산, 특히 단조와 담금질을 반복하는 단계에는 육체적 강인함이 필요하며, 플린트 석기 제작에도 매우 높은 수준의 운동 제어능력이 요구된다.

그러나 언뜻 보기에 유사한 것 같은 이러한 성격은, 단검의 사용과 폐기에 대해서 자세히 살펴보면 상당한 차이가 있음을 인정할 수밖에 없다. 유럽 내의 다른 지역은 물론 남부 스칸디나비아에서도 플린트 단검의 출토량은 기원전 3천년기 후반부터 기원전 2천년기 전반까지 자루 부착 금속제 단검의 매납 사례보다 훨씬 많다. 이러한 수적 차이가 존재하는 이유는 부분적으로 플린트에서 발생하지 않는 부식이나 금속재료의 재이용 때문일지도 모른다. 하지만 남부 스칸디나비아에서는 대략 2,000점의 어미형 단검이 알려져 있는 반면, 최신 연구 성과(Schwenzer 2004)를 보면 서유럽 및 중유럽 전체에서 불과 325점의 자루 부착 금속제 단검밖에 기록되어 있지 않다. 이 차이는 실제 선사시대에 존재하였던 특정 패턴을 나타내고 있다. 남부 스칸디나비아에서는 플린트 단검이 수적으로 훨씬 많은 것뿐만 아니라, 불과 6점의 자루 부착 금속제 단검이 알려져 있을 뿐이다. 따라서 이러한 형식의 단검이 그다지 높게 평가되지 않아 다른 형태로 재가공되거나, 아직 발견되지 않았을 가능성이 상정된다.

플린트 단검의 출토 상황 대다수가 무덤 부장품인 것과 대조적으로, 자루 부착 금속제 단검은 매납유구, 특히 다른 금속 제품과 함께 매납유구에서 출토된 빈도가 가장 높다. 또한 금속 매납과 습지와의 높은 상관성이 뚜렷하다. 이 시대 남부 스칸디나비아 출토 금속기의 집성에서, 자루 부착 금속제 단검 가운데 3점이 저습지 확인 사례이다. 이에 반하여 어미형 플린트 단검은 매납유구에서 확인되거나 확실하게 단독으로 묻힌 경우가 거의 없으며, 특히 금속기와는 공반되지 않는다. 예외적인 공반 사례에서도 자루 부착 금속제 단검에서 보이는 것처럼 빈번하게 혹은 체계적으로 습지에 매납되지 않는다. 바꾸어 말하면 단검의 형태보다 소재가 최종적인 매납이나 사용 장면에서 중요하게 생각되었을 것이다.

위와 같은 근거를 바탕으로 생각하면 어미형 플린트 단검과 자루 부착 금속제 단검의 형태는 유사하며 제작 또한 유사한 맥락이나 개념 영역에서 이루어진 것 같지만, 이들을 제작하고 사용한 당시 사람들에게 양자는 명백히 다른 물건이었다. 그러나 위에서 언급한 제작에서의 유사성이나 단검형 도구에 대한 소유욕은 플린트 단검의 제작 및 사용에 대한 광범위한 동향의 일부였다고 판단된다.

Ⅳ. 단검 개념

동일 시기에 금속제 단검이 다수 존재하였다는 점은 플린트 단검의 발전을 검토할 때 무시할 수 없는 사실이다. 중유럽 및 북유럽에서 최초 유통된 금속 제품 가운데 편평도끼나 소형 장식품은 이미 제작되어 있었던 마제석기나 골각기, 외래 석재로 만들어진 장식품 등의 유물 범주에 포함된 것이었지만, 동검은 석기에 없던 형태였다. 플린트는 편평하고 날카로운 날을 가진 돌날을 만드는 데 적합하지만, 크게 만들기에는 한계가 있다. 스위스나 덴마크에서와 마찬가지로 이탈리아에서 플린트 단검의 제작은 동일 지역의 가장 이른 동검 출토 사례와 거의 동시기에 확인된다.

'단검 개념'(Heyd 2007, Vandkilde 2001: 337, 2005: 17)이 틀림없이 이 시점에 탄생하였는데 그 기원은 불분명하다. 스트람(Strahm 1961-1962: 464)은 상기한 패턴을 지적하면서 '금속의 충격'에 대한 반응으로 플린트 석기 제작자들이 플린트를 이용하여 새로운 금속 나이프 모양을 표현하게 되었다고 하였다. 헤이드(Heyd 2007)는 유럽 대륙 전체에서 공유된 새로운 신분 상징에 대한 욕망의 표현으로 해석하였다. 석기 제작자가 금속에 대한 순수한 동경 때문에 플린트로 그것을 모방하였다는 해석에 논란의 여지가 있지만, 이 두 가지 소재로 제작된 단검 간의 관계는 부정할 수 없다. 오히려 날카로운 날과 선단부를 가진 길고 편평한 돌날을 이용하는 것이 늦은 단계에서 인식되고 요구되었을 가능성도 있다.

긴 돌날의 필요성은 식료 가공이나 농경 발전과 관련되었을 가능성이 있다. 혹은 크라센(Klassen 2000, 2004)이 지적한 바와 같이 소의 목축과 같은 농업 활동의 변화에 대응하여 거주 형태가 달라지고, 이에 따라 새로운 사회적 압력이 높아져 발달한 무기였을 수도 있다. 또, 물리적 기능과 상관성이 낮은 차원에서 금속 제작 기술의 새로움과 혁신을 개념적으로 구현한 것이 단검이었을 가능성도 있다. 특히 금속 생산에서 필수적인 진정한 혁신은 전문화된 제작 공정이나 특수한 전문 지식의 발달에 의해 달성되었으며, 새로 등장한 편평한 금속제 단검이 이 혁신적 행동의 전형으로 인식되었을지도 모른다. 위에서 언급한 플린트 단검은 특수하게 전문화된 제작 공정 때문에 이러한 일련의 의미와 연결되어 있었다. 단검 제작은 바로 전문화된 제작을 의미하였으며, 특히 기원전 4천년기부터 3천년기 전반까지는 그 반대 역시 성립되었을 것이다.

V. 맺음말

이 글에서는 단검 제작의 역사, 특히 선사시대 북서유럽에서 플린트 단검의 발전에 대해 중점적으로 살펴보았다. 그리고 기원전 4천년기부터 2천년기까지 이러한 단검의 발달은 기술을 개념화하여 생산하는 새로운 방법에 의한 '단검 개념'의 확산을 나타내는 것임을 확인하였다. 금속과 관련된 기술은 선사 유럽에서 전문화된 제작 공정의 발달과 관련된다(Kienlin 2008). 기원전 2천년기 전반까지 금속 제품의 대부분은 금속 생산을 위한 공방에서 전문 장인에 의해 제작되었다(Schwenzer 2004). 기원전 4천년기 중엽에 이탈리아와 스위스 그리고 남부 스칸디나비아에서 출현하여 광역으로 유통된 플린트 단검은 단순히 새로운 제품의 형태뿐만 아니라 새로운 제품 제작 방식에 대한 반응이기도 하였다. 이 단검들은 질이 좋은 플린트 원석을 얻을 수 있는 지역에서 제작되었으며, 정도의 차이는 있지만 원형에 가까운 형태로 원산지 부근이나 멀리 떨어진 집단에 의해 사용되었다.

단검은 긴 시간 동안 사용할 수 있도록 조심스럽게 다루어졌고 재가공되었다. 이렇게 조심스럽게 사용된 이유는 원석의 질이나 양면가공 돌날의 사용상 편리함뿐만 아니라, 제작에 필요한 전문 지식의 가치가 높았기 때문이기도 하다. 이 패턴은 기원전 3천년기 전반 프랑스 중부 그랑프레시니의 튜로니안 플린트로 제작된 단면 렌즈형 나이프와 그 사용 및 모방이라는 형태로 넓은 지역에서 확인된다. 이 돌날들은 서부와 북부 및 중부 유럽의 상당히 넓은 범위에 분포하는데, 소중하게 다루어졌으며 또한 자주 재가공되었다. 비밀스럽게 격리된 제작 공정을 통해 만들어낸 장대함은 이들을 유용한 도구일 뿐만 아니라, 관심을 끌게 하는 동시에 무언가 신비롭게 보이도록 하였을 것이다.

기원전 3천년기 후반~기원전 2천년기 전반 스칸디나비아의 단검 제작은 이러한 역사·기술적 맥락에서 이루어졌으며, 제작된 두 가지 단검은 어떤 면에서 동일한 의미를 갖고 있었다. 어미형 단검은 제작 공정을 직접 보지 않더라도 누구나 전문 지식의 필요성과 제작 행위 자체의 높은 가치를 알 수 있으며, 이러한 의미를 전달할 수 있는 다양한 기술적 특성을 가진다. 따라서 어미형 플린트 단검과 자루 부착 청동 단검은 전문적이고 격리된 제작 공정이라는 점에서 분명히 관련시킬 수 있다. 그리고 그 배경에는 각각 수 세기에 걸친 플린트 단검의 제작 전통과 야금술 지식이 있다.

이렇게 기술적으로 복잡한 제품이 선사시대에 어떻게 사용되었는지를 보여주는 명확한 증거는 거의 없지만, 여러 지역에서의 매납 패턴을 볼 때 이들이 동일하게 다루어지지 않았으며 따라서 동일한 것으로 인식되지 않았다는 점은 분명하다. 유틀란트반도 출토 어미형 단검에 대한 사용흔 분석은 이루어지지 않았지만, 반복된 재가공과 형태의 규격성을 볼 때 날과 선단부가 사용상 중요한 다목적 도구였음을 앞에서 지적하였다. 이들은 아마도 식료나 가죽·목재 가공, 개인 간의 싸움 혹은 난도질이나 할례와 같은 종교적 행위에 이용되었다고 생각한다. 또한 자주 부장품으로 사용되었으며, 다른 한 자루의 플린트 단검과 함께 무덤에서 발견된 경우가 많다.

이에 반하여 유럽에서 확인된 자루 부착 금속제 단검의 절반 이상은 다른 금속 제품과 함께 매납유구에서 발견된다. 이들은 사람들의 일상적 활동 범위 바깥에 매납되었으며, 비커(Beaker) 문화의 삼각형 단검과 달리 무덤에서 거의 출토되지 않는다. 남부 스칸디나비아에 분포한 자루 부착 금속제 단검의 경우 무덤에서 발견된 사례가 전무하다. 플린트 단검과 자루 부착 금속제 단검 모두 장거리 교환망을 통해서 운반되었는데, 후자가 보다 넓게 분포한다. 이 패턴은 후자가 지식과 소재의 보다 넓은 보급을 필요로 하였음을 어느 정도 반영한 것이다. 자루 부착 금속제 단검의 제작 공방은 이탈리아, 프랑스, 스위스, 독일 남부에 존재하는데, 발트해 연안에서도 존재 여부가 논의되고 있다. 어미형 플린트 단검은 남부 스칸디나비아에서 산출된 플린트를 이용하여 남부 스칸디나비아에서만 제작된 것으로 보이며, 그 유통 범위는 플린트 석기를 특별히 필요로 하는 북유럽 지역에 한정되어 있다.

플린트와 금속이라는 단일 소재로 만들어진 단검의 비교·검토에 대한 필자의 결론을 요약하면 다음과 같다. 이들은 대략 유사한 형태적 특징에도 불구하고 선사 사회에서 동일한 기능을 담당하지 않았을 뿐만 아니라 동일한 도구로서 인식되지도 않았다. 그러나 당시 보급된 어미형 단검에 대한 욕구의 기원을 밝히고자 하는 시도 속에서 이들 두 단검 사이의 예상치 못한 기술적 공통성이 확인되었다. 양자 모두 전문 장인에 의해 정교하게 제작되었으며, 시각적으로 뚜렷한 희소 소재이기 때문에 높은 가치가 보장되었다. 비록 모든 단검이 격리된 장소에서 비밀스러운 지식이나 기법으로 제작된 것은 아니었다 하더라도, 기술을 보여주기 위한 충분한 시각적 흔적이 어미형 단검의 겉모습에 명확히 나타난다. 이것이 보다 큰 물질문화 복합에서의 특별한 지위에 어울리는 모습이다. 이러한 기술적 전문화에 대한 강화는 플린트 단검의 발달에서 금속이 담당한 역할을 가장 분명하게 보여준다. 선사시대 유럽에서 금속기 생산의 출현은 생산 활동, 특히 전문화나 격리화 혹은 특별한 제작 공정에 대한 가치 부여의 새로운 방식을 발생시켰을 것이다. 그리고 플린트 단검은 이와 동일한 기술적 환경에서 발달되었으며, 새롭게 원하게 된 전문화에 대한 대응으로 발전되었을 것이다.

Agthe, M. 1989a. Bemerkungen zu Feuersteindolchen im nordwestlichen Verbreitungsgebiet der Aunjetitzer Kultur. *Arbeits-und Forschungsberichte zur sächsischen Bodenkmalpflege* 33: 15-113.

Agthe, M. 1989b. Bemerkungen zu Feuersteindolchen im nordwestlichen Verbreitungsgebiet der Aunjetitzer Kultur. *Das Äneolithickum und die früheste Bronzezeit(C14 3000~2000 b.c.) in Mitteleuropa: kulturelle und chronologische Beziehungen. Acta des XIV Internationalen Symposiums Prag-Libliche 20~24 October, 1986*, (eds. M. Buchvaldek and E. Plesová-Štiková). Prague: Univerzita Karlova. 305-309.

Alfaro, D. 2009. *How to use a chef's knife*. [cited 1 June 2009]. Available at: <http://culinaryarts.about.com/od/knifeskills/ss/knifegrips.htm>.

Apel, J. 2000. Flint daggers and technological knowledge. Production and consumption during LN1. *Form, function & context: material culture studies in Scandinavian archaeology*, (eds. D. S. Olausson and H. Vandkilde). Stockholm: Altqvist and Wiksell International. 135-154.

Apel, J. 2001. *Daggers, knowledge and power*, Uppsala: Coast to Coast.

Apel, J. 2004. From marginalisation to specialisation: Scandinavian flint-dagger production during the second wave of neolithisation. *Coast to coast-arrival. Results and reflections. Proceedings of the final coast to coast conference 1-5 October in Falköping, Sweden*, (ed. H. Knutsson). Uppsala: Coast-to-coast. 295-308.

Apel, J. 2008. Knowledge, Know-how and Raw Material-The Production of Late Neolithic Flint Daggers in Scandinavia. *Journal of Archaeological Method and Theory* 15(1): 91-111.

Barfield, L. 1995. I27 Ponte di Veja (or Veia), Monte Lessini, Verona Province. *Archaeologia Polona* 33: 437-443.

Barfield, L. 2001. Beaker lithics in northern Italy. *Bell beakers today: pottery, people, culture, symbols in prehistoric Europe. Proceedings of the International Colloquium, Riva del Garda(Trento, Italy) 11~16 May 1998*, (ed. F. Nicolis). Trento, Italy: Provincia Autonoma di Trento Servizio Beni Culturali Ufficio Beni Archeologici. 507-518.

Becker, C. J. 1959. Flint mining in Neolithic Denmark. *Antiquity* 33: 87-92.

Beuker, J. R. and Drenth, E. 1999. 'Scandinavische' Dolchen in Drenthe. *Nieuwe Drentse Volksalmanak* 116: 95-125.

Bloemers, J. H. F. 1968. Flintdolche vom scandinavischen Typus in den Niederlanden. *Berichten van de Rijksdienst voor het Oudheidkundig Bodemonderzoek*: 47-110.

Callahan, E. 2006. Neolithic Danish daggers: An experimental peek. *Skilled production and social reproduction. Aspects of traditional stone-tool technologies. Proceedings of a symposium in Uppsala, August 20~24, 2003*, (eds. J. Apel and K. Knutsson). Uppsala: Societas Archaeologica Upsaliensis and the Department of Archaeology and Ancient History, Uppsala University. 115-129.

Cassau, A. 1935. Ein Feuersteindolch mit Holzgriff und Lederscheide aus Wiepenkathen, Kreis Stade. *Mannus* 27: 199-209.

Chauvin, J. 1991. Le rôle des vallées dans la diffusion du silex pressignien. *La région Centre, carrefour d'influences? Actes du 14e Colloque Interrégional sur le Néolithique, Blois, 16~18 octobre 1987*, (eds. J. Despriée, C. Verjux, J. Piédoue, G. Richard, R. Albert, P. Pilareck, L. Tudal, F. Varache and A. Manchet). Argenton-sur-Creuse: Société Archéologique, Scientifique et Littéraire du Vendômois. 165-166.

Conolly, J. 1999. *The Çatalhöyük flint and obsidian industry: technology and typology in context*, Based on thesis Ph D-University of London 1997, J. and E. Hedges, Oxford.

Czebreszuk, J. and Kozłowska-Skoczka, D. 2008. *Sztylety krzemienne na Pomorzu Zachodnim*, Szczecin: Muzeum Narodowe w Szczecinie.

Delcourt-Vlaeminck, M. 2004. Les exportations du silex du Grand-Pressigny et du matériau tertiaire dans le nord-ouest de l'Europe au néolithique final/ Chalcolithique. *Le troisiéme millénaire dans le nord de la France et en Belgique: Actes de la journée d'études SRBAP-SPF, 8 mars 2003, Lille*, (eds. M. Vander Linden and L. Salanova). Paris: Société préhistorique française. 139-154.

Delcourt-Vlaeminck, M., Simon, C. and Vlaeminck, J. 1991. Le silex du Grand-Pressigny sur le complexe SOM/chalcolithique du Brunehaut(Tourain-Belgique). *La région Centre, carrefour d'influences? Actes du 14e Colloque Interrégional sur le Néolithique, Blois, 16~18 octobre 1987*, (eds. J. Despriée, C. Verjux, J. Piédoue, G. Richard, R. Albert, P. Pilareck, L. Tudal, F. Varache and

A. Manchet). Argenton-sur-Creuse: Société Archéologique, Scientifique et Littéraire du Vendômois. 201-205.

Earle, T. 2004. Culture matters in the Neolithic transition and emergence of hierarchy in Thy, Denmark: Distinguished lecture. *American Anthropology* 106: 111-125.

Ebbesen, K. 1992. Tragtbaegerkulturens dolkstave=The halberds of the Funnel Beaker Culture. *Aarbøger for nordisk Oldkynighed og Historie*: 103-136.

Forssander, J. E. 1936. *Der ostskandinavische Norden während der ältesten Metallzeit Europas*, Lund: C. W. K. Gleerup.

Gillis, C., Olausson, D. S. and Vandkilde, H. 2004. *Dawn of Europe*, Lund: University of Lund. Department of Archaeology and Ancient History.

Hansen, P. V. and Madsen, B. 1983. Axe manufacture in the Neolithic. An experimental investigation of a flint axe manufacture site at Hastrup Vaenget East Zealand. *Journal of Danish archaeology* 2: 43-59.

Heyd, V. 2007. Families, prestige goods, warriors and complex societies: Beaker groups in the 3rd millennium cal BC. *Proceedings of the prehistoric society* 73: 327-380.

Högberg, A., Apel, J., Knutsson, K., Olausson, D. S. and Rudebeck, E. 2001. The spread of flint axes and daggers in Neolithic Scandinavia. *Památky Archeologické* 92(2): 193-221.

Honegger, M. 2002. Les influences méridionales dans les industries lithiques du néolithique Suisse. *Les Industries lithiques taillées holocénes du bassin rhodanien: problémes et actualités: actes de la table ronde tenue à Lyon les 8 et 9 décembre 2000*, (eds. M. Bailly, R. Furestier and T. Perrin). Montagnac: Mergoil. 135-147.

Honegger, M. and de Montmollin, P. 2010. Flint daggers of the Late Neolithic in the Northern Alpine area. *Lithic technology in metal using societies*, (ed. B. V. Eriksen). Aarhus: Jutland Archaeological Society. 129-142.

Ihuel, E. 2004. *La diffusion du silex du Grand-Pressigny dans le massif armoricain au Néolithique*, Paris: Comité des travaux historiques et scientifiques.

Ikram, S. 1995. *Choice cuts: meat production in ancient Egypt*, Leuven: Uitgeverij Peeters en Departement Oosterse Studies.

Kienlin, T. L. 2008. Tradition and innovation in Copper Age metallurgy: results of a metallographic examination of flat axes from eastern Central Europe and the

Carpathian Basin. *Proceedings of the prehistoric society* 74: 79-107.

Klassen, L. 2000. *Frühes Kupfer im Norden: Untersuchungen zu Chronologie, Herkunft und Bedeutung der Kupferfunde der Nordgruppe der Trichterbecherkultur*, Højbjerg, Århus: Moesgård Museum and Jutland Archaeological Society; Aarhus University Press.

Klassen, L. 2004. *Jade und Kupfer: Untersuchungen zum Neolithisierungsprozess im westlichen Ostseeraum unter besonderer Berücksichtigung der Kulturentwicklung Europas 5500~3500 BC*, Aarhus: Jutland Archaeological Society; Moesgaard Museum.

Kühn, H. J. 1979. *Das Spätneolithikum in Schleswig-Holstein*, Neumünster: K. Wachholtz.

Lindman, G. 1988. Power and influence in the late Stone Age: A discussion of the interpretation of the flint dagger material. *Oxford Journal of Archaeology* 7(2): 121-138.

Lomborg, E. 1973. *Die Flintdolche Dänemarks: Studien über Chronologie und Kulturbeziehungen des südskandinavischen Spätneolithikums*, København: Universitetsforlaget I kommission hos H. H. J. Lynge.

Mallet, N. 1992. *Le Grand-Pressigny: ses relations avec la civilisation Saône-Rhône*, Le Grand-Pressigny: Société des Amis du Musée du Grand-Pressigny.

Mallet, N. and Ramseyer, D. 1991. Un exemple d'importations de silex du Grand-Pressigny dans un village de la civilisation Saône-Rhône: Partalban(Canton de Fribourg, Suisse). *La région Centre, carrefour d'influences? Actes du 14e Colloque Interrégional sur le Néolithique, Blois, 16~18 octobre 1987*, (eds. J. Despriée, C. Verjux, J. Piédoue, G. Richard, R. Albert, P. Pilareck, L. Tudal, F. Varache and A. Manchet). Argenton-sur-Creuse: Société Archéologique, Scientifique et Littéraire du Vendômois. 167-192.

Mallet, N., Richard, G., Genty, P. and Verjux, C. 2004. La diffusion des silex du Grand-Pressigny dans le Basin parisien. *Le troisiéme millénaire dans le nord de la France et en Belgique: Actes de la journée d'études SRBAP-SPF, 8 mars 2003, Lille*, (eds. M. Vander Linden and L. Salanova). Paris: Société préhistorique française. 123-138.

Montelius, O. 1986. *Dating in the Bronze Age, with special reference to Scandinavia*.

Translated by H. Clarke, Stockholm, Sweden: Kungl. Vitterhets historie och antikvitets akademien; Distributor Almqvist & Wiksell.

Mottes, E. 2001. Bell Beakers and beyond: flint daggers of northern Italy between technology and typology. *Bell beakers today: pottery, people, culture, symbols in prehistoric Europe. Proceedings of the International Colloquium, Riva del Garda(Trento, Italy) 11-16 May 1998*, (ed. F. Nicolis). Trento, Italy: Provincia Autonoma di Trento Servizio Beni Culturali Ufficio Beni Archeologici. 519-545.

Müller, S. 1902. *Flintdolkene i den nordiske Stenalder*, Copehagen: Nordiske Fortidsminder I.

Nunn, G. R. 2006a. Using the Jutland type IC Neolithic Danish Dagger as a model to replicate parallel, edge-to-edge pressure flaking. *Skilled production and social reproduction. Aspects of traditional stone-tool technologies. Proceedings of a symposium in Uppsala, August 20-24, 2003*, (eds. J. Apel and K. Knutsson). Uppsala: Societas Archaeologica Upsaliensis and the Department of Archaeology and Ancient History, Uppsala University. 81-113.

Nunn, G. R. 2006b. *Replicating The Type 1C Neolithic Danish Dagger: Advance Flintknapping with Greg Nunn*. Castle Valley, Utah: Paleo Technologies.

Olausson, D. S. 2008. Does Practice Make Perfect? Craft Expertise as a Factor in Aggrandizer Strategies. *Journal of Archaeological Method and Theory* 15(1): 28-50.

Peiler, F. 1999. Ein nordischer Flintdolch aus Falkenstein in Niederösterreich. *Archäologie Österreichs* 10(2): 45-48.

Rasmussen, L. W. 1990. Dolkproduktion og-distribution i senneolitikum. *Hikuin* 16: 31-42.

Rassmann, K. 1993. *Spätneolithikum und frühe Bronzezeit im Flachland zwischen Elbe und Oder*, Lübstorf: Archäoloigisches Landesmuseum Mecklenburg-Vorpommern.

Rassmann, K. 2000. Vortrag zur Jahressitzung 2000 der Römisch-Germanischen Kommission. Die Nutzung baltischen Feuersteins an der Schwelle zur Bronzezeit-Krise oder Konjunktur der Feuersteinverarbeitung? *Bericht der Römisch-Germanischen Kommission* 81: 5-36.

Rudebeck, E. 1998. Flint extraction, axe offering, and the value of cortex. *Understanding* the Neolithic of north-western Europe, (eds. M. R. Edmonds and C. Richards). Glasgow: Cruithne Press. 312-327.

Sarauw, T. 2006a. Early Late Neolithic dagger production in northern Jutland: Marginalised production or source of wealth? *Bericht der Römisch-Germanischen Kommission* 87: 213-272.

Sarauw, T. 2006b. *Bejsebakken. Late Neolithic houses and settlement structure*, Copenhagen: Det kongelige nordiske oldskriftselskab.

Sarauw, T. 2006c. Male symbols or warrior identities? The 'archery burials' of the Danish Bell Beaker Culture. *Journal of anthropological archaeology* 26(2007): 65-87.

Schwenzer, S. 2004. *Frühbronzezeitliche Vollgriffdolche: typologische, chronologische und technische Studien auf der Grundlage einer Materialaufnahme von Hans-Jürgen Hundt*, Mainz: Verlag des Römisch-Germanischen Zentralmuseums; In Kommission bei Habelt.

Šebela, L. 1997-1998. Spätäneolithische und altbronzezeitliche Silexdolche in Mähren. *Sastuma* 6/7: 199-226.

Siemann, C. 2003. *Flintdolche Norddeutschlands in ihrem grabrituellen Umfeld*, Bonn: Habelt.

Skak-Nielsen, N. V. 2009. Flint and metal daggers in Scandinavia and other parts of Europe. A re-interpretation of their function in the Late Neolithic and Early Copper and Bronze Age. *Antiquity* 83(320): 349-358.

Spindler, K. 1994. *The man in the ice: the preserved body of a Neolithic man reveals the secrets of the Stone Age*. Translated by E. Osers, London: Weidenfeld and Nicolson.

Stafford, M. D. 1998. In search of Hindsgavl: Experiments in the production of Neolithic Danish flint daggers. *Antiquity* 72(276): 338-349.

Stafford, M. D. 2003. The parallel-flaked flint daggers of late Neolithic Denmark: an experimental perspective. *Journal of archaeological science* 30: 1537-1550.

Stensköld, E. 2004. *Att berätta en senneolitisk historia. Sten och metall i södra Sverige 2350-1700 f. Kr.*, Stockholm: Stockholm University.

Strahm, C. 1961-1962. Geschäftete Dolchklingen des Spätneolithikums. *Jahrbuch des Bernischen historischen Museums in Bern* 41/42: 447-478.

Struve, K. W. 1955. *Die Einzelgrabkultur in Schleswig-Holstein*, Neumünster: Karl Wachholtz Verlag.

Trnka, G. 1991. Nordische flintdolche in Österreich. *Archäologie Österreichs* 2(2): 4-10.

Uenze, O. 1938. *Die frühbronzezeitlichen triangulären Vollgriffdolche*, Berlin: W. de Gruyter.

Vandkilde, H. 1996. *From stone to bronze: the metalwork of the late Neolithic and earliest Bronze age in Denmark*, Aarhus: Aarhus Univ. Press.

Vandkilde, H. 1998. Metalwork, depositional structure and social practice in the Danish Late Neolithic. *L'atélier du bronzier en Europe du XXe au VIIIe siécle avant notre ére. Actes du colloque international "Bronze '96" Neuchâtel et Dijon, 1996*, (eds. C. Mordant, M. Pernot and V. Rychner). Paris: CTHS. 243-258.

Vandkilde, H. 2000. Material culture and Scandinavian archaeology: A review of the concepts of form, function and context. *Form, function & context: material culture studies in Scandinavian archaeology*, (eds. D. S. Olausson and H. Vandkilde). Stockholm: Almqvist & Wiksell International. 3-50.

Vandkilde, H. 2001. Beaker representation in the Danish Late Neolithic. *Bell beakers today: pottery, people, culture, symbols in prehistoric Europe. Proceedings of the International Colloquium, Riva del Garda(Trento, Italy) 11-16 May 1998*, (ed. F. Nicolis). Trento, Italy: Provincia Autonoma di Trento Servizio Beni Culturali Ufficio Beni Archeologici. 333-360.

Vandkilde, H. 2005. A Review of the Early Late Neolithic Period in Denmark: Practice, Identity and Connectivity. *Journal of Neolithic Archaeology*. Available at: <http://www.jna.uni-kiel.de/index.php/jna/article/view/13>.

Vandkilde, H. 2007. *Culture and change in Central European prehistory: 6th to 1st millennium BC*, Aarhus: Aarhus University Press.

Vandkilde, H., Rahbek, U. and Rasmussen, K. L. 1996. Radiocarbon dating and the chronology of Bronze Age southern Scandinavia. *Acta Archaeologica* 67: 183-198.

Van Gijn, A. 2010. Not at all obsolete! The use of flint in the Bronze Age Netherlands. *Lithic technology for Bronze Age metalworking*, (ed. B. V. Eriksen). Aarhus: Jutland Archaeological Society. 45-60.

Wentink, K. 2006. *Ceci n'est pas une hache: Neolithic depositions in the northern Netherlands*, Leiden: Sidestone Press.

Wyszomirski, M. 1973-1974. Scandinavian flint daggers in the southern and eastern region of the Baltic. *Meddelanden Från Lunds Universitets Historiska Museum*: 75-100.

Zimmermann, T. 2007. *Die ältesten kupferzeitlichen Bestattungen mit Dolchbeigabe: archäologische Untersuchungen in ausgewählten Modellregionen Alteuropas*, Mainz: Verlag des Römisch-Germanischen Zentralmuseums.

찾아보기

ㅈ

플린트 도끼 184